本书是浙江省社科规划重大项目"具身视角的华侨华人家国情怀形成与培育机制研究"(22JCXK02ZD)，中国侨联2019—2021年度规划课题"侨乡留守儿童的现状调查与教育问题研究"（19BZQK209），温州大学人文社科侨特色培育项目"侨乡留守儿童家庭教育影响机制与对策研究""侨乡留守儿童现状调查与问题研究""侨乡留守儿童学校适应的现状、问题及对策研究""跨国寄养背景下侨乡留守儿童家庭教育现状调查及家校社共育机制研究"的研究成果。

温州大学 华侨华人研究系列丛书
WENZHOU UNIVERSITY

父母在海外
侨乡留守儿童教育关爱研究

邓纯考 李子涵 著

上海社会科学院出版社
SHANGHAI ACADEMY OF SOCIAL SCIENCES PRESS

序　侨乡出国潮的孩子们

　　温州大学邓纯考博士寄来他即将付梓的大作《父母在海外：侨乡留守儿童教育关爱研究》，请我为之作序。

　　邓纯考是教育学博士，他从执教中学、主政中学到进入大学任教，积累了较为丰富的从教体验。而且，为进行本专题研究，他在5年间先后6次较为长期地深入浙江侨乡侨校，针对侨乡留守儿童进行实地调研，从参与观察、问卷求索到深度访谈，搜集了大量翔实的第一手资料。

　　这部专著凝结了邓纯考博士多年的探索与思考。在这部专著里，他真实展示了侨乡留守儿童的家庭和学校教育概况，剖析了留守儿童的心理健康及家乡认同，探讨了留守儿童中存在的越轨行为，进而从家庭、政府、学校、同伴、社区及电子媒介等多个角度诠释影响侨乡留守儿童教育关爱问题的多重因素，并且在学理层面钩稽爬梳，从结构二重性视角提出了如何进一步关爱侨乡留守儿童的若干建设性意见建议。

　　当我国学界对乡村留守儿童的关注主要集中于城市农民工子女之时，这部专著将视角聚焦于"父母在海外"的侨乡留守儿童，如作者所言："本书在社会与学界所熟知和深入探讨的中西部父母国内务工的农村留守儿童群体外，展现与分析我国东部沿海父母出国留守儿童群体的教育生活状况与问题，有助于完善留守儿童的整体研究图景。"此言是为贴切，此书值得一读。

　　我对"留守儿童"没有专门研究，然而，在多年行走于闽、浙侨乡的实地调研中，倒也无数次地走入侨乡侨校，故而在倾听校长、老师的介绍中，在对侨乡家长的访谈中，在与侨乡侨校学生的交流中，直接或间接地接触到"侨乡留守儿童"这一特殊群体：观察他们生活的实情，了解他们面对的问题，体认他们身处的困境，理解他们面对的挑战，总之，在不经意间听闻到侨乡不同群体对于"侨乡留守儿童"之关爱、牵挂、担忧和期盼的诉说，自然也积淀了些许资讯与思考。

回首既往，这是一大批沉浮于侨乡出国浪潮荡涤中的孩子。自20世纪70年代末到世纪年之交，东南沿海地区侨乡曾经涌动过一浪高过一浪的出国潮。其时，凭借侨乡人特有的跨国血缘乡缘网络，为改变命运而奔赴异国他乡成为当时众多侨乡青壮年的不二选择。初出国门的日子是艰辛的，更何况由于侨乡人心照不宣的原因，许多人还是身负重债而远行。在为命运而拼搏的日子里，他们中许多已经为人父母者不得不将自己的孩子留在老家，或者即使在移入国生育了孩子也只能忍痛将襁褓中的子女送回老家请长辈代为抚养。"今天吃苦受累正是为了孩子明天能过上好日子""今天忍痛分离正是为了明天能堂堂正正阖家团聚"——身为改革开放初期第一代"海外父母"的诸多无奈与不舍，不得不在诸如此类的自我宽慰中去获求心理上的些许平衡。

于是，在东南沿海侨乡地区就形成了一批批特殊的留守儿童，在我看来，这一特殊群体同时兼具如下三大特征：

第一，他们实际上生活于一个跨越国家边界的特殊社会空间。身为跨国留守儿童，他们的生活空间一方是脚下的乡土，另一方是既远在天边，却又在左邻右舍的闲谈中，在跨洋电话的叮咛里，在远程视频的交流中如影随形的异国他乡，就此，或实或虚的跨国空间相互交织，于潜移默化中嵌入了这些懵懂孩子的心智之中。

第二，他们在有家又无家的特殊体验中肇始了个人的社会化过程。他们生活在一个被视为理所当然的称为"家乡"的地方，身边有祖父母，可能还有亲疏不等的叔伯婶姨，但是，在他们的心灵深处，却不能不因为父母亲的缺位而难以享受一个正常的"家"的温馨，难以获得一个完整的"在家"的感觉。非常规的"家"与非常规的跨界行为相伴而生，成为这一批留守儿童社会化过程中深深的烙印。

第三，诸多"不确定性"构成了他们生活中的"确定性"。爸爸或妈妈几时能回来看我？几时会来接我出国？如果爸爸妈妈要接我出国，我在这里读书考试有什么意义？如果爸爸妈妈要我留在国内，那他们自己为什么要出国？甚至，爸爸妈妈究竟在哪个国家？他们住哪里？做什么？他们是在那定居，还是过几年就回来？不仅孩子们不确定，可能就连他们的父母自己也只是"走一步看一步"而无法确定。还有，从国际货币汇率变动到欧美某国移民政策的修订,乃至非洲或拉美某个国家的政局变动,都可能直接影响到侨乡某个或某些留守儿童的生活质量及未来选择。而进入 21 世纪后中国经济高速发展,新经济机会此伏彼起,中国与发达国家之间差距缩小,"出国"已不再具有神圣光环,这一切同样令侨乡留守儿童的"海外父母们"一而再再而三地考量着他们的选择。不可胜数的"不确定性"在不知不觉中左右着侨乡留守儿童们的人生道路,也影响着他们人生观的形成。

正是侨乡留守儿童的这些群体特性,带给他们较之农民工家庭留守儿童更多的困惑、迷茫与挑战。如果说,农民工家庭的留守儿童是游离于城市和乡村之间,那么,侨乡留守儿童则是游离于我国和他国之间。他们或生于家乡,或生于异域,但共同点是在血缘隶属之祖辈的羽翼下,在父母缺失的乡土上,度过自己的童年乃至青少年。他们人在家乡,貌似与家乡息息相关,但生存命运却处于悬浮的跨界之中。他们在不断的"自问"与"被问"中长大:我究竟是中国人,还是屡屡被外人不客气地指认并直呼的"小×国人"?

自然,即使在该群体内部,也还有个体之间的不同:他们是祖父母眼中的"宝贝",还是难以承受的"负担"? 是异域父母的殷殷"期盼",还是父母分手后甩下的"累赘"? 他们是心智健康、跨界称雄的佼佼者,还是左右不受待见、在哪都找不着北的失落的一代? 太多太多问题期待着被探讨与破解。

行文至此,我想起了多年前曾经认真研读过的一部社会学经典,由美国社会学家埃尔德撰写的《大萧条的孩子们》①。20 世纪 30 年代席卷西方世界的"大萧条"是那一代美国人挥之不去的惨痛记忆。在那部传世著作中,埃尔德以生活于大萧条年代的儿童群体为跟踪研究的对象,探讨在大萧条年代家道中落的磨难对他们日后的成长经历、职业生涯乃至家庭结构产生了什么样的影响,评估童年时期吃苦挨饿的身心伤害如何影响了当事人的一生乃至他们的后代,从而开拓性地建构了一个重大社会历史变迁如何影响个体生命历程的学理模式。

借鉴《大萧条的孩子们》,我给自己这篇随感式的简短序言拟定了一般序言不需要有的题目:《侨乡出国潮的孩子们》。个体的命运或许会有许多偶然性,但群体命运的相似性则必然因某些历史性的共同因素使其然。就"侨乡出

---

① 〔美〕G. H. 埃尔德. 大萧条的孩子们. 田禾,马春华,译. 南京:译林出版社,2002.

国潮的孩子们"而言,他们的人生由其祖籍地中国和父母移居目的国的双重社会环境所形塑,而且,再借用埃尔德所言:"从生命历程理论的角度来看,历史性力量塑造着家庭、学校和工作的发展轨迹,反过来它们又影响着行为和特殊的发展途径。人们能够选择他们所要走的路,但是他们的这些选择并不是在社会真空中做出的。所有的生活选择都取决于社会的和文化的机会以及历史的制约因素。"

真诚祝贺邓纯考博士完成了一部有意义的学术专著！由衷寄望邓纯考博士能够继续关于"侨乡留守儿童"这一特殊群体的研究,持续追踪该群体特殊的跨国留守经历在他们未来的生命历程中显现出怎样的印记,期盼在 5 年、10 年抑或 20 年之后,邓纯考博士能够奉献给我们更具深刻意义的专著。

谨此,是为序。

厦门大学教授　博士生导师

世界海外华人研究学会（ISSCO）会长

李明欢

2021 年 8 月 10 日

前　言

　　农村留守儿童是一个特殊的儿童群体,由于父母外出劳务,他们的童年过早亲子分离,承担了亲子沟通弱化与家庭教育缺损的后果,从而衍生出一系列教育关爱问题。2002年来引起学界广泛关注,学术成果呈现出多范式、多学科、多元化的特点。在政府层面,教育部2004年召开第一次全国农村留守儿童教育现场会,2013年元月牵头五部委印发《关于加强义务教育阶段农村留守儿童关爱和教育工作的意见》(教基一〔2013〕1号);2016年2月,国务院印发《关于加强农村留守儿童关爱保护工作的意见》(国发〔2016〕13号);党的十八大到十九大以来多次决议提出"健全农村留守儿童关爱服务体系"表述,凝练了"合力、教育、关爱、保护、服务"等关键词;我国国民经济和社会发展"十三五""十四五"规划将农村留守儿童关爱保护列为基本公共服务内容;习近平总书记、李克强总理曾经多次对农村留守儿童教育作出重要批示。

　　我曾在农村中小学担任教师、校长多年,较早接触并关注农村留守儿童教育问题,跟从浙江大学周谷平教授攻读博士学位之后,选择从教育史的视角以《中国农村留守儿童教育变迁》作为博士论文,于2011年深入贵州开展农村留守儿童调研,描述与比较了我国东西部农村留守儿童教育问题特征,专著已于2018年由中国社会科学出版社出版。

　　我博士毕业后到温州大学工作,发现我国东部沿海地区另一种类型的留守儿童——父母出国留守儿童,他们主要分布在浙江、福建、广东等。然而多年来政府、社会与学界关注的焦点均是中西部父母国内务工的农村留守儿童,父母出国的侨乡留守儿童在研究中大体上属于一个"沉默的群体"。

　　浙江是全国侨务大省,温州华侨华人数量占到浙江省1/3,是一个典型的侨乡。温州大量农民早年在人地矛盾的驱使下,近年来在"一带一路"倡议的驱动下,选择出国务工经商,在家乡留下了规模庞大的侨乡留守儿童群体。由于父母出国的特殊时空分离背景、跨国抚养下的教育与文化冲突、父母对儿童出国预期的影响等，使侨乡留守儿童群体的学业状况、家乡认同、价值观等，与农村留守儿童群体均存在差异，他们的教育生活与生命历程与父母国内务工留守儿童并不同质。

　　基于多年深入持续的调查积累，本书描绘了父母出国后侨乡留守儿童的教育生活状况，比较了他们与非留守儿童在教育生活、学校适应、家乡认同、生命轨迹等方面的差异，以及各方面影响因素。书中提到的侨乡留守儿童家庭结构不稳、多子女留守家庭的父母偏心现象、父母出国预期对儿童学业成绩的影响、生命历程与结构化理论下的教育关爱策略等，体现了新的研究视野与对此问题的较为系统的探究。

　　如果本书能够有助于完善留守儿童研究的整体图景，推动侨乡留守儿童教育问题研究的深化，为华侨华人研究提供一个新的儿童视角，促进侨乡社会的建设，则幸甚。

温州大学　邓纯考

2021 年 8 月于瑞安开泰大厦

目　　录

导　　论

一、研　究　背　景

(一) 区域地理特征

我国农村留守儿童的分布具有鲜明的区域性,中西部农业大省以父母国内务工留守儿童为主,东部沿海省份则以父母出国留守儿童为主。东西部农村留守儿童的类型差异十分显著。以浙江省温州市为例,温州是全国重点侨乡,侨胞数量位居浙江省第一位,海外有近 70 万温州人分布在全球 131 个国家和地区。温州侨民的出国原因具有代表性,主要有以下几个原因:

一是人地矛盾。温州地理特征是"七山二水一分田",土地紧缺,资源匮乏,人口众多,农民受到"农业生产内卷化"[①]影响更加明显。黄宗智在《长江三角洲小农家庭与乡村发展》中,把内卷化概念用于中国经济发展与社会变迁,他认为在有限的土地上增加劳动力投入来获得总产量增长的方式,往往导致边际效益递减,这种没有发展的增长即"内卷化"。毫无疑问,在温州突出的人地矛盾中,相对于有限土地过剩的劳动力导致农业生产"内卷化"。为了克服这个矛盾,温州人与同样地少人多的福建连江、广东潮汕等沿海地区住民一样,依靠自身位处东南沿海的特殊地理区位,选择了出国务工经商。温州主要选择去欧美国家,广东则较多选择"下南洋"。

---

① "内卷化"一词源于美国人类学家吉尔茨(Chifford Geertz)《农业内卷化》(*Agricultural Involution*)。吉尔茨认为,"内卷化"是指一种社会或文化模式在某一发展阶段达到一种确定的形式后,便停滞不前或无法转化为另一种高级模式的现象。

二是温州区域内乡镇企业发展的不均衡对农民就业的影响。侨民出国务工经商同样大多是一个非农化的过程，是农村劳动力由农业转向非农产业的社会经济过程。通过出国，侨民抛弃了"忙时务农，闲时务工"的兼业方式，以及在农业和工业、服务业之间游走，过着"两栖人口"或"三栖人口"生活的方式，而是彻底的产业转移，离开了土地，转而到国外从事其他二产、三产。从我国改革开放以来的历程看，农民非农化的转移改革初期是兼业转移，20 世纪90 年代后是彻底转移，两步走的特征十分明显；但侨民的出国则是一步到位，直接实现了彻底的产业转移，如出国开裁缝店、饮食店，做服装生意等。农民的非农化必然受到当地 90 年代乡镇企业发展的影响，从温州区域内侨民的分布看，乡镇企业发达的市县和乡镇如乐清，永嘉，瑞安的塘下、莘塍等，由于乡镇企业提供了较多的就业机会，出国侨民就比较少；而位处山区、海岛的如文成玉壶、瓯海丽岙、瑞安湖岭高楼、鹿城七都等地，则由于民营经济发展滞后，当地乡镇企业难以提供充足的就业机会，驱使侨民选择出国务工经商。

三是温州侨民出国受到鲜明的"出国链"牵引。往往是一个镇街乡的侨民出国立住脚跟后，便带动国内亲属分批出国，从而形成了区域人群集聚，从事产业也具有鲜明区域性的特征。同一个侨乡出国的侨民往往从事相同的职业，聚集在相同的国外城市及区域，侨乡这种"家家有人出国""从事类似职业"的特征，恰恰类似于中西部留守社区的"家家有人外出打工""行业区域集聚"的特征。

（二）国家政策驱动

父母外出经商或务工，将未成年子女留在家乡上学，从而衍生出"留守儿童"群体。2004 年以来，留守儿童的教育关爱引起了政府、社会、家庭学校和学界的广泛关注。2013 年"一带一路"倡议的提出，使作为跨国桥梁的侨胞的重要性进一步凸显；党的十九大以来党和国家实行乡村振兴战略，为农村留守儿童关爱服务带来了新的资源；侨乡留守儿童教育关爱正处于相对有利的时机和环境之中。

一是国家对留守儿童的关爱力度不断提升，并形成长效化的趋势。2004年来，教育部多次召开全国留守儿童教育现场会，2013 年教育部等 5 部委出台《关于加强义务教育阶段农村留守儿童关爱和教育工作的意见》，全国多地省教育厅出台加强义务教育阶段农村留守儿童教育关爱工作的意见。2016年2月国务院印发《关于加强农村留守儿童关爱保护工作的意见》(国发〔2016〕13号),第一次从国家层面,提出"充分认识做好农村留守儿童关爱保护工作的重要意义,建立健全农村留守儿童救助保护机制等"。2016年之后,形成了民政部门主导关爱保护的新格局,民政部在社会司下成立了未成年人(留守儿童)保护处,成为全国首个真正意义上的政府部门的留守儿童关爱保护常设机构,也意味着留守儿童的政府保护取得了实质性进步。更令人鼓舞的是,2016—2020年,中央一号文件5次明确提及"农村留守儿童关爱服务体系",主动词分别是"建立健全、健全、健全、完善、完善",反映了新时期农村建设留守儿童关爱服务体系正在成为一项长效化的举措。侨乡留守儿童是留守儿童群体中的一个特殊类型,也需要受到更多的关注与关爱。

二是国家乡村振兴战略的全面实施。2017年,党的十九大报告提出乡村振兴战略,2018年元月,中央下发一号文件《中共中央国务院关于实施乡村振兴战略的意见》,全面实施乡村振兴战略。"新二十字的方针"相比社会主义新农村建设体现了理念的升级、逻辑的进一步理顺,体现了与更为系统的内涵发展。乡村振兴战略提出"农业农村现代化",主要保障机制是城乡融合,从城乡统筹到城乡一体化到城乡融合发展。推进的关键是改革两个根本制度:土地财政,农民工和公共服务,而后者"农民工"与"公共服务"供给作为乡村振兴战略的改革关键点,与留守儿童关爱保护具有密切的相关。农村留守儿童是"三农"问题的衍生品,是新时代乡村振兴中的"人的培育和发展"问题、教育公平和社会公正的问题,关乎乡村振兴的质量、未来的人才支持和可持续发展。乡村振兴从城乡融合、破解农民工问题的高度,为从根本上解决留守儿童问题提供了良好的政策窗口。

三是"一带一路"倡议的推进。"一带一路"是"丝绸之路经济带"和"21世纪海上丝绸之路"的简称,2013年9月和10月由中国国家主席习近平分别提出合作倡议。旨在借用古代丝绸之路的历史符号,高举和平发展的旗帜,积极发展与沿线国家的经济合作伙伴关系,共同打造政治互信、经济融合、文化包容的利益共同体、命运共同体和责任共同体。华侨华人是联通"一带一路"沿线国家的重要桥梁纽带,是推动更多国人走出国门进行互联互通,融入跨国经济文化交流大潮的重要力量,加强他们留守在祖国家乡的未成年子女的教育关爱,促进侨乡留守儿童的健康成长具有独特的意义。

四是温州作为全国著名侨乡的典型性。温州是全国重点侨乡,海外华侨华人数量众多,侨乡留守儿童群体数量也位居浙江省第一,规模庞大,这是本研究的突出区域背景。

从已有研究看,学界主要聚焦中西部父母国内务工留守儿童群体,着重探讨了农村留守儿童的教育生活与问题;而对东部沿海侨乡父母出国的留守儿童,关注与研究都还十分薄弱。一些研究认为两者同样属于留守儿童群体,其教育问题特征并不存在显著差异性。然而跨国抚养背景下,父母出国带来的亲子分离的时空、交流、教育与文化方式等发生巨大变化,与国内农村留守儿童的教育生活存在较大差异,两者的问题与特征并不是简单复制。因此,深入调研侨乡留守儿童的教育生活状况,分析其教育关爱问题,探寻该群体的独特教育特征,分析外在影响因素,为对该群体的教育关爱策略提供参考依据,就具有独特的研究价值。

二、文 献 述 评

(一) 国外跨国寄养留守儿童研究

从国外留守儿童研究看,主体是父母出国劳务移民所致的"跨国抚育"儿童。这是出国人员留守子女抚养的主要方式,指父母跨国经商、务工或学习,把孩子留在家中交给祖辈、亲戚或教师照管的抚育方式。父母出国留守儿童是跨国移民浪潮的产物,也是全球化的"产物"。[1]

从全球范围来看,一方面发达国家的国土面积、工业化差异程度、人口流动的跨度和集中程度都处于较低水平,同时大部分发达国家的农业人口在转化成为工业人口时,社会性迁徙多体现为全家移入工作城市定居,其子女也可在移居城市正常地学习和生活,因此留守儿童问题并不突出。发达国家主要从社会整体视角关注弱势群体和不平等、不公正等涉及物质福利、教育和健康的儿童福祉方面。一些发达国家如荷兰、瑞士、英国、法国、美国、芬兰等正致

---

[1] Zhao X, Chen J, Chen M C, et al. Left-behind children in rural China experience higher levels of anxiety and poorer living conditions[J]. Acta Paediatrica, 2014, 103(6): 665-670.

力于促进改善上述三个方面。另一方面,经济社会发展的不平衡促使多数发展中国家的人口选择跨越国界,迁徙至发达国家以寻求更好的工作机会,伴随着移民浪潮所产生的是数量庞大的跨国养育留守儿童。换言之,在经济发展滞后的国家,海外工作和就业收入对这部分家庭来而言就至关重要,如:印度、斯里兰卡、孟加拉国、泰国;中南美洲加勒比海地区国家;中东非、西非和北非;等等。此外,受到地区文化和环境的挤出效应影响,东南亚国家中从事海外工作的家庭更为普遍,如印度尼西亚是世界上第四大劳动输出国家,特别是受 1997 年亚洲经济危机的严重影响后,已成为世界最大的海外工人输出国之一,其国内留守儿童已经占全部儿童的 4%—5%。而菲律宾约有 200 万儿童的父母双方或一方在海外工作,菲律宾政府 2005 年通过"儿童和家庭调查"项目对吕宋、维萨亚斯、棉兰老等地区的调研发现,留守儿童的年龄大多处于 10 至 12 岁,孩子年龄较小。[①] 孟加拉国 18%—40% 的农村家庭中至少有一个家庭成员到外地工作。[②] 联合国儿童基金会、联合国开发计划署以及南南合作特别局(SU‑SSC)研究指出,大约有 100 万斯里兰卡儿童留守在家中。[③] 除此之外,亚洲以外部分国家的跨国寄养问题也较为突出,在西非,有 1/3 的人口离开家乡在外谋生。[④] 而南非有 1/4 的家庭成员选择出国,农村地区高达 40%。在坦桑尼亚,有超过一半的农村家庭里至少有一位成员出国。[⑤] 在东欧的罗马尼亚,至少有 1/10 的人在国外打工,而"留守孩子"据估算近 30 万;墨西哥 1/3 儿童因父母移民美国经历了家庭分离;摩尔多瓦大约 1/4 的成年人都有出国寻求工作的经历,而摩尔多瓦 14 岁以下的留守儿童已达到 20%。[⑥] 根据摩尔

---

① Yeoh B S A, Huang S, Lam T. Transnationalizing the "Asian" family: imaginaries, intimacies and strategic intents[J]. Global networks, 2005, 5(4): 307 - 315.

② Batbaatar M. Children on the move: rural-urban migration and access to education in Mongolia [M]. Childhood Poverty Research and Policy Centre (CHIP), 2005.

③ Haan A D. Migrants, livelihoods, and rights: the relevance of migration in development policies. [J]. Department for International Development UK, 2000.

④ Whitehead A, Hashim I. Children and migration: Background paper for DFID migration team [J]. London: Department for International Development, 2005.

⑤ Centre U I. Understanding Child Poverty in South-Eastern Europe and the Commonwealth of Independent States (Russian Version)[J]. Innocenti Social Monitor, 2006, 79(3): 21.

⑥ UNICEF. The Impact of Migration and Remittances on Communities, Families and Children in Moldova[J]. United Nations Children's Fund, Policy, Advocacy and Knowledge Management (PAKM), Division of Policy and Practice, New York, 2008.

多瓦人口健康调查数据显示,有 1/5 的留守儿童在 5 岁以下,而这部分人群大多数为 7—12 岁的孤儿或弃儿。[①] 当前,摩尔多瓦有 17 万以上的留守儿童父母在国外工作,约 30％的父母或一方不在身边,并且这一数字还在增加。[②] 由此可见,从世界范围来看,父母出国工作寻求扩大经济收入导致的劳动力跨国迁移是形成世界范围内的"跨国抚育"现象重要诱因,而大部分跨国留守儿童分布在经济欠发达地区,受到社会经济发展的影响,导致留守儿童大量产生。[③]

然而,"跨国抚育"也导致了诸多社会和教育的影响。一方面父母出国务工虽然有效地提高了留守儿童的生活水平,物质反馈增加,父母所寄的汇款除了保证孩子的日常生活开销,促使留守儿童有机会上学,但另一方面金钱的诱惑也会使他们有辍学的举动。[④] 比如,针对萨尔瓦多和菲律宾的研究发现,汇款能降低低学龄留守儿童的辍学率。[⑤] 针对牙买加的调查发现,父母出国使留守儿童在经济上更加富裕。[⑥] 但是,由于社会经济环境因素及父母监管和家庭教育的缺失,[⑦]高学段留守儿童会更少进入课堂学习,[⑧]父母的长期外出减少了留守儿童的受教育机会。同时,由于父母出国要依靠亲属来照顾留守儿童,也给留守儿童带来了不利影响。[⑨] 如斯里兰卡,留守儿童多由祖父母照料。[⑩]

[①] Sarbu A. Moldovan children struggle to cope with their parents' economic migration[J]. New York,UNICEF,2007.

[②] Miller D. Jamaican hands across the Atlantic[J]. Journal of the Royal Anthropological Institute,2007,13(3):744 - 746.

[③] 杨国才,朱金磊. 国内外留守儿童问题研究述评与展望[J]. 云南师范大学学报(哲学社会科学版),2013,45(05):113 - 119.

[④] Pottinger A M. Children's Experience of Loss by Parental Migration in Inner-City Jamaica[J]. American Journal of Orthopsychiatry,2005,75(4):485 - 496.

[⑤] Yang D. International Migration,Remittances and Household Investment:Evidence from Philippine Migrants' Exchange Rate Shocks[J]. Economic Journal,2008,118(528):591 - 630.

[⑥] Bryant J. Children of International Migrants in Indonesia,Thailand,and the Philippines:A review of evidence and policies[C] UNICEF Innocenti Research Centre,2011.

[⑦] Mckenzie D,Rapoport H. Can migration reduce educational attainment? Evidence from Mexico[J]. Policy Research Working Paper,2011,24(4):1331 - 1358.

[⑧] Jampaklay A. Parental Absence and Children's School Enrollment:Evidence from a Longitudinal Study in Kanchanaburi,Thailand[J].2011.

[⑨] Camacho A Z. Children and Migration. Understanding the migration experiences of child domestic workers in the Philippines[J]. 2010:127 - 160.

[⑩] Pottinger A M. Children's Experience of Loss by Parental Migration in Inner-City Jamaica[J]. American Journal of Orthopsychiatry,2005,75(4):485 - 496.

另外,一部分儿童在父母出国期间甚至处于自我照顾的处境中,留守儿童过早承担了管理父母寄回的大量金钱和照顾年幼弟妹等责任,他们的学习也受到了影响。①

父母出国带来了环境的改变,如家庭成员的分离、家庭组织和功能的无序会影响儿童的生活质量。② 包括监护人的照顾不周,③家务的增加、破坏性效应等。④ 联合国儿童基金会报告就指出,大部分在海外工作的父母亲疏于对家庭的照顾,只能由亲属来抚养孩子,而大多数当地机构没有对这类弱势家庭提供有效的帮助,政府也少有计划来解决此类家庭的问题。⑤ 并且,由于跨国寄养儿童的基数庞大及缺乏有效的支持,越发成长为各国不可忽视的社会问题。以下将基于文献整理进行逐一探讨:

在跨国寄养儿童的身心健康上,有项研究显示,父亲长期外出对儿童保育和孩子出生体重有显著影响,营养不良是主要问题。⑥ Victor 等通过对加纳和尼日利亚的跨国寄养儿童的健康调查发现,跨国寄养儿童较原生家庭儿童的身体健康状况指标普遍较弱。⑦ 不仅如此,父母外出与区域人口流失削弱了家庭文化资本,由此导致跨国寄养儿童的行为与心理异常问题比例大于正常儿童。有研究发现,在非洲地区,父亲外出后,由于母亲受教育程度低且管教力度不及父亲等原因,儿童在认知技能的准备方面比父亲在家的儿童要差一些,尤其在画图和词汇能力方面差距更大。母亲外出的情况则相反,父亲养育的

---

① Cortés R. CHILDREN AND WOMEN LEFT BEHIND IN LABOR SENDING COUNTRIES: AN APPRAISAL OF SOCIAL RISKS[J]. United Nations Childrens Fund, 2007.

② Yeoh B S A, Lam T. The costs of (im) mobility: Children left behind and children who migrate with a parent[J]. Perspectives on Gender & Migration, 2006.

③ MMBE Asis, GE Battistella. Unauthorized Migration in Southeast Asia[M]. Quezon City, Philippines: SMC Publication, 2003.

④ Cortés R. CHILDREN AND WOMEN LEFT BEHIND IN LABOR SENDING COUNTRIES: AN APPRAISAL OF SOCIAL RISKS[J]. United Nations Childrens Fund, 2007.

⑤ Edwards A C, Ureta M. International migration, remittances, and schooling: evidence from El Salvador[J]. [Unpublished] 2003 May, 2003, 72(2): 429 - 461.

⑥ Renuka Jayatissa, Kolitha Wickramage. What Effect Does International Migration Have on the Nutritional Status and Child Care Practices of Children Left Behind? [J]. International Journal of Environmental Research and Public Health, 2016, 13(2).

⑦ Victor Cebotari, Valentina Mazzucato, Melissa Siegel. Child Development and Migrant Transnationalism: The Health of Children Who Stay Behind in Ghana and Nigeria[J]. Routledge, 2016, 53(3).

儿童在入学准备方面与同伴无显著差异。[①] Kolitha 等(2015)的研究比较了斯里兰卡跨国寄养家庭子女的心理健康状况后指出，留守儿童长期被动接受在父母缺失的情况下更可能会出现社会情绪失调和行为问题[②]等。

在跨国寄养儿童的教育条件方面，许多研究集中在汇款对跨国寄养留守儿童的教育造成的影响。一项针对菲律宾、印度尼西亚和泰国的跨国寄养儿童的研究表明，父母外出务工可以改善留守儿童的生活条件，这体现在移民汇款促进了家庭可支配教育支出的提升，能够对儿童的教育产生积极影响。由于可支配收入的提升，父母更倾向于将其子女安排进入教育条件更好的私立学校。一方面出国务工汇款降低了跨国养育留守儿童辍学率，对孩子学业成绩产生了一定积极贡献，可以让孩子免于家庭劳作，从而在一定程度上扫清接受正规教育的结构性障碍。[③] 然而另一方面，在移民汇款大量涌入的区域，跨国留守儿童的入学率也呈现下降趋势。这是由于经济需求所产生的成功效应使部分区域形成了具有笼罩性的外出务工文化，致使孩子们期望追随父母的脚步成为未来的跨国工人，从而家庭低估教育价值而提前终止学业的原因所致，也就是说，在人口流出对教育的"挤压"作用下，留守少年更多成长为二代劳工。[④] 此外，有研究表明，在加纳，父母的国际迁移可能是孩子学校成绩下降的预测因素。[⑤] 在社会行为方面，有学者指出了父母移民对留守儿童的社会行为规范存在的不良影响。有研究发现，较少甚至几乎未跟母亲接触或者多次经历监护安排变化的留守青少年，其出现行为问题的可能

① Batbaatar M. Children on the move: rural-urban migration and access to education in Mongolia [J]. Childhood Poverty Research & Policy Centre, 2006.

② Wickramage K, Siriwardhana C, Vidanapathirana P, et al. Risk of mental health and nutritional problems for left-behind children of international labor migrants[J]. BMC psychiatry, 2015, 15(1): 39.

③ Davis Jason. Educacion o desintegracion? Parental Migration, Remittances and Left-behind Children's Education in Western Guatemala[J]. Journal of Latin American Studies, 2016, 48(pt. 3): 565 - 590.

④ Davis Jason, Brazil Noli. Disentangling fathers' absences from household remittances in international migration: The case of educational attainment in Guatemala[J]. International Journal of Educational Development, 2016, 50: 1 - 11.

⑤ Victor Cebotari, Valentina Mazzucato. Educational performance of children of migrant parents in Ghana, Nigeria and Angola[J]. Journal of Ethnic and Migration Studies, 2016, 42(5).

性更大。①

　　Dalinison 等人的研究也证实生活在缺失家庭或父辈长期外出家庭中的儿童更容易产生愤怒、不安、害怕、拒绝、失落和沮丧等消极情绪②。Dubowitz 发现,隔代抚养的儿童存在行为问题的比例高达 26%,比一般儿童高出近 10%。另外 Kleiner,Hertaog 与 Targ 等学者分别对隔代抚养家庭中的男孩和女孩进行调查发现,在隔代抚养的家庭中,一是男孩较易出现行为失序问题,女孩则在情绪和情感方面容易出现问题;二是对祖辈的影响。隔代抚养对祖辈自身产生了消极影响。替代父辈承担养育子女责任的祖辈健康状况相对较差,同时抚养孙辈,他们也要承当相应的经济压力。

　　留守儿童的心理问题受到个体、家庭和环境的影响,包括过往精神疾病病史、创伤和早先已经存在的依恋障碍等方面的影响。③ 为了让留守儿童更好地适应父母出国,减少父母不在身边的消极影响,学界进行了大量研究,政府采取了多项举措,主要关注点在与加深亲子间的情感距离,如跨国抚育中的提倡亲子多打电话、发短信、写信、礼物交换等方式沟通。牙买加对 9—10 岁父母出国儿童的影响研究发现,监护家庭的支持和倾诉对象成为儿童健康发展的"保护性因素"。④ 尽管出国的父母会通过打电话的方式和子女保持联系,但是联系缺乏规律性。⑤ 由于每个家庭的谋生手段、家庭住址(农村或城市)等方面存在差异,所以每个家庭的沟通方式也不尽相同。研究表明,外出母亲在维持与子女的关系上付出了更多心血。⑥ 在心理和行为上,一部分研究者认为孩子与父母的早期分离会影响其后期发展。摩尔多瓦的儿童发展报告指出,金钱

①　Walsh Dillon, Christine A. Walsh. Left Behind: The Experiences of Children of the Caribbean Whose Parents Have Migrated[J]. Journal of Comparative Family Studies, 2012, 43(6): 871 - 902.

②　Dannison L, Smith, A. B. & Tammy, V. H. When grandma is mum: what today's teachers need to know: Childhood Education, 1998.

③　Pottinger A M. Children's Experience of Loss by Parental Migration in Inner-City Jamaica[J]. American Journal of Orthopsychiatry, 2005, 75(4): 485 - 496.

④　Kanaiaupuni S M, Donato K M. Migradollars and mortality: The effects of migration on infant survival in Mexico[J]. Demography, 1999, 36(3): 339.

⑤　Cortes R. Children and Women Left Behind in labour sending countries: an appraisal of social risks[J]. New York: United Nations Children's Fund (UNICEF), Policy, Advocacy and Knowledge Management Section, Division of Policy and Practice, 2008.

⑥　Pottinger A M. Children's Experience of Loss by Parental Migration in Inner-City Jamaica[J]. American Journal of Orthopsychiatry, 2005, 75(4): 485 - 496.

和物质并不能消除远离父母的痛苦，这种痛苦甚至长达 10 年之久。[①] 也有研究认为亲子分离不一定带来困扰，在墨西哥出国程度高的社区里，家庭成员认为跨国抚育很平常。亲子分离受到各种因素的综合影响，这些因素包括分离的原因、社会和父母的态度、家庭成员沟通的状况、监护人的类型（性别、年龄）及个体因素（性别、年龄、家中排行、出生地、种族）等。[②]

在儿童的适应与社会化上，2003 年对菲律宾的研究发现，留守儿童能与现有家庭成员融洽相处，能较好的适应社会并得到有力的社会支持，父母出国没有对其行为、社会化、价值观等产生负面影响；然而联合国儿童基金会的研究发现，留守儿童在心理问题、暴力行为、滥用药物、未成年怀孕等问题上有更大的风险。斯里兰卡母亲出国的留守儿童社会适应较差。在摩尔瓦多，1993—2000 年，青少年犯罪比例的升高与这一时期留守儿童数量的增加有很大关系，其中 60% 的犯罪者是留守儿童。在墨西哥，父亲的缺席导致儿童出现了问题行为，61% 的留守儿童存在心理问题，跨国寄养的留守经历会让儿童产生一种被遗弃的感觉。[③]

在儿童权益方面的研究上，为了给予跨国抚育儿童更好的权益保护，从国际组织到不同国家都制定了相应法律改善这些弱势儿童处境。1989 年 11 月 20 日在第 44 届联合国大会上，《儿童权利公约》获得一致通过，这是第一部有关保障儿童权利且具有法律约束力的国际性约定。在此精神的广泛传播和执行中，世界各国，特别是发达国家都加大了对本国儿童，特别是弱势儿童的法律保护。如澳大利亚在法律层面建立了儿童独立代表人制度，给予儿童更多的权利，并且规定了父母的大量义务，这有利于充分保证儿童成长与发展的权利。另外，加拿大各省都制定相应的儿童保护法，如安大略省的《儿童福利法》就规定：若孩子在家遭到虐待，儿童保护组织有权将孩子从家中带走，并由法庭取得临时监护权，直到法庭审理了案件并作出判决为止。加拿大的非官方

---

① Adams P L, Horovitz J H. Psychopathology and fatherlessness in Poor Boys[J]. Child Psychiatry & Human Development, 1980, 10(3): 135.

② Fan F, Su L, Gill M K, et al. Emotional and behavioral problems of Chinese left-behind children: a preliminary study. [J]. Social Psychiatry & Psychiatric Epidemiology, 2010, 45(6): 655 - 664.

③ 魏凯. 留守儿童问题之国外经验借鉴与立法建议[J]. 法制博览旬刊, 2013(4): 133 - 134.

社团开办的儿童健康记录卡会将孩子的过敏情况、接种疫苗情况、受伤情况、家族病史等都记录在案。芬兰的《儿童福利法》是儿童保护工作者最主要的依据，对儿童权益以及政府援助儿童的职责有明确的规定。具体而言，主要由隶属各地方政府儿童福利部门的社会工作者执行保护工作。由于芬兰的儿童保护法律比较健全，工作中遇到的各种难题，基本上都能从法律条文中找到答案。1918 年，英国国会通过了《妇女及儿童福利法案》。随着立法的不断完善，确定了"儿童福利至上"原则，对儿童的生存权、参与权、发展权等保护都做了详细的规定。[①]

日本也高度重视儿童保护及其他福利权利，同时也更为强调家庭层面的抚育责任，政府和社会在儿童的生存与发展方面承担补充责任，强调父母和家庭是儿童养育和保护的首要责任主体。美国政府注重维护儿童的最大利益，注重为儿童创设良好的家庭环境和永久性的家庭安置。对于不能为孩子提供良好成长环境和实施有效监护的家庭，政府会通过"监护权转移"的方式，剥夺父母监护权。孩子由政府福利机构暂时收养，直到找到合法、合格的临时监护人。儿童保护方面的机构会安排专业的心理工作者对其父母进行心理矫正辅导，辅导结束由相关机构进行评估，评估合格后才能再次获得孩子的抚养权。美国父母对孩子的照护权及监护权弹性浮动，一切以孩子的最高利益为原则。法律规定，12 岁以下的儿童必须 24 小时都处在直接监护下，否则监护人就有可能犯"忽视儿童罪"，其他人见到儿童被忽视而不举报也要承担法律责任。[②]美国法规重视政府与社会层面对流动人口子女受教育权的保护，认为这有利于维护社会的稳定。因而政府部门对非法移民子女的保护是不遗余力的，联邦政府预算会单独拨付经费来保护和促进其子女能够正常入学，具体是通常由政府牵头，委托给各个州的从事儿童权益保护的社会组织通过购买服务来进行，社会组织会追踪这些流动家庭并进行资料转交。公共管理机构会对家庭进行监督，如果有新的家庭入住自己服务的社区，他们会强制要求家长送孩子上学。另外非政府组织在保护儿童方面也发挥着很大作用。美国大部分州都成立了儿童信托基金，通过部分附加税、优惠政策使人们自愿捐赠来筹集资

① 李警锐. 国外留守儿童保护体系及启迪[J]. 平安校园，2017，(02)：76 - 78.
② 杨青，魏凯. 国外儿童权益保护经验之于解决留守儿童的启示[J]. 农村工作通讯，2013(13)：62 - 63.

金,专门用于防止儿童受到忽视和遭受虐待。有超过1100家公共机构和非营利组织组成的美国儿童福利联盟也在从事儿童保护与救助工作。

总之,国外对跨国寄养留守儿童的研究从文化社会学、家庭社会学、心理学、教育学等视角出发,内容涉及心理、道德、学业、福利等诸多方面,对于国内父母出国留守儿童的研究具有一定的借鉴意义。如国外研究揭示了祖辈抚养所带来的系列问题,也阐述了祖辈抚养对于祖孙间亲情培育的意义,以及父母出国劳务所获的收入对于儿童完成学业的重要意义等。但国外跨国寄养与我国父母出国留守儿童的情况也存在较大的差异,如教育、文化、出国的预期、语言的学习与是否迁移的长期打算等。

(二) 我国农村留守儿童研究

自20世纪90年代开始,我国农村人口开始大规模向城市流动,据估算中国国内人口迁移数量高达1.5亿,城市化水平已经超过50%。① 出现这一现象的主要原因是我国劳动力转移具有迁而不移的重要特征,②即家庭并没有随着劳动力的迁移而迁移,家庭中的主要劳动力漂泊在外,只留下家中的年迈父母和年幼孩子苦苦等待。当代中国社会的户籍制度和社会保障体系中的地区分割和城乡分割加重了这一问题,劳动力在转移到城市之后难以获得的永久居民身份,在子女教育、住房、医疗、社保等方面面临着"同城不同权"的制度壁垒,使农村孩子难以跟随父母出外就读,从而形成了"农村留守儿童"群体,因此温铁军说农村留守儿童是"三农"问题的衍生品。③ 在父母出国背景下,儿童随迁的难度可能更大,从而留守国内的可能性也随之增大。

从我国农村留守儿童研究整体样态看,主要对象是中西部父母国内务工留守儿童。

早期的研究多是对留守儿童问题的描述和分析。张志英(1998)认为留守幼儿常常有沉默寡言、喜欢独来独往、我行我素、胆小、自私、不合群等表现,这

---

① 吴映,杜康力.父母外出打工对留守儿童的学业成绩的影响——基于性别差异的视角[J].特区经济,2014(04):13-21.

② 彭长生.留守对农村儿童学习成绩的影响——来自安徽农村的调查证据[J].统计教育,2009(02):27-36.

③ 温铁军,高俊.重构宏观经济危机"软着陆"的乡土基础[J].探索与争鸣,2016(04):4-9.

是一种很明显的孤僻心理。① 黄爱玲(2004)指出,留守儿童中男生的症状要强于女生。从男生和女生的性格角度来分析,女生不容易出现事故的原因是因为女生相对安静、顺从,而男生较女生而言则更为好动,难管教,容易引发问题。② 王丽芬(2002)发现父母离开子女的时间长短是影响留守儿童心理健康的一个重要因素;父母离开的时间长短与留守儿童心理健康受损程度成正比。③ 调查显示心理负担重已经成为大部分留守儿童的常态,缺乏甚至没有心理归属感,和父母生活在一起一直是他们强烈的愿望;④而且,父母不在身边,留守儿童因得到的关爱减少,随之降低的是对生活的满意度⑤。这些研究充分表明出国留守儿童由于年幼时候父母角色的缺失,对他们日后的性格以及行为方式造成了很大的影响,他们的行为方式以及性格都比较偏向消极的一面。

2007 年左右,以"问题范式"为主要研究特征,出现了第一波研究高峰,如段成荣基于全国"五普"和"六普"数据,对农村留守儿童的规模进行了估算,分析了该群体的分布与监护方式等人口学特征⑥;叶敬忠基于对我国中西部 5 省10 村的调研,运用社区人类学调研的方法,描述了父母不在身边的农村留守儿童的"别样童年"⑦;范先佐基于中部 3 省 9 县的调查,揭示了农村留守儿童的 5方面问题表现⑧;卢德平基于东中西部调研,论述了留守儿童的 10 大特征⑨;任运昌以重庆为基点,对西部留守儿童的教育问题进行了社会学研究⑩,等等。

2010 年左右,以"比较范式"和"多元视角"为主要特征,国内出现了留守儿

---

① 张志英."留守儿童"的孤僻心理[J].健康心理学杂志,1998(6):106－107.

② 黄爱玲."留守孩"心理健康水平分析[J].中国心理卫生杂志,2004(5):351－353.

③ 王丽芬.福清市中学留守孩心理健康状况及教育对策[D].福建师范大学,2002.

④ 吴霓.农村留守儿童问题调研报告[J].教育研究,2004(10):15－18＋53.

⑤ 林宏.福建省"留守孩"教育现状的调查[J].福建师范大学学报(哲学社会科学版),2003(3):132－134.

⑥ 段成荣,吴丽丽.我国农村留守儿童最新状况与分析[J].重庆工商大学学报(社会科学版),2009,(1).

⑦ 叶敬忠.农业劳动力转移中"留守儿童"关爱的城乡统筹[J].上海城市管理职业技术学院学报,2008(02):35－39.

⑧ 范先佐,郭清扬.我国农村中小学布局调整的成效、问题及对策:基于中西部地区 6 省区的调查与分析[J].教育研究,2009,(1).

⑨ 卢德平.中国弱势儿童群体:问题与对策[M].北京:社会科学文献出版社,2007.

⑩ 任运昌.空巢乡村的守望:西部留守儿童教育问题的社会学研究[M].北京:中国社会科学出版社,2009.

童的第二个研究高峰。如申继亮[①]、范方[②]、范兴华、刘霞[③]等从心理学的视角，运用量表、问卷等测量工具，对留守儿童与非留守儿童的幸福感、希望感、孤独感、抑郁、焦虑、歧视、逆境信念、心理资本、心理弹性等展开了比较，探析了父母外出方式、监护方式、家庭环境、亲子沟通等因素引致的差异，及其在多大程度上影响留守儿童的心理问题；贾勇宏[④]、肖庆华[⑤]、谢妮[⑥]等从经济学、社会学、管理学的视角，对中西部留守儿童的教育与政府应对举措，研究的学科立场等进行了探讨；杨晓军等对留守儿童的信息与媒介素养支持进行了研究；辜胜阻[⑦]等从城镇化的视角探讨了留守儿童问题根源与对策；万国威[⑧]从福利多元建构的视角探讨了留守儿童的福利不足与补偿，等等。

一些研究将农村留守儿童称为"新弱势群体"、社会不可忽视的弱势人群；有研究将留守儿童界定为家庭处境不利的儿童，认为留守儿童对父母的亲情需求得不到满足，绝大多数留守儿童或生活在单亲主导的"半边户"家庭或祖辈主导的"新"家庭中。父母外出导致留守儿童的家庭内部环境发生了明显改变，这种改变可能置他们于不利的家庭成长环境之中。[⑨] 一些研究采用家庭逆境对家庭不利抚养环境进行描述，将家庭逆境定义为家庭环境中对儿童内、外倾行为适应存在不利影响的一系列危险因素，包括家庭社会经济不利、父母冲突、亲子不良互动、父母离异等因素。[⑩] 这些研究表明家庭和社会的不利环境，

---

① 刘霞,范兴华,申继亮.初中留守儿童社会支持与问题行为的关系[J].心理发展与教育,2007,(3).

② 范方,桑标.亲子教育缺失与"留守儿童"人格、学绩及行为问题[J].心理科学,2005(04)：855-858.

③ 申继亮,刘霞.留守儿童与流动儿童心理研究[M].北京：北京师范大学出版社,2015.

④ 贾勇宏.留守儿童的德行失范问题研究——对中部三省九县市的调查[J].青年研究.2008,(4).

⑤ 肖庆华.农民工子女教育研究的立场[J].教育发展研究,2012,32(07)：34-37.

⑥ 谢妮.西部地区新农村建设视野下的留守儿童教育问题——以贵州省为例[J].教育学术月刊,2010,(3).

⑦ 辜胜阻,易善策,李华.城镇化进程中农村留守儿童问题及对策[J].教育研究,2011,32(09)：29-33.

⑧ 万国威.社会福利转型下的福利多元建构：兴文县留守儿童的实证研究.南开大学,2013.

⑨ 丁继红,徐宁吟.父母外出务工对留守儿童健康与教育的影响[J].人口研究,2018,42(01)：76-89.

⑩ Fergusson D M, Lynskey M T. Adolescent resiliency to family adversity[J]. Journal of child psychology and psychiatry, 1996, 37(3)：281-292.

影响了儿童的发展起点、过程和结果，使其正常发展受阻。[①]

2013 年后，留守儿童研究的新的概念、观点、发现、方法和思考不断涌现，研究在社会公共治理政策、流动人口家庭化、关切"人"的发展、儿童权益保护、整体性治理框架、留守儿童动态生命历程、农村寄宿制对留守儿童心理健康状况的影响、留守儿童生存发展保障体系与减量化机制构建等方面取得进展，留守儿童研究趋向多元化与多样化，其中就包含了对农村留守儿童群体亚类研究的深入——父母出国留守儿童就是其中非常独特的一个亚群体。

农村留守儿童在我国的区域分布数量与类型并不均衡。2012 年，全国妇联对全国留守儿童的统计显示，中西部劳务输出大省分布集中，四川、河南占全国农村留守儿童比例最高，分别达到 11.34％和 10.73％；安徽、广东、湖南的农村留守儿童规模占全国百分比也很高，分别为 7.26％、7.18％和 7.13％。以上 5 个省份留守儿童在全国留守儿童总量中占到 43.64％。另外，从农村儿童中留守儿童所占比例来看，重庆、四川、安徽、江苏、江西和湖南的比例已超过 50％，湖北、广西、广东、贵州的比例也超过 40％。这说明留守儿童的分布并不一定取决于社会经济发展状况，而是主要与区域流动人口相关。

（三）我国侨乡父母出国留守儿童研究

2014 年海外华侨华人群体研究蓝皮书估算，我国出国华侨华人近 5 000 万，还不包括短期出国人员。他们主要来自东部沿海侨乡，如吉林延边、山东青岛、浙江温州、福建福清、广东潮汕等。延边州海外留守朝鲜族儿童有 2 万多人；福建省有海外留守儿童约 30 万，占全省农村留守儿童 1/3；浙江省父母出国留守儿童约占儿童总数的 4.4％，其中文成县玉壶镇中小学 70％的学生都是国外送回的留守儿童，青田县父母出国学生占在校学生总数的 32.8％；广东历史上就有"下南洋"的传统，其中台山本地居民和外侨比例达 1∶1.5，恩平海外联谊学校洋留守儿童占学生总人数的 22.2％。估算全国留守国内的未成年子女在 500 万人以上，而已有研究对其社会问题、生活状况的研究还十分少见。他们被淹没在父母国内务工留守儿童的研究中，"同质化"认识掩盖了他

---

① 范兴华.家庭处境不利对农村留守儿童心理适应的影响[M].长沙：湖南师范大学出版社，2012：11.

们面临的特殊教育生活环境、社会问题与困境，亟待引起社会更多的关注与研究。

从国内研究成果看，截至 2021 年元月，"知网"数据库中以"留守儿童"为主题词的文献数量达 12 332 篇；以"侨乡留守儿童""洋留守儿童""跨国寄养留守儿童""父母出国留守儿童"等为主题的相关文献仅 70 余篇。针对中西部不同区域、不同民族、不同性别的农村留守儿童专著至今已有 40 余部，但关于东部父母出国留守儿童的专题著作尚付阙如，国内侨乡留守儿童研究还处于相对薄弱的状况。已有研究主要以浙江、福建等东南沿海省份县域为样本，对其家庭教育、心理健康、学习状况、社会支持等进行探讨[①]，大体分为以下三部分内容。

1. 现状调研分析

父母出国留守儿童是东南沿海留守儿童的主要组成部分，王东宇较早的调查显示，福清的留守孩中，父母外出经商的人数为 2 468 人，占总数 66.3%，务工占 31.4%，学习和从政仅占 2.1%；有 64.13% 的人在本省，17.23% 的人到外省经商务工，到国外去的占外出的 11.44%。[②] 有学者认为父母出国留守儿童是一个"处境不利"的群体，是手捧欧元的"精神孤儿"。[③]

何毅基于侨乡浙江青田县的调查认为，留守子女和外出父母之间缺乏真诚的心灵沟通、人格发展受阻、存在明显认知偏差，高达 52.3% 的儿童长期与海外父母保持"零交流"，而即使与父母保持沟通与交流的留守儿童在家庭沟通方式、沟通内容上也存在明显问题，亲子沟通严重缺失。[④] 浙江万里学院的陈厥祥等调查了浙江省 11 个设区市抽样村，着重探讨了青田侨乡留守儿童长期亲子分离与家庭教育缺损的状况，及这种状况对父母出国留守儿童问题行为的影响；福建师范大学的连榕教授带领硕士生，从心理发展状况的视角，对

---

① 王晓，童莹. 另类的守望者——国内外跨国留守儿童研究进展与前瞻[J]. 华侨华人历史研究，2019(03)：38 - 48.

② 王东宇，王丽芬. 影响中学留守孩心理健康的家庭因素研究[J]. 心理科学，2005(02)：477 - 479.

③ 王佑镁. 数字化时代都市侨乡留守儿童信息化教育：问题与对策[J]. 电化教育研究，2013，(09)：35 - 41.

④ 何毅. 侨乡留守儿童发展状况调查报告——以浙江青田县为例[J]. 中国青年研究，2008，(10)：53 - 57.

福州长乐、连江一带 3—7 岁海外留守儿童开展了系列研究;温州大学的王佑镁等对其数字化学习与对祖国认同问题进行了探讨;福建省委党校的刘艳飞①比较了跨国留守与跨省留守、省内留守儿童,指出父母出国留守儿童的心理健康状况最不容乐观,表现出更明显的敌对、人际敏感、抑郁、焦虑、适应不良、情绪不稳定等症状,比跨省留守儿童更偏执、承受更大学习压力②。

2. 成长与发展问题

孙漪、邓纯考的调研认为,侨乡留守儿童群体存在一定程度的学业成绩不佳、自制力薄弱、暴力倾向等偏差行为;③李子涵、邓纯考的研究指出,多变环境及侨乡场域文化(如重利轻教)制约了孩子发展,影响了孩子学业,使儿童对教育环境适应较难,落后于教育标准时间和社会期望。④ 文锋认为,"洋"留守儿童的家庭和学校教育均存在缺失;⑤刘艳飞在比较了省内留守、省际留守和国际留守三类留守儿童后发现,"洋"留守与跨省留守、省内留守儿童相比,表现出更明显的敌对、人际敏感、抑郁、焦虑、适应不良、情绪不稳定等症状,心理状况最差;⑥潘玉进等(2010)的研究认为,华侨留守儿童的家庭教育资源、人格与行为均不如国内留守儿童、非留守儿童。⑦ 有研究显示,外出父母的抚育策略对于留守儿童的学业成绩有显著影响:如泉州外出父母在当地买房,把家族中几兄弟的孩子集中在一起,让祖辈代养,或请退休老师管理孩子的学习和生活。这些留守孩每隔 1 到 2 周可以回家与父母团聚,经常与父母沟通,他们中厌学的人数较少,学业成绩差的孩子只占 18%,比福清、沙县的留守孩的厌学、逃学倾向率低很多,后两地有不少"流生"或"辍生",福清留守孩中学业成

①　刘艳飞.东南沿海留守儿童类型及心理健康状况比较——以福州连江为例[J].福州党校学报,2010(6):53 - 56.

②　谢履羽,连榕.留守儿童受欺负与心理健康的关系:应对方式的中介和调节作用[J].中小学心理健康教育,2020(03):9 - 16.

③　孙漪,邓纯考.侨乡留守儿童偏差行为及其动因探析——基于浙江省温州市玉壶镇、丽岙街道两地的调研[J].教师教育论坛,2018,31(10):67 - 70.

④　李子涵,邓纯考.父母出国留守儿童成长历程探究[J].当代青年研究,2017(04):23 - 28.

⑤　文峰.侨乡跨国家庭中的"洋"留守儿童问题探讨[J].东南亚研究,2014(04):85 - 92.

⑥　刘艳飞.东南沿海留守儿童类型及心理健康状况比较——以福州连江为例[J].福州党校学报,2010(06):53 - 56.

⑦　潘玉进,田晓霞,王艳蓉.华侨留守儿童的家庭教育资源与人格、行为的关系——以温州市为例的研究[J].华侨华人历史研究,2010(03):22 - 30.

绩差的孩子占 32.16%，沙县为 22.17%。[1] 但也有专家认为，虽然亲子沟通的缺乏造成孩子更多的情绪问题，但也可能减少孩子对父母的过多依恋，从而养成更好的独立性和自主性。

3. 关爱与保护措施

针对侨乡留守儿童所面临的成长与发展困境，许多学者提出了相应的教育关爱措施，主要从社会、学校、家庭这三个角度出发。吴羽翀认为应坚持教育为先，构建完整的家庭、学校、社会教育网络，引导"洋留守"儿童形成良好道德品质。学校和社区要合作建立学习互助小组、辅导站，提供学业和心理上的辅导。[2] 夏玲，邓纯考建议建立政府主导机制、构建社会呵护网络、完善学校教育、构建父母出国留守儿童的"类家庭"模式。[3] 陈阿海等基于福州市的追踪调研提出，政府应强化责任意识，高度重视洋留守儿童的教育工作，各部门要明确职责、合理分工、统筹一致；加强亲子沟通，提高监护人的文化水平；完善监护、监督法律制度，明确针对洋留守儿童的司法保护原则。[4] 王佑镁建议整合信息化教育技术与手段，构建学校、家庭、社区等多位一体的信息化扶助网络，促进侨乡留守儿童教育融合和个体协调发展。[5] 李雪飞基于契合性、可行性的分析，提出在侨乡留守儿童中开展类家庭模式，使该群体享受到家庭里无微不至的关爱，体验到家庭里不可替代的情感寄托。[6]

梳理已有研究成果，国内侨乡留守儿童研究总体可以分为两块：一是问题成原因及弱势处境研究，认为相比家庭结构完整的儿童，侨乡留守儿童处于不利处境，研究探讨了其问题表现，如家庭教育资源获得不足、挥霍金钱、拉帮结派、学业不良、心理问题检出率高、社会适应性差等偏差现象；并在此基础上提出了社会工作介入、实施数字化与媒介素养教育、在全球化背景和儿童权利

① 林宏. 福建省"留守孩"教育现状的调查. 福建师范大学学报(哲学社会科学版),2003,3.
② 吴羽翀. 侨乡"洋留守"儿童的调查与思考[J]. 新农村,2019(10)：16 - 17.
③ 夏玲,邓纯考. 父母出国留守儿童的问题表现与关爱保护——基于温州市丽岙街道、玉壶镇两地的调研[J]. 郑州师范教育,2017,6(04)：23 - 26.
④ 陈阿海,郑守猛,陈丽丽. 洋留守儿童的现状及其权益保护研究——基于福州市的追踪调查研究[J]. 管理观察,2013(17)：116 - 117.
⑤ 王佑镁. 数字化时代都市侨乡留守儿童信息化教育：问题与对策[J]. 电化教育研究,2013,34(09)：35 - 41.
⑥ 李雪飞. 类家庭模式在侨乡留守儿童中的应用[J]. 社会福利(理论版),2012(07)：32 - 34.

的视角下审视其教育问题、实施"类家庭"与多元抚养模式等策略等。二是侨乡留守儿童个体发展状况的研究,形成了"问题视角"及"总体良好"的两种观点,前者从不利环境及反面案例得出侨乡留守儿童"问题化"发展结论;后者通过某一个侨乡学校或社区的调研样本结论,推断侨乡留守儿童发展情况较好,忽视了留守的不利因素对个体发展的持续性及长期性。

本研究认为,个体成长是长期内外环境相互平衡综合的过程,因而研究需要得到更全面的探究,而非个体片段发展评价。需要加强对侨乡留守儿童成长现状的多层次基线调查,充分挖掘个体成长历程案例,才能较好解释儿童应对不利处境的"刺激-反应"机制;在此基础上,才能对症下药提出教育关爱机制及政策安排,尽力消除不利因素,降低不利因子在侨乡留守儿童成长中的影响。需加强调查及充分挖掘如以下方面内容:

一是研究的区域和概念规范。已有研究主要集中在福建与浙江,对其他沿海省份如山东、广东等地的父母出国侨乡留守儿童的研究甚少;在概念规范等方面尚存在较大的差异,如对出国人员未成年留守子女的称呼,出现了"海外""国际""华侨""华人""侨乡""侨眷""侨界""洋"留守儿童等多种称呼,这些概念有的本身表述尚不周全,有的容易带来理解歧义。以研究使用最多的"侨乡留守儿童"为例,居住在侨乡的留守儿童实际上并非全是父母出国留守儿童,还包括了其他类型的留守儿童。

二是研究内容与方法。已有研究主要关注了该群体的局部问题,如行为表现、心理发展与信息教育等,而对其客观的弱势特征及其影响因素探讨较少,对该群体弱势特征问题的动力因素定位不具体、不全面,如对其教育生活困境的探讨,对学校教育与社区文化与国内外教育文化的冲突等影响的探讨,对影响父母出国留守儿童弱势特征的机制探讨,对其影响因素的作用机制也缺乏探讨等,表现出碎片化、经验化的特征。研究方法主要以局部小样本为主,缺乏较大规模的基线调查与较为丰富的教育生活案例,相比中西部父母国内务工的农村留守儿童研究影响力较小,引起的关注度也相对不足。

三是学理分析与策略建构。出国人员留守在国内的未成年儿童,是另一种类型的新"弱势儿童",已有研究还缺少运用相关理论,对其教育生活的描述与存在问题的动力因素进行分析,建构针对性系统化关爱策略。

综上所述,国外学者对跨国寄养留守儿童的研究起步较早,研究覆盖面广,研究结论表述相对明确;相较之下,国内侨乡留守儿童群体研究相对薄弱,学界虽然对侨乡留守儿童群体展开了一定的讨论和研究,但总体上缺乏对其生存困境与关爱支持策略的全面审视与深入研究。侨乡父母出国留守儿童不同于一般的国内省际父母外出务工留守儿童,其教育生活状况有待于加强调研与分析;也有待于引介生命历程等理论,深化研究内容,深描真实教育生活案例,运用口述史、生活史等研究方法,进一步拓展研究区域,从多角度提出系统化关爱机制的建构等。

三、研 究 意 义

我国留守儿童的类型分布呈现出典型的区域分布特点,中西部以父母国内务工为主,对应国内农村留守儿童;东部沿海以父母出国经商务工为主,对应父母出国留守儿童。对侨乡留守儿童的研究具有相当的理论价值与现实意义:

第一,有助于促进相关群体关爱侨乡留守儿童的健康成长。通过本研究,促进出国父母与委托监护人更关注该弱势群体,更关注留守儿童内心的孤单,多陪伴他们,让他们获得更多的爱护;让教师明了这些孩子的易发问题和原因,用更有针对性的方法去指导和对待他们,提供更暖心的陪伴与爱护。同时通过深描侨乡留守儿童个体成长历程,为侨乡留守儿童正确认识与了解自身提供素材,解释其应对不利处境的"刺激-反应"机制,也能对症下药,从儿童成长关键期出发尽力消除不利因素,降低不利因子在孩子成长中的累积效应。同时,促进侨乡留守儿童的健康成长也能够为侨乡未来建设储备人才。

第二,有助于促进侨乡政府加强对侨乡留守儿童的关爱保护。为侨务部门等落实国家、省市留守儿童关爱保护政策,立足地方实际出台关爱保护措施,对该群体进行精准的教育关爱,提供相应的问题分析与数据调研的支持。

第三,有助于引起社会对侨乡留守儿童更多关注支持。关爱侨乡留守儿童不仅仅是家庭、学校的责任,更是全社会都应该关注的事情。本研究开展了高校＋地方政府＋大学生实践队的教育关爱活动,开发了系列课程,创设了系列教育活动,社会力量共同参与为全社会关心父母出国留守儿童发展的良好氛围提供了有效的模式。

第四,有助于"一带一路"倡议的实施推进。"侨胞"是沟通中外的重要人群,关爱侨乡父母出国留守儿童,是支持侨胞海外发展,与海外侨胞保持"民心相通",促进海外华侨华人与国内的交流的一个重要途径。习近平总书记指出:"团结统一的中华民族是海内外中华儿女共同的根,博大精深的中华文化是海内外中华儿女共同的魂,实现中华民族伟大复兴是海内外中华儿女共同的梦。"①当前侨乡留守儿童的出国父母主要是新生代华人华侨,即"新侨",是联通中国与侨居国联系的重要纽带,是落实"一带一路"倡议的重要力量,加强对其子女的教育关爱,对于他们不忘祖国,心系祖国与为国奉献具有重要意义。本研究对于团结新生代华人华侨,增进他们的爱国爱乡之情具有积极意义。

概言之,侨乡留守儿童是侨乡发展的未来建设者,是实现"一带一路"跨国间"民心相通"的未来保障,他们的教育成长不仅关乎其个人的未来,还关乎其家庭的整体发展、侨乡社区的发展与国家的发展。

四、全书框架

本书结构分为导论＋五部分。

导论,介绍研究背景、意义与框架。对已有的国内务工留守、国外留守、我国侨乡留守儿童三部分研究进行了脉络走向的梳理与述评,对全书的研究主题和框架进行勾勒。

第一章,研究设计。介绍浙江与温州的侨情概况,温州侨乡留守儿童的县域分布与基本数据。对研究样本进行选择说明与介绍,提出研究方法。

第二章,实证研究。基于对调研数据的分析,对侨乡留守儿童的教育生活状况进行深描,着重探究两方面问题,一是弱势处境,二是问题表现。对于弱势处境的分析运用两种视角,一种是外在于侨乡留守儿童的视角,包括横向与纵向:横向从宏观的国家社会政策、区域政策文化与微观的家庭和学校的层

---

① 习近平:共同的根共同的魂共同的梦　共同书写中华民族发展新篇章[EB/OL](2004 - 06 - 07). http://cpc. people. com. cn/n/2014/0607/c64094_25116166. html.

面,对其展开分析;纵向简要介绍侨乡变迁、人口出国潮及其演变的背景对不同时期侨乡留守儿童教育生活的影响。另一种是从侨乡留守儿童自身的视角,探究其"弱势处境"的被安排性,《父母在海外:侨乡留守儿童的教育生活》群体自身对不利处境的认识,在教育、监护、关爱、保护等被安排情况,他们所无法拒绝的生命历程的轨迹;以及部分侨乡留守儿童对这种外在力量的能动性应对,如何适应以及如何主动去改变这种不利处境的做法。

问题表现主要包括学业、心理、行为等方面的问题,也运用两种视角:一是侨乡留守儿童自身视角,该群体对于越轨和失范与负向等问题的看法;二是他人的视角,主要探讨在其父母、监护人、教师和同伴群体等重要他人眼中的侨乡留守儿童问题的表现,他们对此的判断与认识。

具体内容包括以下五个方面,重点探讨该群体在家庭教育与学校教育中的弱势处境与问题:

(1)父母出国背景下的家庭教育状况。父母的非面对面亲子沟通状况、父母回乡探视频次与礼物馈赠、儿童出国团聚、儿童每周零花钱及使用等。

(2)父母出国后的监护状况。监护人的选择、监护人的类型与教育关爱方式、监护人与学校的联系情况等。

(3)侨乡留守儿童在学校的受教育情况,包括学业成绩、同伴及师生交往、对学校规范的遵从与违反等。

(4)侨乡留守儿童的心理健康状况,心理发展的负向情况,尤其是安全感与依恋状况的检测。

(5)侨乡留守儿童的家乡认同情况。如果家乡的文化、语言、风俗等的认同,以及出国的预期、未来是否打算建设家乡等。

第三章是侨乡留守儿童关爱教育问题的影响因素。深入分析影响侨乡留守儿童弱势处境与问题的各种因素:

(1)出国父母的亲子沟通与教育状况。父母出国情况下的家庭教育资源状况,出国父母的亲子沟通陌生化情况,家庭教育方式。父母出国预期对侨乡留守儿童学业与行为的影响,跨国流动与跨国教育文化差异对其学业、价值观与对祖国认同的影响等。

(2)委托监护人的情感沟通与教育监护状况。监护人的教育方式,对该群体的学业辅导情况。

（3）学校教育状况。学校对该群体的教育支持状况，包括针对性的课程开发、关爱教育活动的组织、与留守家庭的沟通与指导、对儿童的心理辅导与教育管理等。

（4）政府主导教育关爱的状况。探讨在制定侨乡留守儿童教育关爱政策，主导教育关爱力量的整合，开展教育关爱活动等方面的举措。政府对侨乡留守儿童的政策资源与支持，尤其是侨务、民政、教育等政府部门对该群体的相关政策与专项政策状况，部门之间的合作和活动的共同开展，这些活动的成效等。

（5）社会支持状况。包括社会对侨乡留守儿童的认识与支持，如研究的开展，社会志愿者、大学生实践队等提供的服务，社会非政府组织与个人对父母出国留守子女的关爱状况，非政府组织通过社会志愿者和专业社会工作者所提供的社会服务，优势视角下适切性的社会工作服务模式的探讨，侨乡社区出国文化与资源，社区对该群体的实质性生活帮扶与安全照看，社区建设与社区动员对该群体的影响等。

第四章，侨乡留守儿童教育关爱问题的学理分析。

（1）运用生命理论历程，主要从社会学的视角，对侨乡留守儿童特殊流动轨迹下的生命历程的分析。

（2）运用儿童不利处境理论，重点对侨乡留守儿童的弱势处境进行分析，分析弱势处境如何建构侨乡留守儿童的问题。

第五章，侨乡留守儿童教育关爱的结构与行动。运用结构二重性理论，对侨乡留守儿童教育关爱的结构和行动展开分析。

（1）侨乡留守儿童教育关爱的主体结构。探讨在当前民政主导农村留守儿童关爱保护的新格局下，侨务部门如何主导或协同民政和教育部门，建构针对侨乡留守儿童的关爱教育结构。该关爱服务体系的主导力量、构成力量、保障机制——各种内外辅助配套条件、有力的区域性政策支持、有效机构与机制的确立、积极舆论氛围的营造、经费投入的确保；相关支持主体之间的分化与拒斥、互动与沟通、合作与整合等。在揭示父母出国留守儿童的弱势处境、真实教育生活困境的基础上，着重探讨父母出国留守儿童社会关爱力量的构成、各种关爱主体之间的合作方式与组织架构。

（2）侨乡留守儿童教育关爱的行动策略。探讨与各结构主体相适应的关爱服务的行动策略，这些关爱服务策略之间的协同，新时代背景下行动如何与国家战略相结合等。研究内容如图导-1所示：

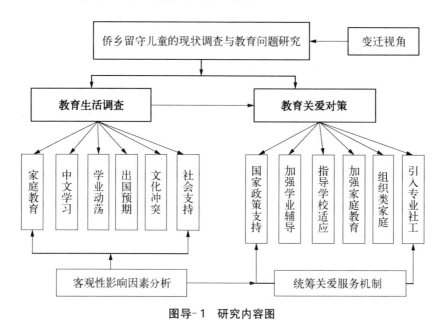

图导-1　研究内容图

第一章　研究设计

本研究采用"侨乡留守儿童"概念来称呼研究对象——父母出国的留守儿童,以避免当前对该群体名称的纷杂表述,内涵与外延不一致的状况。通过强调侨乡留守儿童的"弱势处境"与"问题",看重提出针对该群体的基于实际的、真正有解决前景的教育关爱策略。

一、我国侨乡留守儿童分布

侨乡留守儿童的分布受其父母的分布——华人华侨分布影响,主要集中在东南沿海和华南地区,以广东、福建、浙江最为突出。福建省福州市是东南沿海与海外关系最密切的地区之一,这里沿海的连江、马尾、福清、长乐、罗源、明溪等地,侨乡留守儿童达数万人。以连江为例,根据连江县教育局公布的数据,2009 年 4 月该县小学一至六年级共有"留守学生"1 441 人,占总人数的 4.41%;初一至初三年级"留守学生"共 1 303 人,占总人数的 7.41%。这些"留守学生"中,80% 以上父母在海外,这些孩子在教育上、心理上存在或多或少的问题。[①] 有研究指出,改革开放后福建省新侨[②]的迁出地呈现从南向北、从东向西、从沿海地区向内地延伸发展的趋势,改变了侨乡的分布地图,过去

---

① 福建师范大学连榕教授、厦门大学陈培爱教授等将该群体称为"海外留守儿童",并认为"海外留守儿童"现象已引起有关专家学者的注意。连教授认为"海外留守儿童"是城市"留守儿童"中的"另类守望者"——《福建日报》就城市"留守儿童"问题采访我校连榕教授[EB/OL]. http://xcb.fjnu.edu. cn/67/d0/c7963a26576/page. htm,2009 - 11 - 26.

② 新侨是个广义的概念,既包括新华侨华人和华裔新生代,也包括留学生、归国留学人员及海外高层次留学人员。

很少有华侨的三明、南平地区也出现了新兴侨乡，地处闽西北山区的明溪县可谓新侨乡的典型代表。该县城关中学共有 1 620 名学生，有留守儿童 533 人。据福建省妇联组织统计，2007 年福建省有侨乡留守儿童约 30 万。

花都和恩平是广东侨乡留守儿童最多的地方。广东江门恩平"留守"的外籍孩子约 3 000 名，聚集了大量侨乡留守儿童的侨乡学校，便成为热闹的小"联合国"。广州花都区的外籍学生也有数千人。

广西是中国著名侨乡，有华人华侨 300 多万，大部分在东盟各国定居。其中玉林市有 100 多万华侨，是广西最大的侨乡。但是广西华侨绝大多数是老华侨，新侨很少，我们在网络上寻找很久，也没能发现有关侨乡留守儿童的报道。类似情况还包括海南、云南等地。

浙江是著名侨乡，以丽水市青田县、温州市最为集中。青田县是全国著名的侨乡，全县共有 22.5 万华侨分布在世界 120 多个国家和地区，并且以每年出国近 1 万人的数字不断增加。随着华侨日趋增多，因父母出国留在家乡的留守儿童的教育、成长问题日益凸显。青田县妇联主席吴飞飞的调研报告显示：目前青田县在校中小学生 58 647 人，其中父母双亲或单亲在国外的学生 18 767 人，占中小学生总数的 32.8%；在青田方山乡龙现村的幼儿园里有 42 个孩子，就有 23 种不同的国籍，是名副其实的"联合国幼儿园"。

二、温州侨乡留守儿童分布

党的十一届三中全会召开后，我国侨务政策进一步完善，归侨、侨眷与海外联系的积极性得到激发，侨务机构在维护归侨、侨眷合法利益和国外华侨权益的作用进一步发挥，相关华侨权益的法律不断完善，对引进资金、技术、人才、有关侨汇、华侨捐赠、归侨安置、出入境管理、归侨或侨眷出境探亲定居等都有明确优惠政策与法规依据，提高了侨胞的社会地位。同时，国外侨民亟待亲人团聚，也带动了一段持续的出国热潮。1995 年，欧洲意大利等国政府又出台了更有利于新移民获得长期居留条件的规定，使移居海外的新华侨人数逐年猛增，分布地域也更加广泛。2010 年，国务院侨务办公室副主任许又声表示，中国海外侨胞超 4 500 万人，绝对数量居世界第一①。在 4 500 万侨胞中,很多是新侨。随着全球化的推进与"一带一路"倡议的实施,赴国外进行劳务、经贸与进修的人员持续增长。我国出国劳务人员分布主要在东部沿海省市,如吉林延边、山东青岛、浙江温州、福建福州、广东潮汕等。

浙江省地处我国东南沿海,人口密度高,人地矛盾突出,历史上就是人口流动大省之一,素有人口迁移流动和出国的传统。历史上浙江深受永嘉学派思想的影响,素有重商、"义利并重"的传统,住民思想相对解放。浙江出国人员在业人口比重略高,行业分布集聚在住宿餐饮、制造和零售批发业。出国途径多样,以亲属移民、商务及探亲为主要方式,迁移家庭化成为主要趋势。浙江海外侨领、参政人士增多,在侨界、政界发挥着重要作用。②

2013 年,浙江进行了历史上规模最大的一次基本侨情调查,调查显示,浙江籍海外华侨华人、港澳同胞有 202.04 万人,居住在省内的归侨、侨眷、港澳同胞眷属 112.42 万人,归国留学人员 5.67 万人,海外留学人员 8.96 万,不包括短期出国人员。浙江省涉侨人员群体(不计海外留学人员、归国留学人员)占到全省人口的 5.7%,高于全国 1.3 个百分点。浙江省各市海外华侨华人、港澳同胞按人数从多到少排列,依次为温州、丽水、宁波、杭州、台州、绍兴、金华、舟山、嘉兴、衢州、湖州。浙江籍出国人员分布在世界 180 个国家(地区),以欧洲居多,亚洲其次,北美洲居第三,南美洲、大洋洲和非洲的人数较少。华人主要分布在美国、意大利和法国等;华侨主要分布在意大利、西班牙、法国和美国等;海外留学人员主要留学的国家集中在美国、英国和加拿大。

从浙江出国人员的整体分布国家来看,前四位分别是意大利、美国、西班牙和法国;从国籍或侨居、留学、工作地来看,前三位是非洲、亚洲和欧洲。居住在海外的浙江籍涉侨人员中,温州、丽水和宁波市是浙江省重点侨乡,海外侨胞数量位居前列。侨民男女性别比例较为均衡,年轻的劳动年龄人口(新侨)占主要比重,其中男性占 51.42%,女性占 47.91%,20—59 岁的劳动年龄人口占总人口的 81.23%,呈现"全球分布,地区积聚"的空间分布特点。

---

① 中国海外侨胞已超 4 500 万绝对数量稳居世界第一[EB/OL]. http://news. cntv. cn/china/20100617/100400. shtml.

② 浙江在线. 浙江史上规模最大的基本侨情调查情况出炉温州华侨最多[EB/OL]. (2015 - 01 - 08) [2018 - 04 - 20]. http://www. chinaqw. com/gqqj/2015/01 - 08/33044. shtml.

（一）温州侨史

温州位处浙江省东南，土地特点是"七山二水一分田"，全市山地多，可耕地少，人口相对密集，由于经济内卷化和自然社会环境的制约，多数居民选择向外迁移流动，依靠临海的环境出国"讨生活"。温州的华侨史最早可追溯到北宋咸平元年（998年），温州人周伫到高丽经商并定居，成为温州人移居海外的华侨先驱。20世纪以来，侨民的数量也随着国内外政治局面的变化与经济环境的荣衰而呈现涨落之势。中华人民共和国成立前温州侨胞只有3.5万人，改革开放前后逐渐达到5万人，当前温州侨胞总数已经接近69万，其中改革开放后移民的新侨是主体，占侨胞总人数85％以上，使温州成为浙江侨务大市和全国著名侨乡。

温州侨乡居民的出国历程大致上与我国侨民经历相似。新中国成立之后，温州侨胞的出国流向主要是欧洲的法国、荷兰、意大利、奥地利、西班牙等国家，此阶段出国人员大多数无法通过正常合法的途径出境，只能将子女留在国内，多依仗国内祖辈担任儿童的委托监护人。

20世纪60年代，华侨华人在国外的实业得到发展，旅欧华侨中出现创办中餐馆的热潮。早先旅居欧洲的老一代华侨，经过几十年艰辛创业，已取得不同程度的成就，在他国的生活状况也得到较大的改善。他们开始有能力投入到对家乡修路、修建桥梁、解决饮用水等公益事业中，捐资办学是其中的重要内容，有整体办学、捐建教学楼、为学校添置教学设备、帮助贫困学生解决学杂费用、扶持特困学生求学难等，90年代形成高潮，温州任岩松中学即是著名侨领任岩松先生捐资兴办；文成玉壶镇此阶段就至少有4所小学得到出国人员的大力支持，校舍一新，大大改善了其留守国内子女的教育条件，等等。

20世纪80年代初，旅欧华侨华人开设中餐馆的热潮随着餐饮业逐渐趋于饱和状态而渐渐平息，华侨华人们开始谋求新的经营门路，向多元化实业经济方向进取，如木器家具、百货商店、商贸企业等，尤以兴办皮革工厂和服装工厂发展迅速。90年代，商店、公司与外贸进出口业蓬勃发展，在华侨华人实业经济中开始占主导地位，形成一种新的职业结构格局。此外，金融、房地产、运输等行业也相继出现，发展迅速。温州侨胞的出国状况与其国内子女的留守情况密切相关，出国潮带来了"留守潮"，在侨乡学校的学生数中得到了鲜明的

体现:

> 1989—1992 年,是玉壶的第一个出国潮,那个时候因为大人要出去赚钱养家,小孩子则被留在了家中,由爷爷奶奶或者是外公外婆来监护照顾,这些孩子也就成为了"留守儿童"。第二个出国高峰则是在 1998—2002 年,许多家长在国外具备了一定的经济基础,便回国将自己的孩子接去国外。那个时候学校人数变动极其夸张,一个学期里能减少 200 多个学生,有时候一个年级段的学生都减少了。(文成县玉壶镇小学 H 校长)

近年来,温州市重视侨胞工作,将海外华侨华人视为回归温商的重要力量,温州招商引资工程的重要对象,实施了"温商回归领头雁"工程、"2014 温籍海外乡贤故乡行"活动等。由回归温籍侨商组成的温州市侨商协会,就有从海外回归温州发展的侨资企业 500 多家会员企业。2014 年全市侨办系统共举办或协办涉侨经贸活动 87 场次,组织 2 848 人次海外温商参加活动;促成涉侨投资项目 37 个,合同金额 76.83 亿元,引进资金 51.89 亿元;联系海外重点人士 1 701 人次、海外科技专业人士 296 人次、华裔新生代代表 956 人次。同时,温州市还邀请海外侨商配合省、市其他重大经贸活动,2016 年组织来自 22 个国家和地区的 140 多名海外华商参加"浙洽会";协助省外侨办组织 100 多名温籍侨领侨商参加第十八届浙江旅外乡贤聚会等①。

(二) 温州侨情

温州侨胞数量众多,侨务资源丰富。2013 年配合浙江基本侨情调查,由市侨办牵头,会同温州统计局等相关单位,也开展了温州历史上规模最大的基本侨情调查,共动员 6 861 名调查员走村入户调查、登记、统计,对全市 83 个镇、50 个街道、586 个社区、5 493 个村居进行入户调查,以掌握海外温籍华侨华人、港澳同胞、海外留学生和其他相关人员及其国内眷属的基本情况,这些侨胞在省内外及国(境)外投资企业的基本情况。数据显示,温州是浙江省海外

---

① 欧洲时报网.温州侨情调查:近 69 万人侨居海外八成人在欧美[EB/OL] (2015 - 01 - 08) [2018 - 04 - 21]. http://www.oushinet.com/news/qs/qsnews/20150108/178324.html.

侨胞最多的市，共有侨胞 68.89 万人，占全省的 34.1%。在温州各县市区中，海外侨胞人数最多的是文成县，共有 168 598 人；瑞安市 159 964 人、鹿城区 12 076 人、瓯海区 119 757 人，永嘉县 65 808 人，乐清市 2 589 人，龙湾区 1 109 人，苍南县 8 336 人，平阳县 6 767 人，洞头县 903 人，泰顺县 576 人。

温州籍侨胞在欧洲、美国的占 80% 左右。在以浙江籍侨胞为主（含港澳同胞）为主要骨干的社团中，温籍侨胞组成社团就占一半以上，分布在 68 个国家和地区，侨团数量前 5 位的国家分别是意大利、法国、西班牙、美国、荷兰，分布特点与海外华侨华人空间分布基本吻合。温州侨胞凝聚力强，由此以温籍侨胞为主、冠温州名、与温州联系密切或由温籍侨胞担任主要负责人的海外侨团有 400 余个。从浙江和温州人口迁移特点看，往往受到区域文化影响，流出地与流入地之间往往有传统迁移关系，形成了一种出国路向上的"路径依赖"。

在温州籍的侨胞中，新生代侨胞占了温州绝大多数。对于部分移民历史较早的侨胞来说，"新生代"已经是第三代，甚至第四、五代。从调研情况来看，文成县新生代侨胞主要有如下两种：一是在国外出生的新生代侨胞。他们从小接受国外教育，大部分华文水平很低，对中国的了解很有限，对祖籍国和家乡的感情比较淡漠。他们的思维方式、文化习俗、办事风格均不同于国人，归属感和思想观念与老一代侨胞差异甚大，与国内的长辈交流存在障碍，是人们俗称的"香蕉人"。他们中有一部分接受了国外高等教育，成为社会精英并进入当地主流社会；也有一部分返回国内求学，开拓事业。二是在国内出生的新生代侨胞。他们之中一部分于小学或初中时出国，已有一定的中文底子，由于年龄小、可塑性强，能很快融入所在国的生活和文化；另一部分更值得我们关注，由于年龄、经济等各种原因，他们仍留守国内，通常由隔代长辈抚养。

温州籍侨胞在职业、发展阶段和出国方式上形成了自身特点。出国职业以开中餐馆、小店、服装加工设计、鞋类制作等为主。20 世纪 60 年代先期出国的老侨热衷于开中餐馆；当前出国的新侨从事后几种职业较多，儿童视角的个案访谈如下：

爸爸妈妈都在希腊开跟超市差不多的商店，类似于百货商店，每天都上班，朝九晚九。（调研个案 Y6）

爸妈在米兰在品牌服装厂做服装，基本上都是像阿玛尼之类的这种名牌西服,其他杂牌的都不做的。他们现在收入也还不错吧,因为是那边的高级员工,就是那种直接做成衣的,而且工资都是按数量来算的,每件衣服大概有 500 到 1 000 欧元的加工费,有时候还有一千多的,所以要是衣服做得多,赚得也就多。本来我爸妈也有想过要自己办一家服装厂,毕竟在这家工厂干了很多年了,老板老板娘都是中国人,而且跟爸爸妈妈都很熟,也就知道了要怎么经营。但是我爸爸担心亏本,就一直留在现在这家厂里面做。(调研个案 Y7)

爸爸妈妈是在意大利工作的时候经人介绍认识的,他们在意大利帮别人做衣服,很辛苦(调研个案 R7)。

温州侨胞出国劳务,大致可以分为三个阶段:

一是生存。出国大多寄居在亲戚朋友家,以谋生为主,这一阶段非法偷渡出国的侨民较多:

父母亲在意大利是工人,打工,出国后,开始寄居在亲戚家,之后开始开店等创业(调研个案 R1)。

早期有部分侨民是"偷"(注:偷渡)出去的,据调研,玉壶最早一批出国打工的就是"偷"出去的,他们出国手续不正当,有"蛇头"(注:带路人或组织者,一般是指那些把偷渡的人带出国境,从中赚钱的人)组织一批人从国境线坐船去国外,这种情况在以前还是比较多的,不过"蛇头"现象现在几乎没有了。(调研个案 Y11)

二是立足。出国一段时间后,侨胞开始熟悉国外生意,打工、自谋出路或创业,渐渐获得当地社会的认可,立住脚跟:

可能在国外一个月赚了一千块,国外的一千块钱到中国就有六七千了。许多人出国就是在中国人办的工厂、饭店打工的,大多数人在国外赚的都是辛苦钱,在国外攒了钱回到中国换成人民币。(调研个案 Y11)

三是发展。侨胞从"新侨"变成"老侨",海外事业进一步发展,成为当地某一个产业或行业的领头人物,他们在当地民众和侨众中获得了良好的声誉,逐渐成为商界和政界的侨胞代表,成为"侨领"。

百年来温州海外华人华侨凭着坚毅而顽强的拼搏精神,远在国外从事餐饮、纺织、五金等行业,取得很大成就,其中涌现出很大一批知名爱国侨领,如叶福澄、任岩松、杨岩生等人就创建了法国华侨华人协会,杨岩生早在 1959 年归国并当选为第五届全国人大代表,20 世纪 60 年代困难时期他与左芝球等人捐资兴办了瑞安最早的地方企业——丽岙华侨陶瓷厂,为当地人就业做出了贡献。瑞安的华侨饭店、温州的华侨中学、任岩松中学、温州大学任岩松礼堂等都是第一代华侨慷慨捐资支持下创建运行。海外华侨的爱国奉献,也代表了"老侨"的情怀与精神。

> 温州籍旅法爱国侨领任岩松先生生于温州市丽岙一个贫苦的农民家庭,20 世纪 30 年代远渡重洋来到法国谋生,先后历经第二次世界大战、数次生意失败,经过几十年艰苦奋斗,成为浙籍旅法华侨中的富户之一。自 1966 年应国务院外侨办邀请回国起,为了支持祖国建设,慷慨解囊,捐资建立任岩松中学、温州自来水厂等人民急需的产业设施,是海外侨胞侨界尊敬的楷模,如今任岩松中学现已发展为浙江省重点中学。

侨民的出国实际上是一种连锁迁移。社会网络关系在迁移中发挥了重要作用。第一代出国侨民在国外占据了一席之地后,成为第二代、第三代出国者的向导和介绍人,使他们避免了 20 世纪 80 年代进城"盲流"的尴尬,也在职业工种等方面逐渐形成了职业的区域特征,比如开餐馆、开超市、从事服装加工业、运输业等。

(三) 温州侨乡留守儿童县域分布

温州市侨联重视对温州市父母出国留守儿童的调查,2015 年联合温州市教育局进行了对该群体的市域普查①,对象是温州市范围常住户口的侨乡留守

---

① 2015 年温州市侨联联合温州市教育局印发《关于开展全市侨界留守儿童调查工作的通知》(温侨联〔2015〕23 号)。

儿童,具体指父母双方侨居国外,本人不能与父母一起生活一年以上、年龄15周岁以下的小学或初中在校生。该次普查对象有4个界定:本地户口、亲子分离一年以上,年龄15周岁以下,义务教育阶段在校生。因此口径相对较小,由于统计时间差及限定的范围较大,所以还存在一定的误差,但反映出了基本趋势。

统计数据显示,温州市范围内常住户口的父母双方均侨居海外、本人不能与父母一起生活一年以上、年龄在15周岁以下的小学或初中在读侨乡留守儿童主要集中分布在文成县、瓯海区和瑞安市,其中文成县达3 771人,约占总数的45.43%;瓯海区达2 357人,约占总数的28.39%。

从温州市统计数据看,本研究所选择的样本是区域数量居前两位的县区,具有典型性。同时从数据也可以看出,侨民的分布具有明显的侨务资源集中的趋势,"出国链"即由于传统的出国路径所形成的对社会资本的依赖在持续发生作用,文成和瓯海两个县区的侨乡留守儿童即占了温州总量的74%。

三、研 究 样 本

本书将研究对象界定为父母至少一方出国,由于国外抚育困难、学习中文等原因,把未成年子女留守在国内,亲子分离达到半年以上,从而形成的一个特殊类型的留守儿童群体,年龄在18周岁以下(0—17周岁)。以温州市为主要样本地,同时结合其他国内侨乡留守儿童的资料进行分析。

温州市基础教育整体水平较高,但发展存在较大的区域差异,如温州市鹿城区、瓯海区、瑞安市社会经济相对发达,但文成县教育发展相对滞后等。文成、瑞安侨乡大多位处农村和山区,瓯海侨乡位处城郊和农村,在教育城镇化带来的人口进城和出国务工的冲击下,侨乡学校也面临着生源减少下的"麻雀化",教师专业发展与层次的相对薄弱等问题。

在温州市中,本文选择侨乡留守儿童最为集中的瓯海区丽岙街道、文成县玉壶镇、瑞安市湖岭镇作为主要调研点,依托瓯海区岩松中学、华侨小学,文成县玉壶镇中小学、瑞安市湖岭镇小学等侨乡学校开展田野研究。研究审视侨乡侨胞出国背景下区域社会环境的变化,留守子女的受教育与生活状况及其成长中面临的真实社会问题,试图厘清其弱势处境所在,探明其问题的独特性;分析导致该群体问题症状的影响因素,甄别其影响父母国内务工留守儿童动因的差异；在上述研究的基础上，提出对出国人员留守子女的关爱教育的策略机制，为其积极社会化与健康成长提供服务支持。在整体研究范式上，本研究根据留守儿童研究的"复杂性范式"，运用教育学、社会学、心理学等多学科的知识，针对具体问题采取联结性的理论，以期对父母出国留守儿童问题作出恰当与合理的表述。

本研究指导温州大学关爱侨乡留守儿童实践队开展调研，分析侨乡留守儿童在学习条件、亲子关系、个性发展、心理健康、关爱保护等方面的弱势处境，揭示该群体在心理状态(安全感)、品德与行为等方面的偏差，为侨务部门与学校开展关爱保护策略提供参考。研究历时五年，共计调研了2 073名儿童，其中侨乡留守儿童1 326人。

第一次调研于2015年9月—12月进行，开展对侨乡社区与父母出国留守儿童集聚学校的基线调查，共调查了783名儿童，其中690名为侨乡留守儿童。研究对象基本情况如表1-1所示：

表1-1 研究对象基本情况

变 量	类 别	人数(百分比%)	缺失值(百分比%)
是否留守	是	735(93.9)	1(0.1)
	否	47(6)	
年级段(留守)	小学	652(88.7)	0(0)
	初中	83(11.3)	
留守情况(留守)	国外	690(93.9)	22(3.0)
	国内省外	4(0.5)	
	省内市外	7(1.0)	
	市内	12(1.6)	
监护形式(留守)	祖辈	595(81.0)	36(4.9)
	亲朋	44(6.0)	
	父母一方	45(6.1)	
	其他	13(1.8)	
	无	2(0.3)	

第二次调研于 2016 年 10 月进行,调研组前往任岩松中学和玉壶镇中心小学开展为期 2 个月的教学和科研任务,共计发放问卷 600 份,收回有效问卷 451 份,其中 322 名为父母出国的侨乡留守儿童。

第三、四次调研分别于 2017 年 7 月和 2018 年 8 月展开,以侨乡留守儿童教育关爱实践队为载体,通过访谈形式对侨乡留守儿童进行实地调研。课题组分别赴丽岙街道和玉壶镇进行了为期一个月的调研,实践队成员与 240 名侨乡留守儿童充分接触,并选择其中最具代表性的 16 位儿童展开半结构性访谈,了解他们家庭、学校、心理等各方面的状况。为了确保访谈的可靠性与真实性,课题组还针对他们的父母及监护人进行相关访谈;为了更深层次地了解他们的教育现状,课题组还对任岩松中学校长及玉壶镇中心小学的校长教师进行了深度访谈。

第五次调研于 2018 年 10 月进行,课题组前往任岩松中学进行跟踪调查,展开对侨乡留守儿童家乡认同感的调查,累计调查 291 名儿童,其中侨乡留守儿童 87 名。

第六次调研在 2018 年 12 月进行,是在任岩松中学对侨乡留守儿童心理安全感的调查,累计调查 150 名儿童,其中侨乡留守儿童 33 名。以下对调研的样本区域及学校进行简要介绍:

(一) 瓯海区侨村及侨乡教育

1. 丽岙街道

瓯海区丽岙街道是温州著名侨乡,有海外华侨华人超 2.4 万人,归侨、侨眷约 1.2 万人,其中泊岙村是丽岙最早出现出国潮的村庄之一。泊岙村人口约 1 230 人,其中常住人口仅 480 余人,有 60% 的村民常年居住在国外。大部分青壮年都出国打拼或留学深造,外出务工人员多在事业稳定后选择回国定居,因此形成了侨乡独有的特色。

早在 1972 年,丽岙就诞生了全国最早的侨联组织,建立了全国最早的侨联党支部。1990 年华侨自己集资最早拥有了自己的办公场地,老归侨杨岩生先生当选为第一届侨联主席。2004 年为响应中国侨联"党建带侨建"的号召,丽岙率先成立全国第一个基层侨联党支部。2002—2004 年全街道 21 个村均成立村级侨联,2013 年又成立了社区侨联。建立了街道、社区、村三级管理网络;到现在丽岙侨联组织人员已历经八届的换届变迁。组织设立侨益部、侨企讯息部、华文教育部、居家养老部、基建部等部门服务乡民侨眷。2010 年 11 月，丽岙侨联创办了"华侨之家"，用上百幅珍贵的历史图片及部分实物，以"侨"为特色，展示了丽岙华侨在海外艰苦的创业史和取得的业绩。2012 年 8 月正式被命名为温州瓯海区"爱国主义教育基地"，是瓯海区唯一一个以"侨"为名的教育基地。近三年来"华侨之家"爱国教育基地共接待来自各地、各界的参观者达 1 000 多人次。

（1）五社村。五社村（梓上）位于丽岙街道南片，是著名侨村。该村三面环山，距离温州市区约 13 千米。现有总户数 220 户，总人口 1 218 人，户籍在册人口 719 人。其中常住人口 428 人，旅居欧洲 790 人。五社村建有侨史馆，2021 年 1 月 22 日，温州大学在侨史馆挂牌成立了华侨华人调研基地暨温州大学华侨学院华文教育基地。丽岙华侨小学五社校区坐落在丽岙南大门——五社路溪村，三面环山，自然环境优美，人文景观独特。

图 1-1　瓯海区五社村侨史馆 华侨文化活动中心展示馆

（2）下章村。下章村位于丽岙街道北部。全村 656 户，总人口 3 156 人，其中户籍在册人口 2 558 人，常住人口约 1 500 人，出国华侨约 1 600 人。

（3）丽岙街道任岩松中学。任岩松中学由爱国旅法侨领任岩松先生捐资创办于 1984 年，建筑面积 2 650 平方米，拥有教学、实验、办公综合大楼，位于芙蓉山麓，渚溪水畔校园占地 100 亩。原有教学班 30 个，学生近 1 500 人，在瓯海区中侨乡留守儿童集中度最高，是"浙江省华文教育基地"。2012 年，根据瓯海区教育局校网布局调整规划，任岩松中学与瓯海区梧田高中合并迁入瓯海区第一高级中学，改为小学初中九年一贯制学校。

(4) 丽岙二小。地处泊岙村的丽岙二小招收了不少华侨子女,越来越多的华侨把学龄期的孩子送到家乡学校接受教育。丽岙二小原为白门中学,校舍、操场等教学设施都是华侨捐资建立的,而校舍所在的土地则由泊岙村无偿提供。现有 90 多位华侨子女在该校就学,占学生总人数的 15% 左右。学校重视侨乡留守儿童学习习惯方面培养,建立了心理健康辅导站,对华侨子女心理现象进行疏导,使小孩子喜欢学校、热爱学习,解除他们在海外的父辈的后顾之忧。

2. 瓯海区仙岩镇及华侨小学

瓯海区仙岩镇有两所中学和 8 所小学,共有侨乡留守儿童 1 441 人,其中在校中小学留守儿童 756 人,学龄前留守儿童 685 人;仙岩中学留守儿童占总学生人数的 25%,仙岩一小留守儿童占总学生人数的 11%,仙岩华侨小学和中心小学留守儿童比例均为 13%。双潮小学 218 人,55% 是留守儿童,其中侨乡留守儿童 77 名,占 35%。

瓯海区仙岩华侨小学创办于 1923 年。1991 年冬,由蔡正深,郑珍存两位先生大力资助,村民踊跃助资,建造第一幢 6 个教室规模的教学楼,故命名为"蔡正深,郑珍存"教学楼。1997 年春,由海外侨胞蔡银海先生鼎力捐助 20 万,竹溪村和驮山五村助资,建造了第二幢 9 个教室规模的教学楼,命名为"蔡银海教学楼"。2008 年扩建 24 个教室配套规模教学楼和办公室。2012 年夏,翁金安、杨玉英夫妇捐资 100 万元,建设学校塑胶操场。2013 年,由侨胞捐助建设校史馆。目前学校硬件设施完善,校园布局合理,文化氛围浓厚,2013 年提出了"乡情教育"的办学理念。对学校、教师、学生三个层面开展"思乡课程""思绪课堂""思本德育"的校本课程开发。学校占地面积 20 亩,合 13 340 平方米,建筑面积 6 661 平方米。现有 19 个班级,学生 696 人,教师 38 人。

3. 瓯海区茶山一小

茶山一小是一所百年老校。1912 年辛亥胜利时,茶山乡绅诸岩松不惜血本,毅然出资创办茶山国民学堂,这是茶山实验小学的雏形。1921 年,诸岩松的儿子子承父业,将学堂迁至河头潭(即学校现址),改其名为茶山乡中心小学,这是茶山一小的前身。1941 年学校已经颇具规模。2018 年 3 月 6 日,瓯海区政府与温州大学签订校地合作协议,正式成立温州大学附属茶山实验小学。新学校坐落于温州大学城,毗邻温州大学、温州商学院,占地 50 亩,投资 1.5 亿元,办学规模为 36 个班级,现有 1 237 名学生,在编教师 73 人,教师平均年龄 35.6 岁。

整体上,瓯海区侨乡留守儿童学校分布情况如图 1-2 所示:

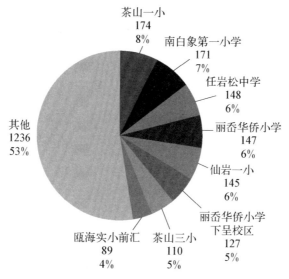

图 1-2　温州市瓯海区侨乡留守儿童学校分布图

如图 1-2 所示,瓯海区侨乡留守儿童分布于各所学校,茶山一小 174 名 (8%)占比最多;南白象第一小学 171 名(7%);任岩松中学、丽岙华侨小学以 及仙岩一小分别有 148 名、147 名和 145 名;丽岙华侨小学下呈校区和茶山三 小均占比 5%;瓯海实小前汇校区 89 名(4%)。整体上瓯海区侨乡留守儿童学 校分布较为平均,不存在大量侨乡留守儿童集中于一个学校的情况。

(二) 文成县玉壶镇及侨乡教育

1. 文成县侨情及侨胞对侨乡发展的支持

文成县是浙江省和我国重点侨乡,住民出国历史悠久。最早的记录可以 追溯到 1905 年东溪乡黄河村的胡国恒到欧洲谋求生计。经过百多年的发展, 文成侨情呈现出三大特点:一是华侨资源丰富。有 16.86 万华侨华人旅居世 界 68 个国家和地区,其中 95% 以上居住在经济发达的西欧国家,以意大利、荷 兰、法国、西班牙和德国居多。华侨人数占全县总人口的 43%。国内侨眷 7.3 万人。侨务资源全市第一,全省第二;二是侨团多,侨领多。据不完全统计,以 文成籍华侨华人为主体或文成籍华侨华人会员较多的侨社团有 55 个。在国外华侨华人社团中担任副会长以上职务的达约 1 200 人,被称为"侨领之乡"。

文成侨胞对侨乡的捐赠促进了侨乡及侨乡教育的发展。文成县从 20 世纪 50 年代初至世纪末,侨胞捐赠基础设施建设捐赠 1 571 人次,计人民币 1 214.5 万元;捐赠文化卫生系统 748 人次,共捐资 501.18 万元;在侨乡捐资建设中小学教学楼数量众多,教学设备的捐赠范围更广,涉及各类教学所需用品,设立教育基金会数量剧增,奖励优秀学生和教师,帮助解决贫困学生入学的困难等,捐资数目占华侨总捐资数约 1/4。据统计,文成侨胞侨眷捐资兴办社会公益事业累计达 2 亿元以上。玉壶、东溪等地重点侨乡,到处都有华侨捐建的教学楼、桥梁、景点等侨建项目。侨乡侨汇也是一大特点及支撑,文成县每年侨汇就达 8 亿美元。① 侨资改善了故土的生活状况,促进了当地经济建设和社会事业的发展。

2. 文成县侨情及侨乡留守儿童分布

文成县目前约有侨乡父母出国留守儿童 3 289 人,约占全县留守儿童的 36.7%,占全县儿童 10%。据文成县侨联调研报告,侨乡留守儿童的分布中,振中中学有 1 288 名,占文成县父母出国留守儿童总数的 34%,玉壶镇小学为 611 名,占文成县留守儿童的 16%,如图 1-3 所示:

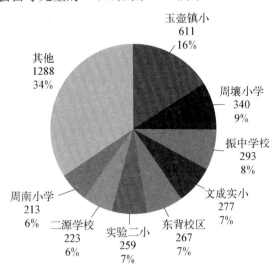

图 1-3 温州市文成县侨乡留守儿童学校分布图

---

① 胡立帅. 文成县基本侨情调查报告[R].温州市文成县归国华侨联合会,2015.

3. 文成县玉壶镇及侨乡教育

玉壶镇位于文成县县境北部，与青田县接壤，是个典型的山区盆地，它地处南田山脉之中的一个小平台上，可耕地数量不足，耕种所得并不足以维持生存，逼迫玉壶住民选择"外跑"，出国经商劳务，使玉壶成为典型的华侨聚集镇。全镇人口 4.2 万，旅外华侨 5 万余人分布在意大利、荷兰、法国、德国、西班牙等 39 个国家与地区工作、生活，担任各种华侨社团副会长以上职务的有 600 多人，素有"侨领之乡"之称。其中中国百名著名华侨中，玉壶籍的华侨就占了三位。作为文成侨乡留守儿童的主要集中地之一，当地大部分青壮年劳动力远赴他国务工，在外工作忙碌，有机会生孩子却没有精力抚养，留下很多孩子在家乡由祖辈照顾抚养，老人和孩子与他们隔海相望。

玉壶镇中心小学坐落在美丽的壶山脚下，玉泉溪旁，始创于 1908 年，有悠久的办学历史。学校占地面积 6 908 平方米，生均占地 9.43 平方米，建筑面积 5 319 平方米，绿地面积 975 平方米。学校现有教学班级 18 个，在校学生 701 人，专任教师 56 人。学校办学得到侨胞的多方支持，在校园里随处可以发现爱国爱乡的海外侨胞捐资助学留下的印记，大的如教学楼（胡志榜教学楼），小的如教学设备，还有庞大的校友基金会、奖教基金等。玉壶镇小学有学生 730 人，留守儿童 461 人，占总人数的 65%；学前儿童 290 人，留守儿童 245 人，占总人数的 85%。

玉壶镇众多出国侨民对其子女回国学习中文的需求，催生了华文教育的兴办。文成县侨联和外侨办经过调研发现，全镇有许多华裔少年跟随父母长期在国外生活，虽然能用普通话交流，但对中文不认识、不会写，无法进行文字交流。也有少部分第二、三代华侨华人由于在家庭中也是用所在国语言交流，所以连普通话也不会说了，成了"香蕉人"，对他们开展华文教育，增强对祖国文化与语言的学习十分必要。经过文成侨务部门与有关部门通力协调，经文成县教育局审批，2009 年，为了满足当地许多华裔少年学习中文的需求，文成县创建了省级华文教育基地——文成县实验小学华文教育基地，并与米兰华侨中文学校结为友好学校。2011 年，文成县成立首个侨乡留守儿童快乐营——周南分营。

2012 年，玉壶镇侨联与玉壶镇小联合创办全市首个"华侨子女中文速成班"。2013 年 9 月 25 日，玉壶镇侨务工作站与玉壶镇中心小学联合开办了

"文成玉壶华侨子女学校"。这是文成县首个华侨子女学校。温州市侨办副主任许捷出席开班仪式,并代表国侨办和市侨办向该校赠送三千余册中文教材。目前,该校现有 20 名来自意大利、捷克等国的学生,大多是十几岁的少年,最大的 18 岁,这也是温州市专门接受超龄学生的全日制小学华文教育班。

玉壶中学创建于 1958 年,位于文成县北部,地处文青两地交界处。学校绝大多数学生属于玉壶本区域,来自 27 个行政村。创办至今,学校培养了大批政界、侨界、商界的精英,活跃在国内外舞台。

2015 年《乡村教师支持计划(2015—2020 年)》(国办发〔2015〕43 号)颁布以来,根据"提高乡村教师生活待遇,依据学校艰苦边远程度实行差别化的补助标准,中央财政继续给予综合奖补"的精神,玉壶镇中小学教师的农村教师津贴从 500 元提高到 1 000 元,提高了一倍,收入待遇得到提高。农村(山区)教师津贴发挥了稳定山区侨乡教师队伍,促进山区侨乡教师的安心从教和认真从教的积极意义。

(三) 瑞安市及其侨乡教育

瑞安是浙江省乃至全国的重点侨乡之一,瑞安华侨文化历史悠久,瑞安人移居海外有史可追溯至清光绪二十年(1894 年)。100 多年来,经过不同时期的谋生扎根、发展开拓,瑞籍华侨、华人队伍不断扩大。据 2014 年侨情调查统计,全市有近 16 万瑞籍华侨华人,主要分布在以欧洲为主的 100 多个国家和地区,海外留学人员 5 000 多人,国内归侨侨眷 10 多万人。据瑞安市教育局统计,瑞安市现有 5 219 名父母出国留守儿童,超过 90% 的父母出国留守儿童由祖父母或外祖父母监护。

瑞安市湖岭镇、高楼镇是瑞安市西部两大重点侨乡,25% 以上人口涉侨。近几年,为进一步优化侨乡留守儿童的成长环境,瑞安市侨联、瑞安市教育局在瑞安市湖岭镇中心小学和瑞安市安阳高级中学设立侨界留守儿童快乐成长基地,连续 10 年在湖岭镇和高楼镇枫岭社区开展"侨界留守儿童快乐营"活动,设立 2 个营点。随着侨助学工作逐步拓展,瑞安市开展助学帮困、关爱走访等志愿活动,各行各业的志愿者队伍已经有 36 万人,其中不乏社会工作者和心理、法律等专业人士。2019 年 3 月,瑞安市团市委牵头成立关爱联盟,主要由部门、志愿者以及青年企业家协会三块组成，借助部门的力量，发挥志愿者协会和青年企业家协会的专长，打破了原来各自送活动下乡但又资源不匹配的困境，让这些力量聚集到联盟中来，实现"一方留守，八方支援"。针对留守儿童较集中的湖岭、高楼等山区学校，关爱联盟成立首批 4 个志愿管护中心，学校只需填一份需求清单，将学生需求转给日常联系的公益组织即可。机关单位、青年企业家协会作为帮帮团成员，解决资源、资金等问题。有家庭教育经验的教师志愿者或爱心企业家，可与留守儿童进行一对一或一对多的结对。此外，还遴选了一批优秀的成长守护者，结对乡镇、村居，实施项目对接。

高楼镇枫岭社区是瑞安市三大侨乡之一，全乡 9 000 多人，其中有 5 800 多人在欧洲谋生，留在家中的大都是老人和孩子。枫岭现仅有一所学校，幼儿、小学、初中共有 238 名学生，其中 138 名学生属于海外归来的留守儿童。

此外，温州市鹿城区七都镇也是知名侨乡，有常住人口 9 232 人，旅居中国港澳台地区及海外的人口 15 200 人，岛上幼儿园 283 名学生中，本地户口的只有 54 人，外来务工人员子弟 78 人，其余孩子全是外国国籍。镇里还有两所小学、一所中学，据统计，镇上在校学生（包括幼儿园、小学和中学）共有 1 467 人，他们大多是侨乡留守儿童。

（四）温州侨乡学校

本研究选取瓯海区丽岙街道任岩松中学、文城县玉壶小学、玉壶中学等学校作为基本调研地，对侨乡留守儿童情况进行深度访谈与问卷调查。

1. 访谈样本

本研究指导关爱侨乡留守儿童实践队，利用开展亲情中华"汉语桥"华裔青少年暑期夏令营的契机，在侨乡学校参加实践支教中开展深度访谈。通过教师推荐和随机取样的方式各随机选取了 16 位侨乡留守儿童及在校教师和校长等管理人员，访谈对象包括了不同性别、年龄以及抚养方式。抚养方式主要为祖辈隔代抚养、亲属寄养、父亲或母亲单亲抚养等。部分个案情况如表 1-2 所示。

表 1-2　学生个案基本资料(部分)

序号	性别	年龄	监护方式	父母在国外形式	留守时间
1	男	16	祖辈	母在外	三年以上
2	男	14	祖辈	母在外	三年以上
3	女	16	祖辈	父母在外	一年内
4	女	16	祖辈	父在外	三年以上
5	男	9	祖辈	父母在外	三年以上
6	女	9	祖辈	父母在外	两年内
7	女	9	自己	母在外	两年内
8	男	9	自己	父母在外	两年内
9	女	10	其他亲属	父母在外	两年内
10	女	16	祖辈	父母在外	三年以上
11	男	17	其他亲属	父母在外	三年以上
12	男	13	祖辈	父母在外	三年以上
13	男	14	祖辈	父母在外	三年以上
14	女	14	祖辈	父母在外	三年以上
15	男	17	祖辈	父母在外	三年以上
16	男	19	其他亲属	父母在国内(受访者在国外)	三年以上

2. 问卷样本

本研究问卷调查对象选自文成县玉壶中小学、瓯海区任岩松中学等侨乡学校的学生,累计调研了 2 073 名儿童,其中侨乡留守儿童 1 326 人。共发放问卷 1 835 份,其中文成县玉壶小学部分调研对象具体情况如下表 1-3 所示:

表 1-3　调查对象基本情况(部分)

变量	类别	人数(百分比%)	缺失值(百分比%)
性别	男	189(48)	1(0.3)
	女	204(51.8)	
年龄	7—10 岁	52(13.2)	3(0.8)
	11—14 岁	262(66.5)	
	15—17 岁	77(19.5)	

续表

变　量	类　别	人数（百分比%）	缺失值（百分比%）
留守情况	父母都在家	52(13.2)	20(5.1)
	父亲外出	27(6.9)	
	母亲外出	19(4.8)	
	父母皆外出	276(70.1)	

在文成县玉壶镇中心小学共发放问卷451份，回收问卷451份，剔除无效问卷后，得到有效问卷394份，有效率为87.4%，其中男生189名，女生204名，年龄8—17岁。

四、研　究　方　法

本研究运用实地调查、田野研究、口述史、生活史等多种研究方法，弥补侨乡留守儿童研究资料匮乏的不足。调研采取混合式研究方法：一是深度访谈，围绕侨乡留守儿童，对其本人、父母、委托监护人，所在侨乡学校的校长、教师和同伴进行，全面了解其教育生活及其家庭状况；二是问卷调查，选择玉壶镇中小学、任岩松中学、华侨小学等学校开展。以获取样本地侨乡留守儿童的整体信息。累计调研2 073名侨乡儿童，其中侨乡留守儿童1 326人。

（一）集合性个案研究法

集合性个案研究的方法，即对"一个现象，一群人，总的状况"作出描述分析。一是界定父母出国留守儿童个案的类型选择范围，将研究对象概念化；二是选择现象、主体或问题——即研究问题的侧重点，寻找阐明问题的资料模式；三是对用来解释的关键数据和主要成分进行三角测量，选择合适的解释方式，作出判断。

研究者与被试经过一段时间的相处，有大致了解后再从中选取，征得案主同意后，向其说明访谈内容和要求。采访者根据访谈提纲与受访者进行谈话交流，访谈地点为较为安静的环境，如办公室、无人教室或夜间操场，在访谈过程中尽量保持轻松愉悦的氛围，在谈及比较敏感的话题时采取迂回战术，鼓励受访者自己说出来,当受访者的回答比较模糊时,要求采访者进行进一步的确认,获得清晰有效的信息。访谈时间为 30—60 分钟。

(二)问卷调查法

本研究针对不同问题,设计了多种问卷,属于多重问卷的系列研究。包括出国留守儿童教育生活状况问卷,基本情况、家庭教育和亲子交流、学校与同伴交往、安全感等心理问题。具体调查中受访者按照指导语,在安静,互不干扰的环境下,以班级为单位,集中填写,完成问卷的时间控制在 15—20 分钟。

(三)文献资料法

本研究采取的文献法主要包括两个内容,(1)通过对高校图书馆数字资源和馆藏纸质资料的查找,阅读已有相关文献;(2)通过对基层部门和单位的资料查找和收集,主要是侨务部门(侨联、侨办)、教育局、镇街政府和学校(学区)。比如获得文成县 840 名留守儿童的成长档案,登记了留守儿童学校姓名、班级、年龄、父母外出情况、实际监护人、监护形式、关注的主要问题、帮扶教师、联系方式等相关信息;此外还查阅了当地教育局调研报告、文件、会议资料,所在学校相关总结、教师教育记录与儿童日记等。获取玉壶中学留守儿童的具体资料;获取瓯海区任岩松学校小学部一——五年级近 400 学生学业情况资料,中学七年级 145 名、八年级 143 名、九年级 125 名学生学业情况数据;获取玉壶镇小学 279 名一——二年级、152 名三年级、314 名四—六年级、七—八年级 179 名侨乡父母出国留守儿童的学业情况资料。

(四)比较研究法

即对样本中侨乡留守儿童与父母在国内留守儿童与非留守儿童的差异进行比较。侨乡留守儿童规模庞大,分布在温州市各区域,但不同区域出国流向、文化与社会经济发展状况不同,影响了不同县市区侨乡留守儿童的特征。同时,留守儿童与非留守儿童也存在差异。本研究通过描述、解释、并列、比较等手段,对不同区域侨乡留守儿童及其与非留守儿童的差异展开比较。

第二章　父母在海外：侨乡留守
儿童的教育生活

> 一般情况下，他们（侨乡留守儿童）如果国外回来插班，语文可能会跟
> 不太上。因为国外没有我们这样一个母语环境，还有就是缺少系统的学
> 习，学中文也只是偶尔去培训班上几节课，所以一般情况下跟不上的
> 居多。
>
> ——瓯海华侨小学林老师

改革开放以来，我国政府逐步放宽了出入境的限制，大批侨民以家庭团
聚、亲友访问名义出国，甚至以非法外出务工形式出国流动，在国内留下了大
批留守子女。跨国亲子分离的独特家庭形态，导致了独特的跨国家庭教育状
况。从前期基于温州市侨乡侨情的调研看，侨乡留守儿童转居留导致的缺课
现象十分严重，部分儿童每年要花上 1—3 个月出国办签证，从而耽误了学业；
一些在国外读过书回来的孩子，受到国外教育方式的影响，思维活跃，坐不住，
与国内的学习方式产生冲突；大部分侨乡留守儿童存在出国预期，导致对学业
不重视；回国学习主要目的是为了学习中文，由于跨国学习程度、内容完全不
同，他们中文能力相对薄弱，本来应该留到低年段先学好中文，却由于教育行
政部门规定只能按年龄插班，导致学习困难；大部分孩子只是被动接听出国父
母的电话，亲子沟通少；父母出国导致家校沟通困难；加入外籍后，在国内学校
的学号无法办理，无法得到国家的公用生均经费补助，学校要额外承担教学费
用；侨乡留守儿童日趋低龄化，跨国流动性大；祖辈出国与父辈出国的留守家
庭经济状况存在较大差距；沟通与交流对象缺失，心理孤独，等等。

一、侨乡留守儿童的家庭教育

(一) 父母出国状况

1. 父母出国类型

访谈发现,超过 90% 的侨乡留守儿童在出生不久后就开始与父母过着两地分居的生活,遥遥两地隔海相望。年轻的出国父母在孩子人生刚开始的时候就漂洋过海,没有时间也没有机会去参与和见证一个小生命的成长和发展。分析父母出国的类型,可以分为父亲单方出国、母亲单方出国和父母双方都出国三种,见下表:

表 2-1　侨乡留守儿童父母情况表(部分)

	N	P(%)
父亲出国,母亲在家	5	5.2
母亲出国,父亲在家	9	9.3
父母亲都出国	76	77.3
父母亲都在家(出国后回国)	8	8.2
合计	98	100

如表 2-1 示,侨乡留守儿童父母出国情况中,父母双方都出国的占了 77.3%,是最主要的父母外出方式;对比 2012 年邓纯考对瑞安市农村留守儿童的调查,2012 年瑞安市留守儿童的父母全市双亲外出率是 59.8%,侨乡留守儿童父母双亲出国的比率较单亲出国的比率高 17.5%[①],说明双亲同时出国更为普遍。5.2% 侨乡留守儿童由母亲抚养,9.3% 由父亲抚养,其余 8.2% 曾经有过留守经历的儿童,现与父母双方一同生活。母亲出国的占比高于父亲出国的占比,反映母亲出国的适应性可能更强,但由于母亲单亲抚育的留守

---

① 邓纯考.农村留守儿童社会化困境与学校教育对策——对浙南 R 市的调查与实践[J].浙江社会科学,2012(05):80.

儿童心理弹性比父亲单亲抚育更优，[①]母亲单独外出可能对儿童的自闭倾向、幸福感等性格和主观心理感受方面会产生显著的负面影响[②]。

2. 父母出国时期划分

本研究以 20 世纪 90 年代为界限，对国内侨民出国代际进行划分。90 年代之前的属于早期第一代侨民，或者称之为"老侨"。其中有部分属于偷渡出国，尚未获得居住国的居留证，或在国外的工作不够稳定，居住条件不好，留守国内子女出入境困难等，子女留守的情况也更多。

> ……家庭经济状况也处于两个极端，早期"偷"（偷渡）出去的人，到国外就是"黑户"，是很危险的，他们的家庭条件往往不好，由于不正当出国，也不可能把自己的孩子带出国，他们的子女都是留守儿童。（玉壶镇侨联胡主席）

第一代侨民出国时，国内外通信条件还较为落后、费用昂贵，出国人员与留守国内子女的交流沟通十分匮乏，因此对留守国内子女的心理状况疏于了解。同时第一代出国人员大多文化程度偏低，对留守国内子女的教育重视程度不够，认为只要把教学环境改善就足够了，也不过问除了学习成绩之外的东西，对子女的家庭教育存在偏差，家庭教育缺失较为明显。但第一代侨民由于在国外奋斗时间长，有了一定的财富积累，家庭经济状况相对较好。

20 世纪 90 年代之后的第二、三代侨胞被称为"新侨"，他们在受教育程度上有了很大改善，大多属于依托第一代侨胞的国外资源出国，在出国条件上有了改善，他们在国外奋斗几年后，较多具备将子女接出国的条件，家庭团聚情况有改善。但由于新侨在国外的奋斗时间短，国外的经营空间大多已经被老侨占领，因此他们的家庭经济状况相对差一些。

3. 父母出国居留地分布

对玉壶镇中学的调研发现，侨乡留守儿童的家长外出地点分布主要在欧

---

① 李永鑫，骆鹏程，谭亚梅.农村留守儿童心理弹性研究[J].河南大学学报（社会科学版），2008 (01)：13 - 18.

② 唐有，符平.亲子分离对留守儿童的影响——基于亲子分离具体化的实证研究[J].人口学刊，2011，(5).

洲,其中75%儿童父母的出国居留国是意大利。如图2-1所示:

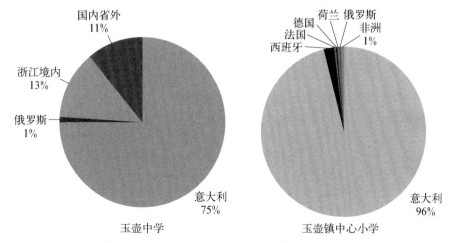

图2-1　玉壶镇侨乡留守儿童父母外出国家分布图

对玉壶镇小学的调研发现,留守学生总数共442人,占在校学生总数的62.7%。其中父母出国的侨乡留守儿童达366人,占留守儿童总数83%,其中父母双方出国的有280户,占比达到76.5%。玉壶小学的出国父母主要流向西欧,意大利占比最高,达到95.8%,此外是德国、法国、荷兰和西班牙等,这与意大利移民政策相对宽松有关。

4. 父母出国后的职业分布

父母外出职业是影响子女随迁的一个重要原因,从对丽岙街道与玉壶镇侨乡留守儿童的出国父母的职业访谈看,他们主要从事餐饮、小超市、服装、制造、运输等行业。

……以职业餐饮居多,或者是制造业,在家里面做衣服这种。(华侨小学林老师)

父母长期在国外工作,先是在意大利打工,后到法国谋生。现在,母亲帮别人打工,父亲是一名搬运工。(访谈个案R6)

来到意大利后,中间也自己创业过,但是失败了。如今爸爸在意大利是从事运输,工作时间都是在晚上;妈妈则是白天工作,在皮包厂打工。(访谈个案R9)

妈妈在意大利一家百货公司里做销售。（访谈个案 R2）

他妈妈不带他出国的原因，是在那边打工老板是包吃住的，但是带上孩子后就不能住了，在意大利租房子又是很大的一笔开销。（访谈个案 R2 的奶奶）

20 世纪 70 年代以后，出国华侨华人的职业日益多元化，部分人开始作为雇工，之后慢慢积累经验，转为自主经营；从事专门及科技类职业的比例也在不断上升，经济地位不断提高。

值得注意的是，华侨华人在职业获取的渠道上，已然形成了一种路径依赖，他们主要通过早期出国的老侨和亲人来获得职业，这些职业已经被先期出国的人所证实是能够获取收益的。他们职业获取的过程依赖家族或者社区这个更大区域的社会资本，这也反过来强化了这个路径依赖的过程。路径依赖（Path Dependence）最早见于诺斯所著的《制度、制度变迁与经济绩效》一书，诺斯将制度定义为"一个社会的游戏规则"或"规范人类交往的认为限制"。路径依赖是指制度变迁一旦在自我增强机制下选择了一条路径，它就会沿着这条路径走下去。路径依赖以一种僵化的逻辑，以"历史是有意义的"为借口，成为人们拿过去作出的选择来决定他们现在可能的选择的理由①。

职业不仅对于出国父母本身十分重要，而且对于其子女的未来发展也具有重要意义。帕森斯指出，职业是决定个体社会经济地位的最重要因素。家长职业对于儿童的学业成绩具有代际传递性。布尔迪厄曾经指出："高级职员儿子进大学的机会，是农业工人儿子的 80 倍，是工人儿子的 40 倍，是中级职员儿子的 2 倍"。而且上层阶级子女大多占据了热门的专业，而下层阶级出身的大学生最有可能选择社会地位较低的职业。② 国内丁瑜对 450 名学生的调查结果表明，父母的职业性质对子女学业影响极其显著，不同家庭背景学生的学业成绩差距较大，知识分子子女的成绩比干部、职员的子女高，后者子女的

---

① 〔美〕道格拉斯·C.诺斯. 制度、制度变迁与经济绩效［M］. 上海：上海人民出版社，1994：67.
② 〔法〕P. 布尔迪约，〔法〕J. 帕斯隆. 再生产：一种教育系统理论的要点［M］. 邢克超，译. 北京：商务印书馆，2002：81-82.

成绩又高于工人、农民子女。[①] 而职业又是决定个人社会关系与资源的主要因素。

(二) 父母出国后的亲子沟通

1. 亲子沟通频次与原因

家庭社会化是儿童最初、最重要与影响最为深远的社会化,家庭交往是儿童社会交往的基调,它对于儿童的心理成熟、品德形成、角色扮演、行为规范的获得等均具有极其重要的意义。家庭交往反映了家庭社会化效果,如亲子情感、家庭约束等。亲子沟通是实现家庭社会化,维系家庭情感功能,增进亲子了解,提高儿童内部抗逆力的重要因素。"亲子情感"反映了家庭亲子间心灵沟通密切程度,影响亲子情感的主要因素包括两种,一是亲子分离的时长;二是亲子分离后的沟通内容和方式,包括亲子通话与联系时长、通话联系内容、父母返乡礼物等。由于父母在与留守儿童的交往中占据主导地位,这些因素的获得程度主要取决于父母抉择,属于对留守儿童的外在客观因素。而从留守儿童的角度能够对亲子交往情感密切程度作出的主观判别,通常用"亲子情感沟通陌生化"作为指标。

对于留守儿童来说,父母外出使家庭日常亲情互动缺损,有效性降低,教育钝化,亲子关系出现"断层、弱化或断裂";其标志正是亲子间的"心灵沟通的陌生化"倾向。对玉壶镇侨乡留守儿童的调研发现,68.4%的侨乡留守儿童觉得父母比较陌生,31.6%的侨乡留守儿童仍然觉得与父母比较亲近。亲子陌生感占比非常高。对侨乡留守儿童亲子沟通的频率调查如下:

如表2-2所示,侨乡留守儿童中有58.2%的孩子维持一周与父母联系一次;19.4%的孩子一个月与父母联系一次;7.4%的孩子六个月与父母联系一次;4%的孩子一年才可以同父母联系一次;高达10.2%的孩子一年都不能与父母联系一次。他们联系父母的原因:64.3%的孩子是因为想念父母,23.5%的孩子只有在生病的时候会联系父母;7.1%的孩子会在缺钱的时候联系父母要求经济支持,4.1%的孩子在受委屈的时候会主动联系父母。留守儿

---

①　丁瑜.家庭诸因素对学生学习和品德的影响[J].南京师大学报(社会科学版),1985(04):101-108.

童与父母之间的联系沟通明显偏少，造成日常亲情互动的严重缺失，部分儿童已经习惯了父母不在身边，父母对于他们的"重要他人"的意义被逐渐消解。

表2-2　侨乡留守儿童与父母联系频率以及联系原因

沟通频率	N	P(%)	联络动因	N	P(%)
1周1次	58	59.2	想他们时	63	64.3
1个月1次	19	19.4	需要钱时	7	7.1
6个月1次	7	7.1	受委屈时	4	4.1
1年1次	4	4.1	生病时	23	23.5
1年以上	10	10.2	其他	1	1.0
总计	98	100	总计	98	100

从对个案亲子沟通的调研看，16个个案中有4个儿童是一周联系一次，3个儿童是一月联系一次，3个儿童是一年联系一次，有6个儿童由于父母离异或偷渡出国等原因亲子没有联系。整体上反映出侨乡留守儿童的亲子沟通严重不足。家庭沟通是家庭功能的一个促进性因素，个案群揭示了一种离心型交往，十分不利于家庭功能的发挥，在某种程度上意味着亲代在家庭功能中的缺位。

2. 亲子沟通方式与内容

如表2-3所示，侨乡留守儿童家庭的沟通方式中，网络聊天(主要是微信、QQ)已经上升为儿童与其父母沟通的主要联系方式，有41.8%的出国留守儿童依靠网络聊天的方式与其父母沟通；相比传统的电话，微信聊天的即时性与可见面性(线上)为亲子情感的维系提供了一个良好的渠道：

表2-3　侨乡留守儿童与父母的联系方式与主要内容

联系方式	N	P(%)	联系内容	N	P(%)
电话	29	29.6	学习问题	97	99
手机短信	24	24.5	饮食情况	47	48.0
网络聊天	41	41.8	情感问题	22	22.4
短期接我出国	2	2.0	安全问题	67	68.4

续表

联系方式	N	P（%）	联系内容	N	P（%）
写信	2	2.0	思想问题	19	19.4
其他	0	0	交友情况	17	17.3
			父母在国外情况	13	13.3
			其他	12	12.2
合计	98	100	合计	294	300

注：因为联系内容该项为三选排序，所以总计数量294，总计概率300%。

　　父母与我的沟通方式主要是微信与电话，其中以微信为主，每两三天就会通过微信进行沟通交流，有时候会在微信上视频聊天。（访谈个案R9）

　　微信为R9的亲子沟通提供了一个可视化的即时性渠道，使她在漫长的与父母分离的时间之后，能够维系跟父母亲近的情感，这既与其父母对这种沟通方式运用得当有关，也显示了网络聊天的某些功能对于与父母远程分离的留守儿童具有积极的作用。相比"只闻其声"的越洋电话，微信沟通不仅在费用上大大降低，不用受到沟通费用的限制；而且可以通过视频聊天等，增加沟通的真实性与对线下交流的替代性，体现了科技进步对亲子分离后沟通困难的克服。

　　其次为打电话（是父母出国后与爷爷奶奶等祖辈沟通时的主要途径），占29.6%；然后是手机短信，占24.5%；短期接出国团聚和写信是使用率最低的联系方式，各占2%。在沟通内容上，亲子谈论的话题主要是学习问题，99%的儿童都反映在与父母沟通时谈论最多的是学习问题。除了学习问题之外，68.4%的儿童与父母谈论安全问题，47%的儿童会与父母谈论饮食问题。情感问题、思想问题、交友问题、父母在国外情况问题和其他问题分别占22%、19%、17%、13%、12%。

　　可以看出，亲子沟通内容基本上集中于学习成绩和基本生活状况，而对留守子女"心理状况"和"社会适应能力"则比较忽视。父母对留守子女的支持态度表现出鲜明的倾向性责任履行的错位，即留守子女的最大需求或最大困难领域与外出务工父母最关心的领域无法实现充分的一致，加重了留守儿童的焦虑感[1]。

> 很多学生因为父母双双出国而感到难过，刚开始他经常想着父母，夜里也因过分思念而难以入眠，长此以往由于缺乏睡眠，于是又出现了课上睡觉的坏习惯。（玉壶中学王老师）
>
> 无所谓啊，反正一个人习惯了，我自己也能照顾自己。（访谈个案Y6）
>
> 我还有个大四岁姐姐也在国外，姐姐一个人住，我和姐姐感情挺好的，通过电话、微信和姐姐联系，一个星期大概有两三次，挺频繁的。姐姐会关心我的学习情况和生活情况，每年过年时还会回来，那段期间家里的菜肴就比较好。他们（父母）还没寄钱，我也不敢向他们要，目前我的生活费主要靠姐姐的接济，也有阿姨叔叔会带些钱。妈妈会关心一点学习情况，爸爸不关心，我们偶尔微信联系，总体交流很少，一年五六次，就问我的学习和奶奶的身体情况。我未来想当个运动员，也不再希望爸妈回来了，差不多死心了。（访谈个案Y1）

字里行间能够觉察出个案Y1与父母存在的巨大沟通障碍，生活拮据，父母自出国后到现在也没有打钱回来。Y1与父母的关系就异常冷漠，长期的沟通缺失使得亲子关系产生较大隔阂，他甚至不敢向父母索取基本的生活费，也侧面反映他们之间的感情已经出现问题，使得他不敢像其他孩子一样依赖父母，这份如履薄冰的关系让人感觉岌岌可危。但Y1对未来生活仍存向往，他有一个好姐姐，始终关心着他的生活，愿意每年都回来，让他对生活有着期盼。姐姐的出现起到了恰到好处的替代的作用，她就像父母一样关心着Y1，并提供着基本的生活费，使他对姐姐产生了信赖感，也不至于特别缺少关爱，从而形成开朗乐观的性格。

> 虽然父母已离婚。但我与父母之间的感情都还行，只是一年到头

---

① 卢德平.中国弱势儿童群体[M].北京：社会科学文献出版社,2007.

也很少交流,基本不超过 3 次。目前妈妈会往家里寄钱,爸爸则不会,伯伯也会给家里寄钱(伯伯、姑妈等好几个亲戚都出国)。我妈妈每年都会回国一次,2017 年也回来过一次,每次回来都会待一两个月。爸爸出国后,只在我 6 岁那年回国过一次,我和妈妈关系更近。(访谈个案 Y6)

　　问卷与访谈起到了相互佐证的作用,显示父母出国所造成的亲子情感疏离现象十分严重。父母出国带来的远距离使得孩子与父母之间的沟通极不方便,哪怕是信息网络高度发达的现代,仍存在着一定的沟通障碍。由调研可知,绝大多数的父母与留守儿童的交流情况不太乐观,基本都在几周一次或更久,甚至有的学生基本不和父母交流,他们谈话的内容也大多乏善可陈,不是学习就是生活,就像一份不得不进行的工作一样,孩子们面对电话里的父母时往往带着疏离感,因为父母待在太远的地方,哪怕关系再亲昵,父母也无法真正了解孩子的近况,这份淡淡的距离感几乎无法消除,使得调查中仅有 5% 的留守儿童认为出国的父母还算了解自己的。事实上大部分出国后的父母都难以真正了解自己的孩子。情感是需要维系的,哪怕是最亲的亲人,若长久没有沟通联系,也无异于陌生人,有的甚至还比不上陌生人,陌生人可以碰见,而远在异国他乡的亲人却难以见面。这种距离感使得侨乡留守儿童相对比正常儿童更加缺少爱与关怀,他们难以从自己的父母那得到爱与肯定,甚至会产生被抛弃感,从而变得消极甚至叛逆,以此发泄自己的不满。距离感除了使孩子感到难过,也容易让成人选择性忽视或遗忘自己的责任和义务。

　　3. 亲子沟通功能与作用
　　良好的亲子情感沟通不仅满足了儿童对爱与归属的需要,对于儿童的心理健康与性格的完善有着难以估量的重要作用,由于“亲其师信其道”,和谐的亲子情感沟通还能够促进儿童自觉接受父母的教育要求和期望,自动把父母的教育内化为自身的内在动力。但部分父母“电话主要是问成绩、要求吃饱穿暖、不乱跑等,并不关心我在想什么”“回来也很忙,没怎么在一起聊天”等,导致儿童“心事不想跟他们讲”。出国家长最为关心的是留守儿童的学习成绩与身体健康,而留守儿童最关注的是心理和情感沟通,两者最关注的领域无法实现一致,从而形成亲子间情感沟通的不足与障碍现象,使“儿童丰富的内心情感正在渐渐成为他们的心理压力"。① 生命历程理论"相互联系的生活"原理指出：每一代人的生活状况都要受到自己所处的关系网络中其他人的巨大影响，别人的生活实践也是改变自己生命历程的重要因素。父母外出导致亲子间日常情感沟通、口语互动减少，这种"累积效应"（Cumulative Disadvantage）逐渐撕裂亲子情感，削弱了父母的教育权威形象，使留守儿童对家长"由爱生恨"，进而对家长的教育产生逆反心理，不愿接受家庭教育，削弱了家庭教育的效果。

亲子之间有着天然的血缘纽带，但是长期分离所带来的疏离，会慢慢对此造成侵蚀。对于大部分的出国家长来说，如果不加以注意，仍然以为孩子只是发发小脾气，闹闹性子的话，等到子女长大到一定程度后，可能就会发现心理距离已经拉大，已经对子女的成长造成深深的伤害。

4. 亲子沟通趋向陌生化的演进

亲子沟通的陌生化在个案中反映得更为生动，多数案主与父母的沟通存在严重的隔阂，留守儿童往往经历了这样一条亲子沟通陌生化演变的路线：开始想念、期盼——长期分离过程中的非面对面沟通——对于和父母的沟通慢慢感到失望——自己切断了与父母沟通的渠道（表现为不接父母电话，接起来很快挂掉，不主动联系父母等）。

第一阶段：

> 漫漫长夜中，我偶尔接到父母的电话，都会躲在被窝里泣不成声，我恨不得他们马上出现在我的面前，我多么希望能够像许多同学一样，上下学有父母接送，饭后还能有父母陪伴散步，每天早晨有父母关怀的唠叨啊……。（访谈个案 R7）
>
> 我很小很小的时候就成为了一个留守儿童。那时，我大概才七岁，父母为了给我更好的生活，他们双双漂洋过海去意大利"淘金"了。就这样，我跟随着爷爷奶奶一起生活，他们无微不至地关怀我，在各方面都尽量满足我的要求。但每当我看到同学的父母领着孩子回家，饭后悠闲地散步，同学们抱怨父母的唠叨时，我还是忍不住有孤独和悲伤的感觉；每当见到邻居

---

① 叶敬忠. 别样童年——中国农村留守儿童[M]. 北京：社会科学文献出版社，2008：39.

父母陪伴孩子玩耍时,我心里就不停地喊着爸爸妈妈。(访谈个案 Y7)

第二阶段：

长期的分离之后,出国父母不了解孩子,与孩子沟通不顺畅:

　　我不知道孩子最需要的是什么,平时他不开心的时候我也察觉不到,也不知道他有几个好朋友。(访谈个案 R1)

　　我平时也不太和我爸妈打电话,因为我觉得没意思,他们给我打电话的话,我偶尔会接,一般他们会一个月给我打一次,因为他们都比较忙,忘了给我打电话。(访谈个案 Y2)

瑞安市湖岭桂峰学校一名女教师提供的该小学一名父亲出国的留守女童(访谈个案 S2)的信息:

　　女,16岁,八年级走读学生,家住 R 市桂峰乡坳后村。学习成绩处于班级中上,与同学关系相处良好,并擅长文艺,深得同学老师的喜爱。爸爸出国去意大利已经有八九年时间了,靠做衣服为生,妈妈一个人在家带大她们姐妹三人,他们全家的生活开销几乎全来源于父亲在外国打工挣的钱,母亲偶尔在家做点散工,经济条件一般。

　　平时都是靠越洋电话维持着父女之间的感情,在电话中,父亲最关心的还是孩子的学习情况,经常叮嘱她们姐妹要好好学习。在交谈中,说到父亲,她几次落泪。她说很羡慕其他有爸爸妈妈都在身边的同学们,他们可以一家围坐在一起吃饭,一起看电视,一起外出玩,但是在她的家里,只有妈妈。在父亲出国的八九年时间里,只回来过一次,那也是他们全家最开心的日子。当父亲刚到家的那一刻,她觉得面前的人很陌生,不敢张口叫"爸爸",但她说自己又是多么的想念爸爸。

第三阶段：

　　有时心情不好时也不会跟爸爸说,通常是通过听音乐来发泄的。爸

爸脾气不好，我也不敢跟爸爸顶嘴，有点怕爸爸，从小就怕，习惯了。（访谈个案 R1）

我爸爸没怎么给我打过电话。妈妈离开家庭后，我就没有想起过她和给她打过电话。（访谈个案 Y5）

没有见过爸爸妈妈，只有在六岁的时候出国才见过一次爸爸妈妈。（访谈个案 R5）

从我懂事以来我就好像不认识过这个人（妈妈），就是去年在米兰火车站见到她，我都觉得像是见陌生人一样，我也无所谓，有她没她都一样。（访谈个案 Y5）

亲子沟通需要建立在一定的交往的频次上，但以上案例的亲子的分离和疏离到了令人难以想象的程度。研究发现，留守时间越长的儿童越不愿意评价父母。父母出国留守儿童表示，自自己懂事开始的前两年，她们非常想念母亲，但是随着时间的推移，想念的时间越来越少，现在偶尔会想起他们。对留守儿童的座谈会发现，由于父母长期在国外，个别留守儿童对父母感情冷漠、甚至不希望父母回家：

小时候妈妈就出国打工了，到现在都没有回来，偶尔会打电话给我，寄点钱给我；我的爸爸脾气不好，经常喝酒，有时候出去打散工赚钱；我还有个哥哥，他前几年读完初中就出去打工了。我现在觉得我的家不像家。我们家里4个成员都是自己顾自己。妈妈在国外从来不回来，也很少会关心我，我都觉得她不像我妈妈，哥哥跟我的关系也一般，我们也吵过架，而我最恨的人就是我爸爸，因为在小学的时候他就经常不顺意就打我，我很恨他，从小学开始我就没有叫过他"爸爸"，没要过他一分钱，我都是自己管自己，我也不要他来管我。家里还记得我的存在的就是我的奶奶，我放学后会去奶奶家吃饭，她偶尔会给我整理一下衣服，但她老了，也管不了我这么多。舅舅等亲戚都说我很坏，经常看到我就说我，我不让他们说，就和他们吵架了，说不来往了。（访谈个案 S3）

个案 S3 的家庭亲子关系的疏离始于"小学时候爸爸妈妈的关系就已经不

好"，而现在"家不像家"，"最恨的人就是爸爸"，亲情的疏离到了"恨"的程度。在这种家庭环境中长大的儿童，将如何融入社会，面对他人？出国后，父母受制于时间因素、工作因素、经济因素等，在空间上与儿童相距遥远，在时间上难以抽出时间与儿童相处，回国频率低，回国居住时间短，往往选择隔一段较长的时间回家一趟，或者只有在春节回家，导致亲子分离的时空拉长。另外，跨国时区差异导致的时差，也会使亲子沟通频率降低，使交流时间缩短且不充分，导致亲子亲密度降低。

（三）父母出国后的委托监护人

一般而言，父母出国留守儿童的监护类型可以分为五类：隔代监护、上代监护、同辈监护、他人（学校、邻居等）监护、自我监护。隔代监护指祖辈监护；上代监护包括单亲监护、叔伯姨姑舅等双亲的兄弟姐妹监护等；同辈监护中，有的监护者是哥哥、嫂嫂或姐姐、姐夫，这类监护者一般年纪较轻，文化水平较高，如果有出国就业信息或机会，他们随时会外出，因此该类监护者更多存在着监护不稳定的问题，即吕绍清所指的"监护动荡"状况①。而他人监护中的监护人与被监护者不具备血缘关系，他人监护比如寄宿学校更有可能带来监护缺失与管理上的松懈；自我监护的留守儿童往往年龄稍微大一些，要自己照顾好自己的生活和学习，生活压力最大。并且，由于居留原因、工作性质、国外抚育困难、孩子需要学习中文等原因，出国父母通常选择将孩子留在国内交由祖辈抚养，使侨乡留守儿童群体面临着特殊的家庭环境与社会问题，以及不同于父母国内务工的留守儿童的教育生活困境。

在隔代家庭里，由于父辈外出，祖辈无论愿意与否都必须要承担起抚养孙子孙女的责任。抚养孙辈成为他们对子辈家庭的义务。在祖辈们心中，"隔代抚养"已然成为家族繁衍的大事，他们再次接下了"传宗接代"的责任，也由此形成了不断为子女奉献的思维定势和心理特征②。孩子生长的每一个阶段都有他们的奉献存在，即便孩子已经结婚生子应当承担起做父母的责任，他们也将替孩子养育下一代的责任揽在自己身上，慢慢的产生了"不亲儿子亲孙子"

---

① 吕绍清. 留守还是流动?："民工潮"中的儿童研究[M]. 北京：中国农业出版社，2007.
② 王跃生. 中国当代家庭结构变动分析[M]. 北京：中国社会科学出版社，2009.

的倾向。而如果从社会环境来看,生活在转型期的中国,为了生存和生活,年轻的父辈将主要精力集中在工作中,付不起照顾孩子所需要的时间和精力,将孩子留给祖辈照顾也是迫不得已。

由表2-4可知,侨乡留守儿童的监护类型仍以祖辈监护为主,其他主要集中于祖辈与单亲结合的监护方式、叔婶姑伯抚养和年长的(表)兄姐抚养,极少出现自我监护情况。由父亲或母亲单独照顾的侨乡留守儿童各占4.1%;由父亲和祖父母(外祖父母)一起照顾的占6.1%;由母亲和祖父母(外祖父母)一起照顾的占2.0%;高达62.2%的侨乡留守儿童寄养在爷爷奶奶或者外公外婆家,属于典型的隔代监护;11.2%的侨乡留守儿童是由叔伯姑姨舅等上辈亲戚照顾;仅有1.0%的侨乡留守儿童由稍微年长的(表)哥姐等同辈人照顾;其余9.2%的侨乡留守儿童由其他人照顾,包括邻居、父母亲在当地的朋友或者教师等。

表2-4 侨乡留守儿童的监护状况

监 护 方 式	N	P(%)
父亲单独照顾	4	4.1
母亲单独照顾	4	4.1
父亲和祖父母(外祖父母)一起照顾	6	6.1
母亲和祖父母(外祖父母)一起照顾	2	2.0
祖父母(外祖父母)照顾	61	62.2
叔伯姑姨舅等上辈亲戚照顾	11	11.2
(表)哥姐等同辈人照顾	9	1.0
自己照顾自己	0	0.0
其他人照顾	9	9.2
合计	98	100

父母在国外的话,孩子也有类似托管的,大多托给爷爷奶奶带,爷爷奶奶带不了就会托给别人带。我女儿在玉壶镇小学读书,一个班级有四十几个人,父母在家(国内)的不超过五个手指头。(玉壶镇侨联胡主席)

祖辈对孩子的约束力低。许多侨乡留守儿童不受父母监护，不听祖辈管教，缺少必要的限制约束，出现打架斗殴等问题行为的概率比一般儿童高。这不仅对儿童自身性格及心理的发展产生不利影响，也对其生命健康造成一定威胁。例如在文成，侨眷家境一般要比周边务农家庭好，侨乡留守儿童的犯罪类型有吸毒、贩毒、打架赌博、寻衅滋事等，属于"有钱犯事"型。

此外，从学校对家校沟通的方式看，父母出国后，学校教师联系家庭一般先选择祖辈进行沟通，选择跟出国父母接触交流的效果较差。

（四）父母家庭教育方式及变化

家庭教育资源是家庭教育的必要条件，从家庭经济条件看，父母出国留守儿童比父母国内务工留守儿童相对富裕。相关研究显示父母国内务工留守儿童的家庭年收入在 1 万以下和 1 万—5 万之间的占 60％以上，家庭年收入在 10 万以上的占比接近 3％。而父母出国类留守儿童家庭经济条件相对宽裕，家庭年收入在 10 万以上的占 44.5％。[①]

1. 主要关注学业成绩

对于大部分出国父母和监护人来说，孩子在国内接受教育多是为了中文学习（不能忘祖）及经济考量，出国经商是他们对子女的未来期望。抱有孩子未来出国期望的家长，对子女教育与学业成绩的重视度并不高，直接或间接影响了孩子学习积极性。很多出国留守子女成绩平平，知识掌握程度只有60％，其中有 10.3％的孩子对学习不感兴趣，甚至害怕学习。另外，出国期望也减少了家庭与学校在儿童教育上的沟通，使两者基本处于脱节状态。

长期的空间隔距让出国父母很难指导子女学习，只限于督促和关注考试成绩。而监护人由于文化水平等因素，也无力进行学业辅导。

个案 R1 数学成绩常常不及格，语文和英语成绩在及格线以上，从她妈妈那里了解到，她一直用"作业帮"这一款手机软件，拍个照片答案就会出来。妈妈很严厉，孩子成绩不好的时候会打她，这次期末考试没有考

---

①　刘艳飞. 东南沿海留守儿童类型及心理健康状况比较——以福州连江为例[J]. 福州党校学报，2010(6)：53-56.

好,妈妈撕了她的成绩单。(任岩松中学王老师)

部分监护人及家长甚至认为读书无用,对孩子学业的期待仅仅停留在完成九年义务教育,然后出国去职业技术学校进修,一些优秀的学生即便考上重点高中也会放弃学业选择出国。

念书完全没有必要,反正等到成年父母就会带我出国打工,这样每个月可以挣好几千欧元,相当于好几万人民币,读书还不如去挣钱。(访谈个案 R13)

这里的教育问题就是学生受教育的不稳定性。很多家长频繁的出国影响了孩子上学的稳定性,他们不知道父母什么时候要带他们出国,所以没有一颗安定学习的心。(玉壶镇中学胡校长)

2. 缺乏正确的家庭教育方式

多数出国家长对孩子也缺乏正确的引导和教育,许多留守儿童家庭过早将孩子的前途定位在出国经商上,因此孩子的学习积极性不高,有的儿童对国外非常憧憬,急切想了解那里的情况。对青田县方山乡校的调查发现,238 名留守儿童中 86% 的孩子明确表示今后要出国,将近一半的学生为将来能顺利出国而学习,[①]这说明侨乡留守儿童的教育目标引导出现严重偏差。此外,部分出国父母家庭教育方式简单粗暴,也影响了亲子沟通效果与家庭功能。

爸爸从小就打我,每次打都很疼。小时候有一次因为去同学家玩忘了时间,回家后被爸爸罚跪,跪了 4 个小时,他常说棍棒底下出孝子。本来说好跪 2 个小时,后来自己也睡着了,爸也睡着了,就跪了 4 个小时。(访谈个案 Y10)

爸爸基本不管我的,我想出去玩多久都行,他也不在乎我的学习,老师让他去开家长会他也不去,一次学校组织参加暑期夏令营,爸爸来报名时,连我的出生年月都记不清。(访谈个案 R13)

---

① 何毅.侨乡留守儿童发展状况调查报告——以浙江青田县为例[J].中国青年研究,2008(10):53-57.

调研表明，侨乡留守儿童家庭中，18.8％的父母的教育方式属于专权型，37.5％父母属于溺爱型，18.8％属于放任型，25％属于民主性；在家庭结构方面，独生子女儿童仅占12.5％，有多个兄弟姐妹的占87.3％；28.6％的儿童认为父母偏心，71.4％认为父母不偏心。认为与父母的关系一般、还行的占50％，不怎么聊的（沟通少）占37.5％，还有12.5％认为父母就是最熟悉的陌生人。关于家庭教育的补偿，62.5％的学生表示没有，37.5％的学生表示父母有送一些礼物和外国零食作为补偿。

调查显示，侨乡留守儿童的学习成绩与家庭教养方式存在一定相关：

表2-5 侨乡留守儿童的学习成绩与家庭教育方式的相关

		侨乡留守儿童成绩				合 计
		优 良	中 等	较 差	很 差	
父母教育方式	专权	4	1	2	2	9
	占比	44.5％	11.1％	22.2％	22.2％	100％
	偏爱	1	2	3	0	6
	占比	16.7％	33.3％	50％	0％	100％
	放任	1	1	1	2	5
	占比	20.00％	20.00％	20.00％	40.00％	100％
	民主	11	5	3	2	21
	占比	52.38％	23.81％	14.29％	9.52％	100％
合 计		17	9	9	6	41

出自专权型和放任型家庭的孩子成绩明显落后于宠爱型和民主型家庭的孩子，这可能与父母对孩子的态度有关，前两种家庭中，父母对孩子不闻不问或者非常专制，孩子难以从父母处得到爱与肯定，反而可能激起叛逆心，不重视学习使成绩落后；而偏爱与民主型的家庭虽然父母不一定有长时间陪伴，但尊重与信任孩子，家庭也不显得冷漠刻薄，使儿童在学习上表现出更多的自信。

家庭教育中父母身上所表现出来的"示范效应"往往取决于某种家庭文化资本，代表了某一个社会阶层对社会理想与价值观的取舍，这是家庭影响留守儿童社会化的关键机制。罗伯特·K.默顿指出，家庭是将文化标准传给下一代的主要输送带,但是家庭传播的主要是父母所属的阶层和群体接受的那部分文化。因此,它是用这一小范围群体的文化目标和道德特征来对儿童进行训练的机制①。在这个意义上,出国对父母文化与教育意识的影响,也将显著地影响他对子女的教育方式。

二、侨乡留守儿童的学校教育

(一) 侨乡留守儿童数量分布的年级变化

1. 学生数量变化

2014—2018 年,任岩松中学初中侨乡留守儿童分别占学生总数的11.48%、8.49%、12.87%、24.19%、21.86%,逐年上升,且增长率越来越高。

2. 年级分布

调研学校学生的学级分布如下:

从图 2-2 看,一年级侨乡留守儿童的数量远远超过非留守儿童,二年级

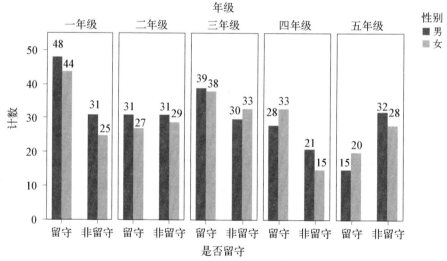

图 2-2 玉壶镇小学侨乡留守儿童与非留守儿童数量

---

① 〔美〕罗伯特·K.默顿. 社会理论和社会结构[M].唐少杰,齐心,等译,南京:译林出版社,2008:169.

至四年级侨乡留守儿童数量与非留守儿童数量差距逐渐缩小,到了五年级,侨乡留守儿童数量已被非留守儿童反超。显示该镇侨乡留守儿童的数量随年级增高而不断减少,而非留守儿童的数量则保持在一个相对稳定的水平。这种年级人数的金字塔状在班级中同样得到了体现:

> 玉壶这个地方是比较特殊的,我在玉壶镇小学当过一年班主任,这里的班级人数有的四五十人有的二三十人,现在的班级人数趋势是金字塔趋势,就是说低年级的人数比较多,高年级的人数比较少,低年级段可以收很多个班,这几年都是这样子,一、二、三年级人数都还比较多,一年级有40来个,到了二、三年级还可以分4个班,到了四年级以后就并成了三个班,原本有120人,后来就剩100来个人,就是说人数会越来越少。有些孩子可能在这里上了一年学就出去了,然后又有别的学生进来,就是一直在流动。(玉壶镇小学胡老师)

如图 2-2 显示,一、二、三年级中的侨乡留守儿童中男生数量大于女生,但三年级侨乡留守儿童中男女生数量差异开始缩小,四、五年级的侨乡留守儿童男生数量反而比女生少。侨乡留守男童与女童数量变动的原因,在于当地出国务工家庭的重男轻女,一旦出国父母具备了接子女出国团聚的条件时,会首先选择接男童出国,让女童继续留守,该现象与全国妇联对全国农村留守儿童人口学统计的结果一致。

对瓯海区华侨小学的调研发现,影响侨乡留守儿童年级人数分布的还有一个原因,即从国外转学回来的侨乡留守儿童的数量的变化:

> 他们(学生)一年级下学期过来或者是二年级三年级过来,基本上像四、五年级情况就比较少,一般情况下都是低年级的时候,他们可能国外回来临时插班进来这样子也有的。(华侨小学林老师)

3. 侨乡留守儿童年级分布的差异与家庭抚养策略

从父母出国留守儿童数量与其就读年级成反比的原因来看,一是较小的孩子对抚养者的依赖程度很高,抚养者几乎每时每刻都要围绕在孩子的身边,很多父母由于工作或生意原因，没有充足的时间去满足孩子被照顾的需求，所以他们选择把孩子留给自己的父母；二是玉壶镇的年轻人选择出国经商或工作的时间节点都是处于结婚前后不久，他们在国外的事业都属于起步初期，没有足够财力支持他们将家人带出海外，所以只能选择将父母和孩子留在家中，让父母照顾孩子，也让孩子陪伴父母；三是随着儿童年龄增长其自理能力和自我照顾能力也得到增强，抚养者对他们投入的精力与时间也可随之减少，同时父母在国外工作或经商多年逐渐积累起经验和财富，开始陆陆续续将孩子接出国带在自己身边抚养。

这与邓纯考对我国东西部地区差异与留守儿童家长抚育方式之间显著相关的分析结论一致，邓纯考的研究指出，东西部留守儿童家长在应对儿童留守的策略选择上存在差异。东部留守家庭的抚育策略更能体现儿童的社会时间与生理时间的结合。11%的东部家长选择在留守儿童出生前外出，高出西部8.5个百分点；在儿童出生后，随着其年龄的渐渐增长，家长外出的比例也逐渐增长，在0—3岁这个最重要的儿童成长期，留在家中照顾儿童的家长东部高出西部11个百分点；在4—6岁，东部高出西部3.8个百分点[①]。侨乡留守儿童主要分布在东部，其父母的家庭抚养策略与此类似。侨乡留守儿童的家庭抚养策略较好地体现了家庭抚育资源与社会资源（以学校为代表）的结合，回应了出国带来的不利影响，缓解了抚育资源缺乏的困境。

（二）学校对侨乡留守儿童的教育关爱

学校教育关爱主要指向学业。从对调研的侨乡学校看，主要采取了以下举措，并指出了面临的困难。

1. 学业辅导

举措内容主要有汉语言的辅导，在国外的孩子寒暑假回国后可以学习汉语。玉壶小学开展师生结对，进行侨乡留守儿童的家访。任岩松中学提出"侨课程开发有困难"，因此该校开发的是面向所有儿童的"合作，让每个孩子更精彩"的课程，主要针对孩子动手能力与思维能力的培养，但作为拓展型课程相对还比较粗糙。

---

① 邓纯考. 中国农村留守儿童教育变迁[M]. 北京：中国社会出版社，2018：169.

瓯海区华侨小学每年对留守儿童的试卷答案进行整理分析。同时利用毗邻温州大学的地理位置，与温州大学教育学院、人文学院等展开合作，高校大学生志愿者利用周末进行留守儿童活动，时间已经长达十几年，每年都在坚持，一个学期差不多有 4—5 次。

> 特别是他们的心理问题，我们老师会有复查这样子的一个计划记录，像这样子的孩子，一般情况下会列入我们的帮扶计划，是这样子的。我们街道毕竟是侨乡，对留守儿童也是比较关注的。不管是区里还是街道，对这一块的工作还是比较关注的。（华侨小学杜老师）

2. 关爱活动

高校大学生志愿者开展的线上陪伴活动。2020 年疫情爆发，对学生（包括侨乡留守儿童）的在校学习，以及其他的线下教育关爱活动的开展带来影响，于是一些学校和高校志愿者等探索使用线上陪伴的方式：

> 我觉得你们也可以去尝试一下线上的微信交流等方式，实际上我觉得除非有足够的线下交流，否则他们很难对你敞开心扉。去年大学生留守儿童夏令营，你们有半个月的时间是跟他们每天相处的，已经有感情了，那么他们也愿意敞开心扉，然后在这个基础上，在这里长期的一对一的这种帮扶会更有效果。如果没有这种足够的感情基础的话，我觉得是挺难去让他们对你敞开心扉的。他们心理方面警惕性强一点，那种安全感会更缺乏一点。但是也不一定，要看每个孩子的性格。（华侨小学林老师）

从关爱活动看，学校平时几乎都不会开展针对关爱侨乡留守儿童的活动。玉壶小学原来实施"侨乡四好学生"评比，当前已经变为"星卡"措施，有绿星卡、红星卡、黄星卡，红星卡是最高的奖励是对学生学习生活各方面的表扬，十张绿卡可以换一张红卡，而黄星卡是某种行为做的不好，算是对学生的一种警告。到了期末的时候，把这些获得的卡片汇总起来，然后会给红卡、绿卡获得多的同学给予一定的奖励，比如本子、笔之类的，还会开展表彰大会。对于红卡特别多的学生组织去参观温州市的动物园、科技馆和博物馆等。学校认为这个活动成效比较明显,但也并不是专门针对侨乡留守儿童的教育关爱活动。

此外,玉壶小学设置了专职的心理老师,也曾有专门的"暖心屋",会对学生进行一些心理辅导,但是由于学校没有心理老师的事业性编制,师资力量不足,排不出人来,活动没有常规化,后来"暖心屋"被撤销了。

(三) 亲情中华、汉语桥与寻根之旅

1. 亲情中华·汉语桥

"亲情中华"是中国侨联对外文化交流的金字招牌,"汉语桥"是国家汉办华文教育的主打品牌。"亲情中华·汉语桥"夏令营由中国侨联、国家汉办、浙江省侨联主办,温州市侨联、各区(县)侨联一直协办开展此项活动。2014 年为首届。该夏令营的活动时间一般为 15 天,主要活动内容是汉语课、文化课、文化交流活动、参观体验活动等,旨在通过活动进一步增进海外华裔青少年对祖(籍)国的了解,让海外华裔青少年更加近距离感受中华优秀文化,见证祖国改革巨变,体验家乡风土人情,激发桑梓情怀,努力成为中华文化的勤奋学习者、热情传播者,成为浙江与世界交流与合作的积极促进者。温州市侨联多次开展"亲情中华"侨乡留守儿童快乐营活动;组织港澳海外温州人龙舟队参加"亲情中华"温州塘河龙舟拉力赛;组织艺术团赴欧洲开展"亲情中华"慰问活动等等。旨在进一步加强侨乡留守儿童思想道德建设,优化侨乡未成年人特别是留守儿童成长环境,慰问及关怀海外侨胞,以便更加激发海外侨胞爱国爱乡的情怀,能够"反哺家乡",支持祖(籍)国与家乡的建设。

2. "中国寻根之旅"夏令营

"海外华裔及港澳台地区青少年中国寻根之旅夏令营"是国务院侨办创立的华文教育工作的一种方式,即国侨办与地方有关单位合作,邀请海外华裔及港澳台地区青少年来中国参观访问,学习交流,开展不同类型的文化体验。该活动发端于 1980 年,1999 年正式定名为"海外华裔及港澳台地区青少年中国寻根之旅夏令营"(以下简称寻根之旅夏令营),至今已有来自 100 多个国家和中国港澳台地区的 30 余万名青少年参加了这项活动。"寻根之旅夏令营"发源于"游教",即"旅游教学"。"游览＋少量教学"的模式是夏令营早期的状态,近年的普遍趋势是:保持游览项目的同时,学习体验的成分不断强化,并设立武术、陶瓷等专题营。

自1999年起,温州大学承办"寻根之旅夏令营"已有20多年,近年来设置瓯海、鹿城、瑞安等分营,采用线上和线下相结合的形式,根据温州大学的办学特色,充分挖掘学校资源,开设了红旗故事、发绣、VR古诗词等特色主题课程,进一步激发了新一代温州海内外青少年热爱和传播中华文化、担当中华文化大使的梦想。

三、侨乡留守儿童的学业状况

留守儿童的学业成绩一直是研究关注的焦点。[①] 较多研究认为留守的经历对儿童的学业成就产生负影响,原因主要在于父母外出的缺位,使得家庭监管和辅导缺失、再加上同伴群体可能带来的负面影响、出现了留守孩童外部学习动机下降等问题。但也有研究认为父母外出务工对子女的学习态度和学习成绩并没有产生显著的负面影响。[②] 留守儿童的就学和成绩问题之间存在彼此交织、相互作用的关系,但又有其特殊的地方。部分研究将教育过程和教育结果等同起来,将留守儿童的上课专心程度、出勤率以及作业完成质量视作评判留守儿童成绩优劣的指标,一方面研究量度指标缺乏良好的信效度,另一方面也忽视了研究中不可量化的部分;甚至有研究采取留守儿童自评的方式对儿童学习成绩进行测量,给予上、中上、中、中下、下五个等级让儿童根据"自我感觉"对自己进行"对号入座"。

在留守儿童研究中,不少学者也会采取个案研究的方法,但是个案研究太具有具体性、个别性,得出的结论难以在更多样本中验证,缺乏研究的外部效度,使得结果很难推广。以上诸多研究的"双元"结论为本节研究的开展提供了切入空间。

本研究选取文成县玉壶镇中心小学、玉壶镇中学,瓯海区华侨小学为样本,主要从学业成绩、学习动机、学习兴趣和学业自信几个方面,对侨乡留守儿童的学业状况进行分析,并比较该群体与非留守儿童群体学业状况的差异。

---

① 段成荣,吕利丹,王宗萍.留守儿童的就学和学业成绩——基于教育机会和教育结果的双重视角[J].青年研究,2013(03):50-60+95.

② 朱科蓉,李春景,周淑琴.农村"留守子女"学习状况分析与建议[J].教育科学,2002(04):21-24.

（一）学业成绩

学业成绩即学生学习的课业的成效，是学生在学校各项学习任务的成果性体现，是我们不了解学生在校情况时一种最直接和最方便的参考，通常用数字表示。学生的学业成绩是教育心理学关注的一个重要的结果性变量。学生学业成绩的高低直接体现了教育教学的质量。学业成绩是评价青少年学生在校表现的一个非常重要指标。

本课题组收集了瓯海区华侨小学和文成县玉壶小学 2019—2020 学年第一学期的语文、数学、英语、科学成绩，从整体成绩和单门学科的成绩情况，对比侨乡留守儿童与其他儿童的成绩差异，以及该群体组内的成绩差异。考虑到华侨小学和玉壶小学两所学校的侨情差异，将两所学校分开比较。

两所学校样本儿童分布情况：

表 2-6　华侨小学侨乡留守儿童和其他儿童分布情况

		侨童（人）	其他儿童（人）	总计（人）	侨童占比
年级	一年级	36	140	176	20.45%
	二年级	14	130	144	9.72%
	三年级	26	84	110	23.64%
	四年级	20	50	70	28.57%
	五年级	46	144	167	24.21%
	六年级	22	98	120	18.3%
总　计		164	646	810	20.25%

数据来源：2019—2020 学年第一学期瓯海丽岙华侨小学学生数据。

表 2-7　玉壶小学侨乡留守儿童和其他儿童分布情况

		侨童（人）	其他儿童（人）	总计（人）	侨童占比
年级	一年级	99	56	155	63.87%
	二年级	64	60	124	51.61%
	三年级	77	63	140	55.00%
	四年级	68	34	102	66.67%

续表

		侨童（人）	其他儿童（人）	总计（人）	侨童占比
年级	五年级	45	56	101	44.55％
	六年级	41	46	87	47.13％
总　计		394	315	709	55.57％

数据来源：2019—2020 学年第一学期文成玉壶小学学生数据。

这里，将成绩按照学校、年级和学科进行离差标准化并换算成百分制，因为不同教师评分标准不同，不经过处理容易造成不同年级和不同班级分数不可比，成绩离差标准化为孩子在本年级的相对成绩，更具有可比性。

离差化具体公式为：Score i＝（Xi －Xmin）/（Xmax－Xmin）。其中：Score i 表示样本中同校一门科目的离差标准化成绩，x i 表示样本中某校某年级第 i 个学生的实际成绩，Xmin 表示样本中该年级学生的该科成绩最低分，Xmax 是该年级该科成绩的最高分，离差标准化的成绩范围在[0，1]。另外，学生总分的离差标准化成绩采用同样的方法，先通过计算实际的原始成绩，再对原始成绩的总分进行离差标准化，得到的离差标准化成绩范围也在[0，1]。为了符合我们日常的习惯，将离差标准化后的成绩乘 100，最后得到四门课程的成绩和四门课程的总成绩的离差标准化成绩范围都在[0，100]。项目利用语、数、英、科和总分的离差标准化成绩进行卡方检验分析，观察侨乡留守儿童与其他儿童之间，侨乡留守儿童内部成绩的显著性差异。

考虑到离差标准化后的成绩无法确定优秀、良好、不合格，也不能确定高分段、低分段，不好分析侨童的成绩分化情况，因此，参照教师对班级学生各科表现评定的优秀、良好、合格、待合格四类标准，衡量儿童的各科学习状况。

1. 侨乡留守儿童和其他儿童的学科成绩比较

由表 2-8 可见，华侨小学侨乡留守儿童离差标准化后的语文平均分为 75.93 分，与其他儿童有 6 分的差距；数学平均分为 74.70 分，与其他儿童有接近 5 分的差距；英语平均分为 64.47 分，也与其他儿童有 6.59 分的差距；科学平均分 71.50 分，低于其他儿童的 74.13 分。表 2-9 中，两类儿童在英语成绩上的差异显著，p 值为 0.009＜0.05，存在显著性差异。综上所述，侨乡留守儿童语文、数学、英语和科学四门学科成绩均不如其他儿童，且在英语学科上差距最显著。

表2-8　华侨小学侨乡留守儿童与其他儿童各科成绩情况（离差标准化后百分制成绩）

名称	侨乡留守儿童			其 他 儿 童		
	样本量	平均值	标准差	样本量	平均值	标准差
语文	164	75.93	22.94	646	81.93	17.98
数学	164	74.70	23.02	646	79.63	21.58
英语	114	64.47	26.40	376	71.06	24.61
科学	114	71.50	22.41	376	74.13	21.96

表2-9　华侨小学侨乡留守儿童与其他儿童在英语成绩上的独立样本检验

		个案数	平均值	标准差	标准误差平均值
英语成绩	侨乡留守儿童	164	64.47	0.897 62	0.074 10
	其他儿童	646	71.16	0.934 42	0.083 68

		莱文方差等同性检验				平均值等同性 t 检验				
		F	显著性	t	自由度	显著性（双尾）	平均值差值	标准误差差值	差值95%置信区间	
									下限	上限
英语成绩	假定等方差	1.828	0.193	−1.581	254	0.009	0.308 72	0.112 00	0.084 24	0.776 43
	不假定等方差			−1.581	264.532	0.009	0.308 72	0.113 39	0.089 26	0.834 22

数据来源：2019—2020学年第一学期华侨小学期末成绩。

由表2-10可见，玉壶小学侨乡留守儿童离差标准化后的语文平均分为75.98分，数学平均分为75.14分，英语平均分为78.60分，科学平均分为63.68分，而其他儿童语文平均分74.88分、数学73.42分、英语78.30分和科学62.98分。结合表2-11，数学成绩上的 p 值为0.026＜0.05，存在显著性差异。说明侨乡留守儿童这四门考试的分数均略高于其他儿童，数学学科上优势明显。

表 2-10 玉壶小学侨乡留守儿童与其他儿童各科成绩情况(离差标准化后百分制成绩)

名称	侨乡留守儿童			其 他 儿 童		
	样本量	平均值	标准差	样本量	平均值	标准差
语文	367	75.98	17.75	297	74.88	26.852
数学	378	75.14	22.41	302	73.42	26.743
英语	231	78.60	25.29	199	78.30	20.957
科学	206	63.68	21.65	185	62.98	24.639

表 2-11 玉壶小学侨乡留守儿童与其他儿童在数学成绩上的独立样本检验

		个案数	平均值	标准差	标准误差平均值
数学成绩	侨乡留守儿童	378	75.14	0.897 62	0.074 10
	其他儿童	302	73.42	0.934 42	0.083 68

		莱文方差等同性检验				平均值等同性 t 检验				
		F	显著性	t	自由度	显著性(双尾)	平均值差值	标准误差差值	差值95%置信区间	
									下限	上限
数学成绩	假定等方差	0.053	0.818	2.276	77	0.026	4.451	1.956	0.557	8.345
	不假定等方差			2.274	76.454	0.026	4.451	1.957	0.553	8.348

数据来源:2019—2020 学年第一学期玉壶小学期末成绩。

综上所述,出现了两所学校侨乡留守儿童与其他儿童成绩比较的不同结果:华侨小学的侨乡留守儿童在语文、数学、英语和科学这四门学科中所获得的离差标准化后成绩均不如其他儿童,且差距较大;而玉壶小学的侨乡留守儿童在这四门学科中的离差标准化后成绩均略高于其他儿童。为此,我们对这两所学校的侨乡留守儿童和其他儿童的成绩进行了进一步的检验和分析。

利用卡方检验(交叉分析)研究华侨小学和玉壶小学的两类儿童语文、数学、英语、科学四门课成绩的差异,结果见表 2-12、表 2-13。发现两所小学侨乡留守儿童和其他儿童的数学、英语、科学成绩均未表现出显著性（$p >$ 0.05），即没有明显差异性。但，两类群体在语文学科成绩上表现出显著性差异（$p < 0.05$），即两所小学的侨乡留守儿童和其他儿童在语文学科上存在明显差异。

表 2-12 华侨小学侨乡留守儿童和其他儿童各科成绩等级比较（交叉分析结果）

交叉（卡方）分析结果

学科	学科等级	是否是侨童(%)		总　计	χ^2	p
		侨　童	其他儿童			
语文	优秀	32(19.51)	202(31.27)	234(28.89)	9.161	0.027*
	良好	92(56.10)	340(52.63)	432(53.33)		
	合格	20(12.20)	66(10.22)	86(10.62)		
	待合格	20(12.20)	38(5.88)	58(7.16)		
总　计		164	646	810		
数学	优秀	50(30.49)	316(48.92)	366(45.19)	7.157	0.067
	良好	62(37.80)	188(29.10)	250(30.86)		
	合格	24(14.63)	62(9.60)	86(10.62)		
	待合格	28(17.07)	80(12.38)	108(13.33)		
总　计		164	646	810		
英语	优秀	28(24.56)	126(33.51)	154(31.43)	3.297	0.348
	良好	38(33.33)	138(36.70)	176(35.92)		
	合格	20(17.54)	48(12.77)	68(13.88)		
	待合格	28(24.56)	64(17.02)	92(18.78)		
总　计		114	376	490		
科学	优秀	36(31.58)	128(34.04)	164(27.15)	1.257	0.739
	良好	44(38.60)	156(41.49)	200(33.11)		
	合格	22(19.30)	50(13.30)	72(11.92)		
	待合格	12(10.53)	42(11.17)	54(8.94)		
总　计		114	376	490		

* $p < 0.05$　** $p < 0.01$

数据来源：2019—2020 学年第一学期华侨小学期末综合评价。

表2-13　玉壶小学侨乡留守儿童和其他儿童各科成绩等级比较（交叉分析结果）

交叉（卡方）分析结果

题目	等级	是否是侨童（％）		总　计	χ^2	p
		侨　童	其他儿童			
语文	优秀	179(45.43)	137(45.7)	316(45.53)	9.294	0.002*
	良好	109(27.66)	88(29.3)	197(28.39)		
	合格	41(10.41)	53(17.7)	94(13.54)		
	待合格	65(16.50)	22(7.3)	84(12.10)		
总　计		394	300	694		
数学	优秀	155(39.34)	101(32.8)	256(34.18)	1.223	0.874
	良好	109(27.66)	112(36.4)	221(29.51)		
	合格	55(13.96)	54(17.5)	109(14.55)		
	待合格	75(19.04)	88(13.3)	163(21.76)		
总　计		394	355	749		
英语	优秀	104(45.02)	62(32.3)	166(40.19)	5.631	0.018
	良好	60(25.97)	57(29.7)	117(27.66)		
	合格	38(16.45)	52(27.1)	90(21.28)		
	待合格	29(12.55)	21(10.9)	50(11.82)		
总计		231	192	423		
科学	优秀	79(34.20)	38(20.9)	117(28.33)	1.742	0.187
	良好	56(24.24)	41(22.5)	97(23.49)		
	合格	65(18.14)	71(19.8)	136(32.93)		
	待合格	31(13.42)	32(17.6)	63(15.25)		
总计		231	182	413		

数据来源：2019—2020学年第一学期玉壶小学期末综合评价。

2. 侨乡留守儿童学科成绩的组内比较

（1）语文。

从表2-14可知，华侨小学一年级侨乡留守儿童优秀率超过50％，但二年级和五年级优秀率为0％，六年级优秀率不足10％，整体成绩靠后。说明华侨小学侨乡留守儿童的语文成绩分化现象严重,各年级语文成绩状况存在差距。

表2-14　华侨小学、玉壶小学侨乡留守儿童语文学科成绩

华侨小学侨乡留守儿童语文学科成绩等级

名称	年级(%)						总　计
	一年级	二年级	三年级	四年级	五年级	六年级	
优秀	20(55.56)	0(0.00)	6(23.08)	4(20.00)	0(0.00)	2(9.09)	32(19.51)
良好	12(33.33)	6(42.86)	12(46.15)	14(70.00)	30(65.22)	18(81.82)	92(56.10)
中等	0(0.00)	6(42.86)	2(7.69)	0(0.00)	12(26.09)	0(0.00)	20(12.20)
待合格	4(11.11)	2(14.29)	6(23.08)	2(10.00)	4(8.70)	2(9.09)	20(12.20)
总计	36	14	26	20	46	22	164

玉壶小学侨乡留守儿童语文学科成绩等级

名称	年级(%)						总　计
	一年级	二年级	三年级	四年级	五年级	六年级	
优秀	66(66.67)	59(92.19)	24(31.17)	2(2.94)	11(24.44)	17(41.46)	179(45.43)
良好	14(14.14)	3(4.69)	33(42.86)	24(35.29)	26(57.78)	9(21.95)	109(27.66)
中等	8(8.08)	0(0.00)	12(15.58)	18(26.47)	2(4.44)	1(2.44)	41(10.41)
待合格	11(11.11)	2(3.13)	8(10.39)	24(35.29)	6(13.33)	14(34.15)	65(16.50)
总计	99	64	77	68	45	41	394

数据来源:2019—2020学年第一学期华侨小学、玉壶小学期末语文学科成绩评价。

综合分析玉壶小学不同年级的侨乡留守儿童语文成绩,该校四年级和六年级的语文待合格率均在35%左右,而四年级优秀率为2.94%,六年级优秀率为41.46%,说明四年级侨乡留守儿童语文成绩整体靠后,六年级成绩差异大,语文成绩分化情况明显;二年级语文等级集中于优秀(占比大于90%),说明二年级侨乡留守儿童语文总体表现较好,玉壶小学不同年级的侨乡留守儿童的语文成绩存在明显分化。

综上所述,两所学校不同年级侨乡留守儿童的语文成绩均存在明显分化情况,待合格率较高。

（2）数学。

通过分析华侨小学各年级侨乡留守儿童的数学成绩（见表2-15），我们发现除二年级和五年级外，其他年级侨童数学成绩良好和合格比例相加远大于优秀率和待合格率，二年级的优秀率占比大于50%，数学成绩整体水平较高，而五年级数学成绩的优秀率较低，整体成绩水平较低率基本持平。因此本研究认为：除二、五年级外，华侨小学侨乡留守儿童数学成绩无明显分化。

表2-15　两所小学侨乡留守儿童数学成绩等级

华侨小学侨乡留守儿童数学成绩等级

名称	年级（%）						总　计
	一年级	二年级	三年级	四年级	五年级	六年级	
优秀	14(38.89)	8(57.14)	8(30.77)	6(30.00)	8(17.39)	6(27.27)	50(30.49)
良好	16(44.44)	2(14.29)	14(53.85)	12(60.00)	10(21.74)	8(36.36)	62(37.80)
中等	2(5.56)	2(14.29)	2(7.69)	2(10.00)	10(21.74)	6(27.27)	24(14.63)
待合格	4(11.11)	2(14.29)	2(7.69)	0(0.00)	18(39.13)	2(9.09)	28(17.07)
总计	36	14	26	20	46	22	164

玉壶小学侨乡留守儿童数学成绩等级

名称	年级（%）						总　计
	一年级	二年级	三年级	四年级	五年级	六年级	
优秀	46(46.46)	36(56.25)	20(25.97)	20(29.41)	20(44.44)	13(31.71)	155(39.34)
良好	32(32.32)	16(25.00)	25(32.47)	19(27.94)	10(22.22)	7(17.07)	109(27.66)
中等	10(10.10)	6(9.38)	16(20.78)	12(17.65)	8(17.78)	3(7.32)	55(13.96)
待合格	11(11.11)	6(9.38)	16(20.78)	17(25.00)	7(15.56)	18(43.90)	75(19.04)
总计	99	64	77	68	45	41	394

数据来源：2019—2020学年第一学期华侨小学、玉壶小学期末数学评价。

分析玉壶小学不同年级的侨乡留守儿童数学成绩，我们发现：一、二、五年级侨乡留守儿童的数学成绩优秀率占比较高，均接近50%，成绩优异的侨乡留守儿童占比多；而六年级侨童待合格率超40%，说明整体数学成绩水平较差。三、四年级数学成绩优秀、良好、合格和待合格人数分布较均匀，两极分化情况不明显，因此，可以得出结论：玉壶小学侨乡留守儿童的数学成绩存在一定的两极分化。

（3）英语。

由表2-16可见，两校侨乡留守儿童各年级英语成绩良好率与合格率之和均大于40%，大于待合格率，因此研究认为两校英语不存在明显的两极分化。

表2-16 两所小学侨乡留守儿童英语学科成绩等级

华侨小学侨乡留守儿童英语等级情况

学科	等级	年级（%）				总　计
		三年级	四年级	五年级	六年级	
英语	优秀	10(38.46)	2(10.00)	6(13.04)	10(45.45)	28(24.56)
	良好	8(30.77)	8(40.00)	16(34.78)	6(27.27)	37(33.33)
	合格	4(15.38)	4(20.00)	10(21.74)	2(9.09)	20(17.54)
	待合格	4(15.38)	6(30.00)	14(30.43)	4(18.18)	28(24.56)
总　计		26	20	46	22	114

玉壶小学侨乡留守儿童英语等级情况

年级（%）				
三年级	四年级	五年级	六年级	总　计
37(48.05)	35(51.5)	10(22.2)	22(53.65)	104(45.02)
17(22.08)	15(22.06)	23(51.11)	5(12.20)	60(25.97)
18(23.38)	9(13.24)	5(11.11)	6(14.63)	38(16.45)
5(6.49)	9(13.24)	7(15.56)	8(19.51)	29(12.55)
77	68	45	41	231

数据来源：2019—2020学年第一学期华侨小学、玉壶小学期末英语学科评价。

（4）科学。

分析华侨小学、玉壶小学不同年级的侨乡留守儿童总体科学等级（见表2-17），侨乡留守儿童科学待合格率较低，两校侨乡留守儿童科学待合格率明显低于良好率与合格率之和；由此，研究认为两校的侨乡留守儿童科学成绩无明显两极分化。

表 2-17 两所学校小学侨乡留守儿童科学学科等级

华侨小学侨乡留守儿童科学等级情况

学科	等级	年级（%）				总 计
		三年级	四年级	五年级	六年级	
科学	优秀	10(38.46)	6(30.00)	8(17.39)	12(54.55)	36(31.58)
	良好	12(46.15)	12(60.00)	14(30.43)	6(27.27)	44(38.60)
	合格	0(0.00)	2(10.00)	16(34.78)	4(18.18)	22(19.30)
	待合格	4(15.38)	0(0.00)	8(17.39)	0(0.00)	12(10.53)
总 计		26	20	46	22	114

玉壶小学侨乡留守儿童科学等级情况

年级（%）				总 计
三年级	四年级	五年级	六年级	
26(33.77)	32(47.06)	6(13.33)	15(36.59)	79(34.20)
16(20.78)	10(14.71)	14(31.11)	16(39.02)	56(24.24)
32(41.56)	26(38.24)	3(6.67)	4(9.76)	65(28.14)
3(3.90)	0(0.00)	22(48.89)	6(14.63)	31(13.42)
77	68	45	41	231

数据来源：2019—2020 学年第一学期华侨小学、玉壶小学期末科学评价。

3. 小结

（1）根据离差化成绩和综合等级成绩，华侨小学侨乡留守儿童的学习成绩与其他儿童存在较大差距，其中语文学科成绩差距最为显著，达到 6 分左右；从比例上看，侨乡留守儿童优秀率远低于其他儿童，待合格率远高于其他儿童。

（2）玉壶小学侨乡留守儿童成绩与其他儿童差距并不显著。在语文学科成绩的年级比较上，四年级侨童语文成绩整体靠后，六年级成绩差异大，侨乡留守儿童待合格人数占比大，语文成绩分化明显。

（3）整体上，侨乡留守儿童群体的语文与数学成绩分化较为显著，华侨小学语文学科成绩两极分化尤为严重。

（4）相对来说，侨乡留守儿童英语与科学学科的成绩分化并不明显。

（二）学习动机

表 2-18　侨乡留守儿童与其他儿童的学习动机比较

		超过别人	找份好工作	给家里人争光	受他人的尊敬	实现理想	总　计
侨乡留守儿童	计数	17	73	37	7	57	191
	占比	8.9%	38.2%	19.4%	3.7%	29.8%	100.0%
其他儿童	计数	12	88	42	14	80	236
	占比	5.1%	37.3%	17.8%	5.9%	33.9%	100.0%
总计	计数	29	161	79	21	137	427
	占比	6.8%	37.7%	18.5%	4.9%	32.1%	100.0%

学习动机是指引发与维持学生的学习行为，并使之指向一定学业目标的一种动力倾向。它包含学习需要和学习期待两个成分，根据不同标准可以划分为不同类别①。主要内容有认识到知识的价值（知识价值观）、直接对学习产生兴趣（学习兴趣）、明确自身学习能力（学习能力感）和对所得成绩的归因倾向（成就归因）这四个方面。② 研究发现，侨乡留守儿童与其他儿童的学习动机有较大差异，主要表现在一定程度上滞后于社会教育期望。数据统计显示，侨乡留守儿童的学习动机主要集中在超过别人、找份好工作、给家里人争光，分别占比 8.9%、38.2%、19.4%。这些学习动机大多建立在与他人的比较或者是长辈的要求，以及直接性的工作选择上。对自我理想和个人价值的实现的动机选择要明显低于其他儿童，分别占比 3.7% 和 29.8%，表明侨乡留守儿童在学习动机的选择上缺乏有效的正向引导。

学习主动性是反映学习动机的重要指标，调研发现：

侨乡留守儿童相较于其他儿童更加自觉，学习主动性更强。归因调查数据显示，方差同质性检验的 p 值为 0.406，说明侨乡留守儿童和其他儿童两个

---

① 〔德〕莱因贝格. 动机心理学[M]. 王晚蕾，译. 上海：上海社会科学院出版社，2012.
② 范春林，张大均. 学习动机研究的特点、问题及走向[J]. 教育研究，2007(07)：71-77.

组别的方差相等,对应的 p 为 0.006＜0.05,说明侨乡留守儿童和其他儿童在学习主动性上面存在显著性差异。结合表 2-19,侨乡留守儿童的均值为 3.135 8,其他儿童的均值为 2.827 1,同时差值具有统计学意义,说明侨乡留守儿童比其他儿童学习主动性更强。同时留守儿童也会积极运用学习策略。以上数据都表现出侨乡留守儿童学习的主动性较强的现象,但在"我积极回答老师的问题"方面,侨乡留守儿童与其他儿童选择"非常认同"的比例分别为 25.1％与32.6％(见表 2-20),表明侨乡留守儿童在与老师交流上存在明显不足。综上所述,侨乡留守儿童在学习上主要依靠自身展开学习,且具有一定的学习策略,主动性较其他儿童更加强烈,但较少积极回答教师问题。

表 2-19 组统计与两类儿童在学习主动性上的独立样本检验

	个案数	平均值	标准差	标准误差平均值
侨乡留守儿童	191	3.135 8	0.898 92	0.086 10
其他儿童	236	2.827 1	0.921 52	0.070 68

		莱文方差等同性检验				平均值等同性 t 检验				
		F	显著性	t	自由度	显著性（双尾）	平均值差值	标准误差差值	差值95％置信区间	
									下限	上限
学习主动性	假定等方差	0.692	0.406	2.756	277	0.006	0.308 72	0.112 00	0.088 24	0.529 21
	不假定等方差			2.771	234.532	0.006	0.308 72	0.111 39	0.089 26	0.528 18

表 2-20 两类儿童学业策略量表选择"非常认同"的比例

项 目	侨乡留守儿童	其他儿童
1. 我积极回答老师的问题	25.1％	32.6％
2. 我在学习新课前经常预习	44.5％	37.7％
3. 对于学过的知识我会经常复习加以巩固知识	36.6％	34.7％
4. 我经常阅读与学习有关的参考书和课外读物	36.6％	37.7％
5. 试卷和作业发下来后我认真研究做错的地方	50.3％	47.9％

(三) 学习兴趣

学习兴趣是个体倾向于认识某一事物的心理特征,也是激发儿童学习积极性的主要因素。在儿童学习兴趣的调查上,数据统计显示,方差同质性检验的 p 值为 0.965,说明侨乡留守儿童和非留守儿童两个组别的方差相等,对应的 p 为 $0.017 < 0.05$,说明两者在学习兴趣上面存在显著性差异。结合表 2-21,侨乡留守儿童的均值为 3.372 8,非留守儿童的均值为 3.443 7,同时差值具有统计学意义,说明侨乡留守儿童的学习兴趣没有其他儿童强,表现出留守儿童学习兴趣低迷的现象。

表 2-21　组统计与两类儿童在学习兴趣上的独立样本检验

	个案数	平均值	标准差	标准误差平均值
侨乡留守儿童	191	3.372 8	0.961 87	0.076 33
其他儿童	236	3.443 7	0.981 32	0.080 68

		莱文方差等同性检验				平均值等同性 t 检验				
		F	显著性	t	自由度	显著性(双尾)	平均值差值	标准误差差值	差值95%置信区间	
									下限	上限
学习兴趣	假定等方差	0.002	0.965	2.453	74	0.017	0.548 67	0.223 69	0.102 96	0.129 21
	不假定等方差			2.452	73.673	0.017	0.548 67	0.223 77	0.102 77	0.128 18

(四) 学业自信

学业自信表示学生对其学业方面,诸如学业成就、学习能力、学习行为、学习策略等的肯定和确认程度,是其自信的一个重要组成成分。侨乡留守儿童和其他儿童在对自身学习能力的认定上有较大差异,侨乡留守儿童对自身的学习能力缺乏自信。数据统计显示,侨乡留守儿童对日常学习的自信心要明显高于其他儿童。如表 2-22 中显示侨乡留守儿童与其他儿童在"我上课总

表 2-22　两类儿童学业自信量表选择"非常认同"的比例

项　　目	侨乡留守儿童	其他儿童
1. 我上课总是跟不上	19.9%	20.8%
2. 在考试中遇到难题我经常感到无能为力	26.7%	25.0%
3. 对我来讲学习太难了	18.3%	16.5%
4. 我总是感到作业很难	16.8%	22.9%

是跟不上"这一项目中非常认同分别占比 19.9%、20.8%；在"我总是感到作业很难"非常认同分别占比 16.8%、22.9%。表明侨乡留守儿童日常的学业感受较为良好，但在整体学业的自信心上明显低于其他儿童，如在"对我来讲学习太难了"留守儿童与非留守儿童分别占比 18.3%、16.5%；在"考试中遇到难题我经常感到无能为力"留守儿童与非留守儿童分别占比 26.7%、25.0%。留守儿童能够较好地完成具体学业任务，但在自我认知上存在自卑或者不自信的心理。

（五）学习习惯及学习态度

1. 学习习惯

对于侨童学习习惯的研究，是从学习过程来看其学习行为，与具体到各学科的学习习惯不同。学习习惯是在学习中反复练习自觉形成的学习方式。课题组对问卷进行回归分析，对访谈进行 nvivo 节点分析：我们将学习过程习惯分为基本学习习惯和探究性学习习惯，在 nvivo12 中形成核心编码。并以七大学习习惯为主轴编码，创设 17 个自由节点。主轴编码又称关联式编码，主要是发现以及建立编码间的联系，以开放式编码为基础，对 17 个自由节点进行分析。

表 2-23　侨乡留守儿童学习习惯表现编码表

核 心 编 码	主 轴 编 码	开 放 编 码
侨乡留守儿童基本学习习惯以及探究性学习习惯	1. 课前准备习惯(82)	1.1　整理书本用具(37)
		1.2　预习知识(45)
	2. 课堂学习习惯(82)	2.1　听课专注度高(54)
		2.2　记笔记(15)

核 心 编 码	主 轴 编 码	开 放 编 码
侨乡留守儿童基本学习习惯以及探究性学习习惯	2. 课堂学习习惯(82)	2.3　积极思考提问(13)
	3. 课后学习习惯(7)	3.1　回顾总结(7)
	4. 作业完成习惯(109)	4.1　制订计划(13)
		4.2　按时定量独立完成(58)
		4.3　整理错题(5)
		4.4　合理借助网络资源学习(46)
	5. 合作学习习惯(78)	5.1　求教父母亲属(17)
		5.2　同伴交流探讨(29)
		5.3　请教老师(32)
	6. 探究质疑习惯(9)	6.1　学习过程中思考提问(9)
	7. 学习卫生习惯(114)	7.1　作息不规律(41)
		7.2　劳逸结合性差(34)
		7.3　不重视用眼卫生(39)

(1) 基本学习习惯部分欠缺。基本学习习惯包括"课前准备习惯""课堂学习习惯""课后学习习惯""作业完成习惯"，也叫做学习过程。观察表 2 - 23 可知，侨童在课前、课上、作业环节的良性学习习惯完成情况较好，但是在课后巩固环节还有所欠缺。

根据"课堂学习习惯"的子节点"记笔记"参考点数为 15、"积极思考提问"参考点数为 13，"课后学习习惯"的子节点"回顾总结"参考点为 7，"作业完成习惯"中的"制订计划"参考点为 13、"整理错题"参考点为 5，可知侨童在课上、课后以及作业完成阶段的学习习惯还需继续改进。

(2) 探究性学习习惯急需加强。探究性学习习惯包括"合作学习习惯""探究质疑习惯"，是基于基本学习习惯基础上的拓展性、探究性的学习习惯。根据编码表参考节点信息，具有"合作学习习惯"的侨乡留守儿童数量适中，说明其具有一定的合作学习能力和意识。依照自由节点的参考点可知，向老师请教和与同伴交流所占比例相对较大，节点参考数分别为 32 和 29，而求教父母亲属参考点数为 17，比例相对较小。

"探究质疑习惯"发生在学习过程中,是课前、课上、课后、作业阶段对于知识的质疑和提问习惯,根据参考节点发现,探究质疑习惯所占的比重在总体中的习惯中都比较小,这说明大部分侨乡留守儿童并不具备良好的思辨习惯,只是停留在完成基本学习习惯之上。

（3）学习卫生习惯不佳。在节点分析中,主轴编码下的前六大学习习惯都是从良性习惯出发编码,而最后的学习卫生习惯则是从劣性角度出发编码。观察表2-24"学习卫生习惯"中的子节点材料信息可知,作息不规律、劳逸结合性差、不重视用眼卫生等学习卫生习惯是侨乡留守儿童急需加强和改进的习惯。

表2-24　"学习卫生习惯"中子节点的材料信息

节　　　点	节点参考点数	参考点内容具体范例
作息不规律	41	班上大部分同学都有手机,父母出国、祖辈管的不严,他们会半夜偷偷玩手机,甚至到凌晨两三点,作业经常不写,第二天就被老师罚到门口站
劳逸结合性差	34	除了自己学习外,还要照顾弟弟妹妹、帮忙做家务活。这些侨童的家里大多不富裕
不重视用眼卫生	39	很少有人会去提醒他们学习、写作业时候的姿态规范以及用眼卫生,学校里低年段的还会教,高年段的基本上也不管你,在家里就更不在意这些问题了

回归分析中,对比侨乡留守儿童、国内留守儿童、非留守儿童的每周上网娱乐时间,发现非留守儿童上网娱乐时间＞侨乡留守儿童上网娱乐时间＞国内留守儿童上网娱乐时间,侨乡留守儿童娱乐时间总体在每周10小时左右,这与之前研究发现的侨乡留守儿童沉迷网络情况严重的结论截然相反。在与侨乡留守儿童的访谈中(见表2-25),部分被访者表示每天玩1个小时或每周玩2—4次,一是因为学业任务多,有额外的课外补习班和兴趣班;二是因为祖辈会监督,父母也经常电话或微信监督。但是部分侨乡留守儿童与其他儿童相比,娱乐时间较多,个别侨乡留守儿童存在每周娱乐30小时的情况,因此仍需引起关注。

表 2-25　学习习惯分析表

侨乡留守儿童学习习惯分析

名　　称	样本量	最小值	最大值	平均值	标准差	中位数
每周你一般会花多长时间在电视电影、网络游戏、小视频上？	197	1	5	3.778	1.396	4
你平时是怎样完成作业的？	197	1	4	1.694	0.889	1

国内留守儿童学习习惯分析

名　　称	样本量	最小值	最大值	平均值	标准差	中位数
每周你一般会花多长时间在电视电影、网络游戏、小视频上？	66	1	5	3.6	1.298	4
你平时是怎样完成作业的？	66	1	2	1.333	0.488	1

非留守儿童学习习惯分析

名　　称	样本量	最小值	最大值	平均值	标准差	中位数
每周你一般会花多长时间在电视电影、网络游戏、小视频上？	181	1	5	3.392	1.511	4
你平时是怎样完成作业的？	181	1	4	1.451	0.808	1

2. 学习态度分析

研究整理分析 25 份访谈和 444 份调查问卷数据，在 nvivo12 中采用树状节点编码的方式，以低中高三个年龄段为一级编码，态度分类为二级编码。共形成 3 个一级节点，9 个二级节点，269 个参考点。如图 2-3 所示，侨乡留守儿童对于学习的态度在不同年段具有层次差异性，其中以中性态度占主体，积极态度与消极态度所占比例相对较小。

通过观察已有的态度分布的数据，深入探究影响侨童学习态度的主要因素，从家庭、学校、社会、个人、其他五个维度进行编码，共形成 565 个参考点。其中家庭因素为主要影响因素，父母出国对侨乡留守儿童的学习动机、学习环境、学习规划的影响都比较显著。

3. 小结

经过前期调研分析，侨乡留守儿童的学习习惯与态度的一般特质可归结

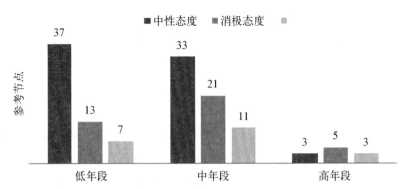

图 2-3　侨乡留守儿童各年段学习态度总体分布图

为以下几点：

（1）态度：侨乡留守儿童对学习的态度整体为中性偏上。除极端个例外，侨童与其他儿童无明显差别。

（2）习惯：一是侨乡留守儿童基本学习习惯（课前、课堂、课后及作业情况）整体良好，非留守儿童与国内留守儿童在课后学习习惯的表现上优于侨乡留守儿童。二是侨乡留守儿童探究性学习习惯（合作、探究情况）亟需提高，其中学习卫生习惯表现不佳，合作学习习惯与学习卫生习惯受家庭影响因素较大，需要重视。

四、侨乡留守儿童的越轨行为

越轨行为（Deviant Behavior）指侨乡留守儿童日常生活中表现出违反社会期望的道德规范和社会常规准则，并对儿童的家庭、学校、社会和个人健康造成不利影响的行动方式和行为活动。[1] 儿童的越轨行为具有隐蔽性和非预期性，在正常的家庭、学校和社会构成的教育系统中，儿童的越轨行为一般能够在早期被发现和矫正，而侨乡留守儿童由于家庭结构的缺陷，导致家庭教育功能的削弱，加之侨乡环境和社会的负面因素影响，削弱了生活教养的功能，留守儿童的身心健康发展受到忽视，因而越轨行为的发生概率相对更高，并且也易向着更为严重的方向（犯罪）发展。

---

① 王爽,刘善槐.农村留守儿童越轨行为风险与防范体系构建[J].教育科学研究,2020(09)：73-78.

本节分析样本为课题组于 2017—2019 年获得的教师、侨乡留守儿童、父母、侨乡留守儿童监护人访谈资料，访谈对象的出生年龄区间为 1995—2010 年。事先由经过培训的调研队员基于已拟定的半结构访谈提纲（见附录）进行多次家访、面谈和日常观察，以 QQ、微信等社交平台与当前处于国外的父母进行交流。

通过观察和访谈发现，许多侨乡留守儿童自制力较差，存在沉迷网络、做作业拖延、上课控制不住自己、爱说话等问题。侨乡留守儿童一般家庭物质条件较好，有较多零花钱，有较多的机会接触电子产品，但他们缺乏抵制网络世界诱惑的自制力，也难以辨别网络不良信息，因而网络成瘾现象较为普遍，甚至有学生会逃学去网吧打游戏。如丽岙街道任岩松中学七年级学生林童（化名），很喜欢玩手机，沉迷网络交友，经常和网友聊天到半夜，其聊天的对象多为微信"摇一摇"的好友，这些网友来自全国各地。其还曾在监护人不知情的情况下，以学校组织活动为借口，与网友去温州市茶山镇玩。这对林童的学业成绩以及人际交往都产生了负面影响。

此外，侨乡留守儿童性格比较早熟，一些儿童表现出很强的控制欲，好胜心比较强，但是由于缺乏正确的引导，往往将这种好胜心用一些不正确的方式表现出来，如一些学生在学校参与打架，表现出暴力倾向，而且这种情况在小学低年级就会存在。"因为现在都是靠实力来生存的，所以我要靠自己的实力。"在访谈中，一个四年级的留守学生这样告诉我们，他们将这种打架中的暴力称之为"实力"，将自己的好胜心以不正确的方式表达出来。这种具有暴力倾向的活动对儿童的身心健康是很不利的。

总之，调查结果显示，部分侨乡留守儿童由于留守经历的负面影响，或多或少地出现了任性孤僻、自私冷漠、内向无助等心理特点，导致人际关系紧张、攻击行为、同伴欺辱行为、学习适应差、违反课堂纪律等，甚至违法犯罪。儿童出现反常和越轨行为的原因可以从行为意图的物质空间（构成行为表现的外部物质世界）和精神领域（个体内部的思维变化）两个维度来解释，而侨乡留守儿童的留守经历亦一定程度上提升了学生犯规的概率。

五、侨乡留守儿童的心理健康

心理问题一直是留守儿童研究的重点,众多对国内留守儿童的研究结论认为,作为弱势儿童代表,留守儿童存在孤独感和社交焦虑、歧视知觉高、对社会的不适应等心理问题[1][2][3]。较多研究也充分关注了侨乡留守儿童的心理健康。比如福建师大连榕教授指导的对长乐 3—7 岁海外留守儿童心理发展状况的研究[4][5][6];海外、省内与省际留守儿童心理健康状况的比较[7]等。

(一) 心理健康问题的整体表现

影响个体心理发展的四大基本因素是遗传、环境、教育和实践。除了遗传之外,儿童直接面对和接触的物理环境或他人形成了一个不断变化互动的环境系统,该系统充斥于他们的生活中,具有极强具体性和可感知性,是儿童心理发展重要的外部条件,实践活动的主要源泉。[8] 父母出国背景下,侨乡留守儿童家庭沟通减少,但在学校中与教师和同伴互动的时间和频率会相应增加,因此父母出国对留守儿童带来的不仅是物理环境的变化,还伴随着亲子、同伴、师生交往的变化,这种改变将对侨乡留守儿童的心理发展带来影响。

1. 侨乡留守儿童心理问题表现

留守儿童与非留守儿童相比,在可以量化的许多外部指标上并不存在显

---

① 周宗奎,等.农村留守儿童心理发展与教育问题[J].北京师范大学学报(社会科学版),2005,(1).

② 申继亮,武岳,留守儿童的心理发展、对环境作用的再思考[J].河南大学学报(社会科学版),2008,(1).

③ 范兴华,等.流动儿童、留守儿童与一般儿童社会适应比较[M].北京师范大学学报社科版,2009,(5).

④ 苏瑜.福建长乐3~5岁海外留守儿童心理发展状况研究[D].福建师范大学,2007.

⑤ 伊琳玲.福建长乐5~7岁海外留守儿童心理发展状况的研究[D].福建师范大学,2007.

⑥ 王惠卿.海外留守儿童的归因倾向研究[D].福建师范大学,2008.

⑦ 刘艳飞.东南沿海留守儿童类型及心理健康状况比较——以福州连江为例[J].福州党校学报,2010(6):53-56.

⑧ 张婷,皮美,石智雷.父母外出务工对农村留守儿童心理健康的影响研究[J].西北人口:1-13.

著差异,两者的区别更多是微观的和深层次的,这种微观和深层次的问题更多体现在心理问题上。[①] 父母出国,长期与父母分离和缺乏联系,使侨乡留守儿童心理需求难以得到满足,而委托监护人观念陈旧,教育方法简单,无法满足他们的心理情感需求。容易使他们的心理发展出现扭曲或变形,或郁郁寡欢,脾气古怪;或孤独内向,乖戾失常,不少儿童情绪消极、自卑,感觉孤单,内心封闭,情感冷漠,性格脆弱、任性、叛逆,行为孤僻,甚至有一定的人格障碍。近50%的侨乡留守儿童的监护人认为,父母出国对孩子的性格、学习、心理有一定的影响。80%的侨乡留守儿童倾诉心理困惑不知向谁倾诉,90%的孩子心里话不会跟远方的父母讲。

(1)自我封闭,性格孤僻。孩子在年幼时便与父母长期分开,家庭环境的不稳定使他们缺乏安全感和归属感,从而带来较强的孤独感。由于缺乏感情依靠,性格内向,遇到一些麻烦事会显得柔弱无助,久而久之变得不愿与人交流。长期的焦虑和紧张,极易使这些孩子形成孤僻、自卑、封闭的心理。这样的儿童在人际沟通和自信心方面自然比其他的孩子要弱。

(2)情绪失控,容易冲动。侨乡留守儿童一般年龄在16周岁以下,正处于身心发育时期,情绪欠稳定,再加上意志薄弱,容易造成情绪失控和冲动。他们还容易对周围人产生戒备和敌对心理。这种敌对心理的一个重要表现就是攻击行为。有些儿童总感到别人在欺负他,对小问题斤斤计较,对教师、监护人、亲友的管教和批评也易于产生较强的逆反心理,严重者往往还有暴力倾向。

(3)认知偏差,内心迷茫。少数留守儿童认为家里穷,爸妈没能耐,才会出去出国挣钱,由此产生怨恨情绪和偏激想法。有的孩子在父母回家后疏远他们,导致情感隔膜。他们难以树立正确的人生观、价值观,对未来感到茫然。多数儿童进取心不强,纪律涣散,再加上家里无人辅导,学习成绩普遍较差,逐渐逃学、辍学,过早地进入社会。

2. 侨乡留守儿童心理特质类型

从儿童成长看,生理的“断乳期”在3—4岁,主要表现为生理上对成人的

---

① 张怡铭,武春雷,王博,权菊青,岳文娟,郭蔚蔚,马婧,孙长青.中部某市留守中小学生心理健康状况[J].中国学校卫生,2019,40(04):595-597.

依赖逐渐减少;第二个"断乳期"是青春期,主要表现为心理上对成人的依赖逐渐减少。第二个时期是人格形成的关键时期,特别需要长辈尤其是父母的关爱与引导。从调研个案的情况来看,侨乡留守儿童的心理健康问题可以分为以下几类:

(1) 敌对冲动型。

> 他(侨乡留守儿童)会一直往门外看,一听到有脚步声或者动静,就会到门外看是否有人进来,并且在最开始对访谈者的到来表现出敌意和不信任。(访谈者)
>
> 他不像别的孩子那样,想要什么就冲到前头,是破罐子破摔的类型。(访谈个案 R12 的教师)
>
> 我真的觉得很多时候我没错,我想我最大问题就是心理素质了,每次生气的时候我就什么都不清楚了,我会忍不住想打人,但是气过了之后就会很后悔,因为现在都是靠实力来生存的,所以我要靠自己的实力(打架)。(访谈个案 Y12)
>
> 他(个案 12 留守儿童)很享受别人怕自己的感觉,这也是一种自卑而从内心希望博取关注的表现,得不到认同感,会做出一些出格的事情以表现存在感。(实践队)

个案中的侨乡留守儿童把打架行为称之为"实力",认为这是一种保护自己的方式。他有较强的自尊心并且十分敏感,存在经常撒谎的现象。情绪波动较大,表现出更明显的敌对、人际敏感、抑郁、焦虑、适应不良、情绪不稳定等症状,较为偏执,不愿与人交心。这种类型的侨乡留守儿童性格极端,冲动,暴躁易怒;不希望别人过多地提及他父母的事情,参与学校里的"打架游戏"(这种游戏在小学低年级就会存在,)能够做到自我认知,但自制力(自我约束力)差,时常违反校规校纪,难以依靠自身的力量作出改变。在很多方面这些儿童会表现得比较早熟,有很强的控制欲,不愿意与人交心,大多比较好强,但是可能会将这种好强的心理用一些不正确的方式表现出来,这些孩子容易受享乐主义的影响,早恋的现象十分普遍,在初中甚至小学时就会有男女朋友。这是文成县侨办的一份报告所提到的侨乡留守儿童性格的一个极端:极度自大、自我中心、自制力差。

（2）胆怯内向型。这是一种过分内向，不敢与人交流的类型，与上一种类型都是缺乏安全感的表现。

> 他（侨乡留守儿童）会觉得这个地方不是他自己的地方，表现得比较内向一点，胆怯一点，他会察言观色。（文成县侨办报告）
>
> 喜欢依赖人，略微自闭，比较内向，不喜欢与人交流；心理自卑，胆量比较小，不敢于发表自己的观点；有较强的自尊心并且十分敏感，大部分会有撒谎的现象。（瓯海丽岙镇侨办报告）

（3）独立自主型。一些四五年级的父母出国留守儿童表现出了独立自主的倾向，他们在生活中遇到困难时不愿意求助家人以及父母，他们认同父母在外挣钱很辛苦，表示不论发生什么事情都尽力自己来解决，不给家里增添负担：

> 如果在学校有人欺负我，或者遇到其他事情，我不会告诉奶奶。当然我更不可能告诉爸爸妈妈。因为爸爸妈妈离得远，告诉他们也没什么用，而且他们还是会告诉奶奶来解决，奶奶只会去学校找那个同学的家长来理论，本来没什么事情就会被他们搞出很多事情来。这些事情我自己能解决，他们挣钱养活我已经很辛苦了，我不想他们在为了这些小事情操心。（访谈个案 R3）
>
> "穷人的孩子早当家"。一位三年级的留守儿童，其父母都在国外打工，目前与爷爷奶奶生活。虽然家境贫寒，但是他非常独立自主、学习成绩优异。年纪虽小，住校也能自理。不住校时，每天放学走半个多小时回家。这个小孩非常懂事，家庭经济虽然不好，但是各方面表现都非常优秀。（任岩松中学杨校长）

上述案例表现出异于其他同年龄阶段孩子的成熟。他们依靠自己的能力独立解决问题而拒绝寻求家人帮助，意味着儿童自主意识与自我管理能力的提高。不可否认的是，父母出国作为逆境也带来一定的磨炼意志的因素，提高与锻炼了儿童的自主能力。

（二）安全感

心理的安全感（Psychological Security）是个体对自己安全状态的心态，是"一种从恐惧和焦虑中脱离出来的信心、安全和自由的感觉，特别是满足一个人现在（和将来）各种需要的感觉"。在心理学研究中也有证据表明，父母的爱、鼓励和支持可以使得个体在早期的发展中建立起对初始接触者的信任感和安全感。研究表明，留守儿童的安全感得分显著低于非留守儿童，安全感整体水平偏低。安全感发展很大程度受家庭环境、父母教养方式等因素影响。导致留守儿童安全感下降的一个重要因素就是亲子分离，亲子分离对孩子的心理发展不利，分离时的年龄越小，分离时间越长，单个年内互动时间越短，孩子安全感低下的可能性越大。其次是父母的关爱和亲子情感交流。外出父母主要关注儿童的学习和安全，很少去关注孩子的内心世界，孩子们体会不到父母的爱。马斯洛认为，缺乏安全感的人往往感到被拒绝，受冷落或者感到孤独和焦虑，表现出敏感、自我谴责倾向、自卑、自私、以自我为中心等人格特质。

> 爸爸脾气不好，我也不敢跟爸爸顶嘴，有点怕爸爸，从小就怕，我的学习成绩是会受他们吵架影响的，我有时会把事情想得很坏，就是想到事情的不好的一面，如果我们在一起他俩不吵架的话会对我的影响好很多，这也是我所希望的。（访谈个案 Y6）

此案例反映了该儿童家庭安全感的缺失。安全感是主体对自身安全状态的体验及经验性判断，检测心理健康状况的重要指标。由于儿童时期的发展会影响其后续的发展，而儿童的发展离不开其父母，留守儿童的亲子分离必然影响其情感需要；严重者留守儿童亲子关系缺失，甚至影响其健康性格的形成和发展。侨乡留守儿童童年期父母角色的缺失，影响其安全感的获得，不仅仅影响了他们的短期情感体验，更可能对他们带来长期负面影响。有研究认为，面临学业、安全、心理和行为等方面的一系列问题是留守儿童的常态，其心理健康水平远低于非留守儿童，因为父母不在身边，相当一部分数量的儿童感觉到孤独，认为他们经常会受到其他人的欺负，进而产生自卑、抑郁、压抑、紧张等心理[①]。

本研究在玉壶小学随机抽取 120 名侨乡留守儿童作为研究对象，运用改编的留守儿童安全感问卷，问卷为廖传景[②]编制，克隆巴赫系数为 0.91，具有良好的信度；问卷分为人际自信、安危感知、应激掌控、自我接纳和生人无畏五个维度，克隆巴赫系数在 0.708—0.834 之间。该问卷经过效度检验，具有较好的效度。

本研究所指的侨乡留守儿童的安全感，是指对可能出现的对身体或心理的危险或风险的预感，以及个体在应对处置时的有力无力感，主要表现为确定感和可控制感。安全感是主体"自己的感觉"，而不是"人们的感觉"。本次共发放问卷 120 份，回收 109 份，回收率为 90.8%；回收问卷中有效问卷 98 份，有效率为 89.9%。本研究假设，由于侨乡留守儿童的亲子跨国分离，其亲子沟通相对于国内留守儿童面临时空上更大的难度，其亲子情感沟通会受到更不利的影响，进而影响其安全感。

1. 跨国与国内留守儿童的安全感差异

由表 2-26 可见，虽然同样是留守儿童，但侨乡留守儿童与国内留守儿童在安全感上存在十分显著的差异。从安全感总体来看，侨乡留守儿童显著低于国内留守儿童（$p < 0.001$），即侨乡留守儿童的安全感水平显著低于留守国内儿童。在人际自信、安危感知和生人无畏三个维度中，出国留守儿童的得分均显著低于国内留守儿童（$p < 0.001$）。出国留守儿童在应激掌控方面显著高于国内留守儿童（$p < 0.01$），而在自我接纳方面，出国留守儿童与国内留守儿童存在显著差异（$p < 0.05$）。

因此，玉壶镇侨乡留守儿童的安全感得分显著低于国内留守儿童，除了应激掌控这一维度得分显著高于国内留守儿童外，人际自信、安危感知、自我接纳和生人无畏均显著低于国内留守儿童。首先，由于跨国分离相对国内分离电话通信费更为昂贵，会导致侨乡留守儿童的亲子通话次数减少，与父母沟通的时间减少。其次，国内留守儿童的作息时间基本与其父母一致，工作日的

① 盛洁，徐雷，张敏. 对留守儿童"心理贫困"的探讨[J]. 现代教育科学. 2008,(04)：98 - 105.
② 廖传景. 留守儿童安全感研究[D]. 西南大学,2015.

表 2－26　侨乡留守儿童与国内留守儿童(常模)安全感差异

	出国留守儿童 $M \pm SD$	国内留守儿童 $M \pm SD$	t	p
安全感总分	76.72±19.95	85.28±17.94	−4.26	0.000***
人际自信	21.63±6.48	24.43±6.23	−4.27	0.000***
安危感知	20.04±7.56	23.66±6.51	−4.74	0.000***
应激掌控	11.83±3.41	10.96±3.80	2.52	0.01**
自我接纳	12.79±4.30	13.84±4.00	−2.43	0.02*
生人无畏	10.44±4.34	13.32±3.68	−6.57	0.000***

注：* 代表 $p < 0.05$；** 代表 $p < 0.01$；*** 代表 $p < 0.001$。

晚上也会有很多机会去进行沟通交流,而玉壶镇侨乡留守儿童则没有那么幸运,他们的父母多数都远赴欧洲国家,他们之间存在有时差,当孩子有空闲的时候父母还在辛苦劳作,而父母有闲暇时间的时候孩子已经入睡了,时间的不一致给亲子间的沟通交流添加了意外的阻碍。再次,由于接受了父母的跨国分离,玉壶镇部分侨乡留守儿童养成了独立自主的习惯,在遇到应激事件时,第一反应是要自己去处理。大多数孩子表示自己父母亲在外面很辛苦,自己有事情要自己去解决,这样才不会给家里添麻烦,在长期的锻炼中玉壶镇出国留守儿童的应激掌控能力逐渐加强。相比之下,国内留守儿童由于父母的可依靠性更强,因此应激掌控能力相对弱一些。

　　无论是出国务工还是国内务工的父母,都会对孩子存在歉疚感,为了平衡这种歉疚感,他们倾向于对孩子进行补偿。但父母所理解的补偿行为属于物质与金钱补偿,体现在尽可能在吃、穿、玩等物质上满足孩子,却忽视了对孩子进行品格、修养等方面的教育。玉壶镇侨乡留守儿童的代理监护人大多是上了岁数的老年人,文化程度普遍较低,教育能力也比较低,他们对孩子的监管、教育、情感交流也受到制约,对于孩子的照顾往往只停留在生活方面,考虑不到孩子的心理成长需要,并给予孩子心理上的帮助。这些因素都在一定程度上影响了侨乡留守儿童安全感的建立。还有相当一部分临时监护人对侨乡留守儿童采取了不当的养育方式:如溺爱,对不良行为过于宽容;顾忌,由于不是自己的孩子不敢严格管教;放纵,对孩子缺乏教育责任心,使孩子处于放任自流、无人管教的状态。这些不良因素也对侨乡留守儿童安全感的形成带来消极影响。

2. 影响侨乡留守儿童安全感的因素分析

从家庭中孩子的数量来看，本研究表明，独生子女的安危感知是最高的。心理学责任分散原理认为，责任和压力是会平均分配给别人的，一件事情参与的人越多，那么每个人所承担的责任和压力也就越少。在独生子女家庭中，当遇到危险事件的时候，只能独自参与并解决；但是如果在同一个屋檐下有自己的兄弟姐妹，那么其他的兄弟姐妹将能共同商量拿主意，并分担责任减轻压力。独生子女与多子女遇到危险与困难时候压力承担量不同，对于危险的感知程度更高。这或许能再次反证父母在出国期间的亲子情感沟通非常重要，父母应多询问孩子的生活和情感，让儿童明白父母能够帮助他们解决困难，避免孩子从小承担过重的压力，不应让孩子觉得自己是父母的负担。

从性别差异看，在影响父母出国留守儿童安全感的因素中，除了应激掌控，男生在安全感其他几个因素上得分均高于女生，说明男生在人际交往上具有更高的可接受性和可掌控性，对于父母家人的安危更为放心和坦然，更能够坦然地接纳自己，以及接纳外界的陌生环境。这符合中国社会传统中男女的性格特点，女生与男生相比更为敏感胆小，面对陌生的环境或人时表现得更为小心翼翼，这样的性格特征造成其体验到更多的不安全感。

从不同年龄段看，研究发现处于15—17岁的被试在安危感知和应激掌控上的得分显著高于其他两个年龄段，这一阶段的孩子已经度过了逆反期，正处于成长期，对自己、对社会已经有了初步的认识，思考问题也更为成熟，面对压力等外在不可控因素时也能够较好地应对。

从抚养方式看，在安危感知因素上，父母辈的亲戚抚养与同辈抚养得分之间存在显著差异，且父母辈抚养得分高于同辈抚养得分。父母辈的亲戚更能在留守儿童生活中扮演父母的角色，使留守儿童体会到更多父母的关爱以及父母在身边的感觉，且与其交流时不会存在太多的代沟，父母辈的亲戚如果自己有孩子的话，对于如何教育儿童也更有经验，对留守儿童的发展也更有帮助，这也使留守儿童能体验到更多的安全感。

在对父母出国留守儿童总体安全感得分及各因素得分进行方差分析时发

现,总体安全感得分及各因素得分在开始留守年龄、留守时长两个变量上没有显著差异,且这两个变量的交互作用不显著。但比较各因素得分均值发现,在开始留守年龄变量上,人际自信、自我接纳两个因素的得分随着开始留守年龄的增大而增高,在其他几个因素上,12—18岁得分都高于其他几个年龄段,这说明开始留守年龄和留守时长对留守儿童安全感水平在一定程度上有影响。随着年龄的增长,儿童心理发展也日渐成熟,人格趋于稳定,能较好应对人生中的变故,因此安全感水平也会较高。

从留守时长看,留守时间在1—3年和3—5年的得分在各因素及总体上与其他两个时长的得分相比均较高。我们认为当留守儿童刚离开父母时,会有一段适应期,在这段适应期间,留守儿童需要重新适应社会生活,也会遇到许多之前不会有的问题,这就使其体验到更多的不安全感,安全感水平也随之降低,而经过这段适应期后,留守儿童的安全感水平也随之升高,但随着年龄的成长,到了不同的年龄阶段,又会遇到新的、不同的心理问题,因此安全感水平又有所下降。

在人际交往方面,我们发现许多侨乡留守儿童性格都比较孤僻,难以融入集体,不喜欢和陌生人交流,对待陌生人时比较排斥,这也是缺乏安全感的一种表现。同时发现许多儿童虽然内心非常想念自己的父母,但有时候却故意表现出不想他们,在访谈刚开始表现得比较拘谨和紧张,不太愿意透露自己内心真实的想法,这也是缺乏安全感的表现。

(三) 依恋

英国精神分析师 Bowbly 提出的依恋理论指出,幼儿在 6 个月—2 岁的时候开始形成依恋,指幼儿对其抚养者特别亲近而不愿意离开的情感。这个时期的幼儿最喜欢和依恋对象在一起,依恋对象更容易安抚孩子,幼儿和依恋对象在一起时可以产生高度的安全感。早期的依恋形成结果会对后期的成人依恋产生很重要的影响。积极早期依恋对此成人依恋有着重要的导向作用。[①]早期父母的缺失会影响儿童非认知能力的发展,即心理因素的发展。依恋理

---

① Rouse P, Duda J L, Metsios G S, et al. Motivation-related predictors of physical activity and subjective vitality in rheumatoid arthritis patients: a test of Basic Needs Theory[J]. 2011.

论认为，儿童有同自己的主要照顾者(通常是父母)结成理想或安全依恋关系的潜在倾向，不过，这种倾向在不同条件下的表达是不同的，有的儿童很幸运地形成了安全的依恋关系，有的则没有那么幸运，他们形成了不安全的依恋关系。从发生学看，亲子依恋是个体成长过程中最早发生且影响最为深远的一种依恋关系。父母通常是婴幼儿、学龄期儿童最重要的依恋对象。如果幼儿在本该对母亲产生依恋情绪的时候，母亲的角色却长期缺位，就可能造成留守儿童早期依恋不安全。虽然在幼儿依恋时期内有其他的抚养者对幼儿进行照料，但是对其的关心程度远达不到母亲在身边时对于孩子投入的关注程度。

> 在丽香家访时，监护人告诉我们，在父母回国或者带他们出国同住一段时间的时候，一般孩子就表现得很开心，然而面对分别的时候，情绪就很低落甚至大哭大叫。孩子经常要面对这样的情绪波动和情感冲突。
> (教育关爱实践队)

调研发现，委托监护人如祖辈并不是只照顾一个孩子，而是可能照料 2—3 个甚至 5—6 个孩子，幼儿对亲代的依恋可能因为兄弟姐妹的众多而被忽视。

早期的依恋形成结果会对后期的成人依恋产生很重要的影响。在儿童成长的关键期，未能与父母亲建立紧密的情感联结，将可能导致儿童的心理发展受到不可逆转的损害，形成一种"无情感的性格"。[1] 经典精神分析理论认为婴儿同母亲的联系是最早也是最长的关系，为以后所有的关系提供了基础。[2] 而成人依恋便借助了这个基础。

成人依恋指的是个体付出大量努力去寻求和维持在生理和心理上能提供稳定安全感的依恋对象的一种稳定倾向。通俗来讲成人依恋就是成人对他童年早期与母亲的依恋经验的回忆和再现，并形成当前对童年依恋经验的评价。但是成人依恋与早期依恋不同，它建立于早期童年依恋经历的事实之上，把早期依恋经验作为基础，但它并非是对这些早期经验的完整、客观的反映，而是

---

① 王玉花. 有童年期留守经历的大学生成人依恋、社会支持与主观幸福感的关系研究[J]. 心理学探新，2010，30(02)：71-75.

② Waters T. Learning to love：from your mother's arms to your lover's arms[J]. The Medium，2004，30(19)：1-4.

经过了个体再加工,并融合了个体当前的情感和期望的产物,所强调的是成人目前对早期依恋经历的评价。成人依恋模式是由两个基本维度构成的,焦虑维度和回避维度。在焦虑维度高分个体容易担心被拒绝和抛弃等,低分者则认为自己总是被重视的并且是有价值的;回避维度上高分个体不喜欢依赖他人或者认为别人是不可信的,对于别人的态度是拒绝的,低分者在与他人接触的时候不会觉得他人不可信,反而会觉得更加的舒服,并且在依赖他人或者让他人依赖自己时产生一种安全感。两个维度的高低分交织在一次就形成了四种成人依恋的类型,这四种依恋类型见表 2-27:

表 2-27　成人依恋类型

		自我模型(焦虑维度)	
		积极(低)	消极(高)
他人模型	积极(低)	安全型(secure)	专注型(preoccupied)
(回避维度)	消极(高)	冷漠型(dismissing)	恐惧型(fearful)

成人依恋类型有偏向积极的,也有偏向消极的。由于成人依恋的形成依赖于早期依恋并以早期依恋为原型,所以形成一个积极早期依恋是很重要的。而侨乡留守儿童在形成早期依恋的关键时期缺失了母亲这一重要角色,这对他们形成积极依恋是一项巨大的挑战。

六、侨乡留守儿童的家乡认同

家乡认同指个体对所处地区的归属与依恋,在人与地方环境的互动中构建、在认知发展中逐渐形成。家乡指故乡,是个体地方认同的具体体现,更具唯一性与连续性,不会因人口流动发生较大变化。由于侨乡留守儿童所面临的社会生活背景特殊,如父母在国外务工、未来出国预期、办居留证暂居国外等,"将来出国"的模糊期望导致他们对本土家乡的认知态度容易发生异化,因而家乡认同感出现弱化趋势。而侨乡留守儿童家乡认同感的弱化不仅影响该群体自身在侨乡的适应与融入,还关系侨乡与侨胞的维系,关系到侨乡未来的建设与发展。

本研究以问卷调查法为主,共设计 35 项问题,其中 19 项用于调查研究对象的性别、年级、与父母联系间隔、家乡活动参与度、家乡生活满意度等生活背景情况；其余 16 项用于调查研究对象的家乡认同状况，从以下 4 个维度展开：家乡心理归属感（6 项）、家乡建设责任感（3 项）、家乡文化认同感（4 项）、国内外对比认同感（3 项），问卷信度为 0.870。

研究选取全国重点侨乡温州市 R 中学，以 R 中学四到八年级的学生为研究对象，共发放问卷 290 份，回收 290 份，剔除无效问卷后，得到有效问卷 235 份，有效率为 81.03%。其中男生 102 名，女生 133 名。样本年级分布如表 2 - 28 所示，侨乡留守儿童占样本总数的 37%，具有较好的典型性。

表 2 - 28　调查对象基本情况

			儿 童 类 别		总　　计
			侨乡留守儿童	非留守儿童	
年级	四年级	占年级的百分比（计数）	54.8%（23）	45.2%（19）	100.0%（42）
	五年级	占年级的百分比（计数）	45.5%（15）	54.5%（18）	100.0%（33）
	六年级	占年级的百分比（计数）	41.5%（17）	58.5%（37）	100.0%（41）
	七年级	占年级的百分比（计数）	31.5%（17）	68.5%（50）	100.0%（54）
	八年级	占年级的百分比（计数）	23.1%（15）	76.9%（50）	100.0%（65）
总　　计		占年级的百分比	37.0%（87）	63.0%（148）	100.0%（235）

在现状分析中，本研究通过独立样本 t 检验分析侨乡留守儿童与非留守儿童是否存在显著差异，当 p 值小于 0.05 时，说明存在显著差异；在原因分析中，本研究通过回归分析，分析侨乡留守儿童生活背景因素对家乡认同感的影响。

（一）整体认同

如图 2 - 4 所示，对于是否愿意为家乡发展出钱出力等 7 个问题，非留守儿童的肯定性回答比例均高于侨乡留守儿童；经非参数检验发现，两类儿童在是否认为家乡重要、在家乡是否有美好回忆、对家乡生活是否满意、是否会思念家乡、是否愿意保护家乡环境五个方面的差异达到了统计上的显著性（Kruskal - Wallis 检验相伴概率分别为 0.015＜0.05,0.024＜0.05,0.014＜0.05,0.008＜0.05,0.013＜0.05）。

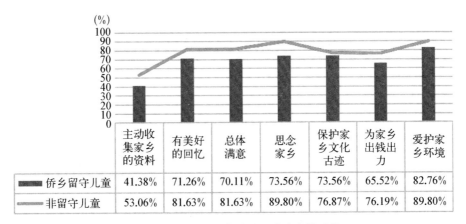

图 2-4 对家乡整体的认同感肯定性回答

分析一：两类群体在家乡心理归属感上是否存在显著差异

从表 2-29 可知，在家乡心理归属感上侨乡留守儿童与非留守儿童存在显著差异，$t(232) = -2.308$，$p = .022$，$d = 0.312$，侨乡留守儿童对家乡的心理归属明显低于非留守儿童。

表 2-29 两类儿童在家乡心理归属感的 t 检验

	平均值（标准偏差）		自由度	t 值	p	效果量（d）
	侨乡留守儿童	非留守儿童				
家乡心理归属感	4.09(.83)	4.34(.74)	233	−2.308	0.022	0.312

家乡心理归属感包括上述四个问题。从表 2-30 可知，在前三个方面"是否会因家乡产生积极情绪、家乡的重要程度、家乡回忆的美好程度"，侨乡留守儿童与非留守儿童没有显著差异；在思乡情绪的强烈程度上两者存在显著差异，侨乡留守儿童思乡情绪明显较弱。

表 2-30 两类儿童在家乡心理归属感四个具体问题上的 t 检验

	平均值（标准偏差）		自由度	t 值	p	效果量（d）
	侨乡留守儿童	非留守儿童				
是否会因家乡产生积极情绪	3.77(1.12)	3.84(1.20)	233	−0.471	0.638	0.060
家乡在心中的重要程度	4.28(0.94)	4.51(0.88)	233	−1.946	0.053	0.255

续表

	平均值（标准偏差）		自由度	t 值	p	效果量（d）
	侨乡留守儿童	非留守儿童				
家乡回忆的美好程度	4.09(1.16)	4.38(1.05)	233	−1.941	0.6	0.266
思乡情绪的强烈程度	4.24(1.12)	4.61(0.80)	233	−2.731	0.007	0.397

这一点在对侨乡留守儿童的访谈中得到了验证，如当被问及"提到家乡，你会想起些什么""对家乡，你有什么感觉"等问题时，受访侨乡留守儿童表示："好像没什么感觉""在这边挺没意思的，想去外面看看""想去爸爸妈妈在的地方，不想在这里"等。问卷调查结果同步还显示，侨乡留守儿童对家乡的回忆中含有更多不愉快的的因素。这表明侨乡留守儿童思乡情感弱，对家乡的印象表现出更强烈的空洞感、孤独感和逃离意向。访谈分析发现，为办侨居国的居留证与亲子团聚，很大一部分侨乡留守儿童会定期被父母接到国外生活一段时间。由于在国外和国内之间频繁流动，引起了人际交往范围的动荡，影响了侨乡留守儿童与周围同伴的亲密度。经常出国的侨乡留守儿童，同伴交往片段化趋势明显，且相比非留守儿童而言，侨乡留守儿童的好伙伴个数均值更低，而这也对侨乡留守儿童的家乡认同产生了影响。

分析二：两类群体在家乡建设责任感上是否存在显著差异

从表 2 - 31 可见，在家乡建设的责任感上侨乡留守儿童与非留守儿童存在显著差异，$t(233) = -2.041$，$p = 0.042$，$d = 0.276$，侨乡留守儿童家乡建设的责任感明显低于非留守儿童。建设责任感实际上是家乡主人翁意识的体现。该指标偏低意味着侨乡留守儿童主人翁意识的淡化，体现在两个方面：

表 2 - 31　两类儿童在家乡建设责任感上的 t 检验

	平均值（标准偏差）		自由度	t 值	p	效果量（d）
	侨乡留守儿童	非留守儿童				
家乡建设责任感	4.17(.84)	4.39(.77)	233	−2.041	0.042	0.276

其一，侨乡留守儿童与非留守儿童在家乡保护的责任感上存在显著差异，非留守儿童对于"生于斯，长于斯"的家乡具有较强的保护责任意识，而侨乡留守儿童的责任意识和主人翁意识相对薄弱。其二，在直接关乎家乡发展的问题上，侨乡留守儿童中赞同或完全赞同长大后要为家乡发展出力出钱的比例较非留守儿童低 10.67%，侨乡留守儿童在思考是否要帮助家乡建设与发展时会优先顾虑自身经济水平，"如果自己有钱的话就会给，实在没有的话就没办法。"呈现出个人利益先于家乡利益的阶梯式结构，建设与发展家乡的责任意识相对较弱。

分析三：两类群体在家乡文化认同感上是否存在显著差异

从表 2 - 32 可见，在家乡文化认同感上侨乡留守儿童与非留守儿童存在显著差异，$t(233)=-2.255, p=0.025, d=0.305$，侨乡留守儿童的家乡文化认同感明显低于非留守儿童。

表 2 - 32 两类儿童在家乡文化认同感上的 t 检验

	平均值（标准偏差）		自由度	t 值	p	效果量（d）
	侨乡留守儿童	非留守儿童				
家乡文化认同感	3.37(.85)	3.63(.84)	233	-2.255	0.025	0.305
家乡方言的喜爱程度	3.60(.134)	3.76(.098)	233	-0.969	0.334	0.132
家乡特色小吃喜爱程度	3.80(.133)	4.24(.091)	233	-2.770	0.006	0.381
家乡民俗文化喜爱程度（正向）	3.56(.135)	3.82(.102)	233	-1.549	0.123	0.208
家乡民俗文化喜爱程度（负向）	2.48(.136)	2.30(.105)	233	1.037	0.301	-0.141

分析四：两类群体在国内外对比认同上是否存在显著差异

从表 2 - 33 可见，在国内外对比认同感上侨乡留守儿童与非留守儿童没有显著差异，$t(233)=-0.114, p=0.91, d=0.016$。两类群体对本国的认同感均高于外国。总体上非留守儿童对国家的认同感略高于侨乡留守儿童。

表2-33 两类儿童在国内外对比认同感上的 t 检验

	平均值(标准偏差)		自由度	t 值	p	效果量(d)
	侨乡留守儿童	非留守儿童				
国内外对比认同感	3.95(1.16)	3.97(1.28)	233	−0.114	0.091	0.016

（二）学校认同

分析侨乡留守儿童对教育的体验感发现（见图2-5），从学校整体满意度看，该群体对家乡学校的满意度比非留守儿童更高，有较多侨乡留守儿童表示喜欢待在学校不想回家，可见学校对其的重要性，他们在学校有同学陪伴着，而回家后没有父母的陪伴会产生内心的孤独和无助感。从学习成就感体验看，侨乡留守儿童略高于非留守儿童，但总体成就感偏低。这反映了当前教育难以为他们提供积极的学习成就感。

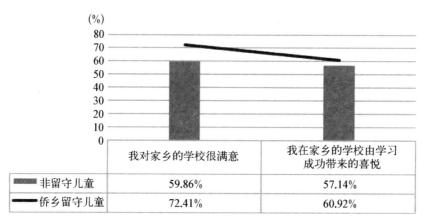

	我对家乡的学校很满意	我在家乡的学校由学习成功带来的喜悦
非留守儿童	59.86%	57.14%
侨乡留守儿童	72.41%	60.92%

图2-5 对家乡学校的认同感肯定性回答占比图

纵向对比两类儿童在学校满意度和学习喜悦感发现，非留守儿童对学校的满意度与学习成功带来喜悦感相差无几，而侨乡留守儿童学习喜悦感相较对学校的满意度较低的原因还需要进一步探讨。

（三）文化认同

文化认同是对人与人或人与群体之间的共同文化的确认，拥有共同的文化，往往是民族认同、社会认同的基础。缺乏家乡文化认同的支撑，也会影响个人对家乡的整体认同感。在针对两类儿童家乡文化认同感的正向调查显示，在保护民族古迹和文化、家乡的方言认同感、家乡歌谣民间传说故事和家乡风味小吃的喜爱程度上，侨乡留守儿童相对较低。其中对于喜欢家乡风味小吃的调查结果，经非参数检验，两类儿童在这方面的差异达到了统计上的显著性（Kruskal‐Wallis 检验 相伴概率为 0.004）。针对两类儿童家乡文化认同感的负向调查显示，侨乡留守儿童对于家乡文化地方戏等"很土气"娱乐活动的反对的情绪更明显。

在对家乡语言文化的认同上，侨乡留守儿童的认同感略低于非留守儿童。社会语言学的言语社区理论指出，语言是社区成员集体意识的体现。这表明侨乡留守儿童对家乡语言文化的认同感偏低，存在家乡集体意识弱化的现象。在对家乡饮食文化的认同上，经独立样本 T 检验发现，两类儿童存在显著差异，$t(233)=-2.770, p=0.006, d=0.381$，侨乡留守儿童对家乡饮食文化的认同感显著低于非留守儿童。他们受到受西方饮食文化的影响，更偏爱汉堡、披萨、意大利面等食物，对家乡的特色美食了解甚少，对国外的饮食文化认同感更高。在对家乡民俗文化的认同上，在对正向与负向问题的回答上，侨乡留守儿童呈现出一种自我矛盾——个人存在喜爱倾向但同时觉得这种文化与时代脱节。

整体上，侨乡留守儿童的对家乡文化认同感较低，本质上是对家乡文化认可却不认同。其中，认可指确认或承认，不意味着接受和赞同，而认同则可理解为确认并赞同，或者是承认并接受。

此外，在"是否想要出国或留在家乡"这一问题的回答上，独立样本 T 检验发现，两类儿童没有显著差异，两者对家乡的归属意愿均较强。但当题项转变为"我想要离开家乡，到父母所在的国家学习工作"时，一部分侨乡留守儿童改变了留乡的意愿，显示在一定程度上父母会影响侨乡留守儿童留在家乡的意愿。这在个案访谈中也有体现：

　　　　小 H:"我不想去，跟爸爸妈妈没话讲，在这边还有人可以一起玩，到了那边都不认识。"
　　　　小 P:"我想去国外，他们太忙了回不来，所以我想去国外，让他们陪陪我。"

小 N："我妈说以后让我去国外，现在先在国内读两年书。"

表明侨乡留守儿童对家乡的归属意愿容易受到与父母的关系、父母工作的繁忙程度、人际交往情况、未来出国预期等其他因素影响，但总体而言，侨乡留守儿童对家乡的认同感高于对国外的认同感。但也存在部分侨乡留守儿童对家乡概念感到模糊的现象。在项目调研过程中我们发现，还有很多侨乡留守儿童大多长期生活在国外，寒暑期回到侨乡居住，许多孩子将侨乡或中国表述为"你们这里"，而将国外表述为"我们那边"，对"哪里是我的家乡"这一问题缺乏清楚的认知；从他们言行中可知，由于长期生活在国外，缺乏与家乡的有效联系，这部分孩子已将国外当作了自己的家乡，家乡概念认知模糊，家乡情感淡薄。

综合两方面调查结果来看，侨乡留守儿童对家乡的归属感、荣誉感、对家乡建设的责任感、对于家乡文化认可程度低于非留守儿童，存在对家乡认同较弱的现象。

七、小　　结

本章基于侨乡留守儿童调研数据与个案的分析，探讨了该群体的家庭教育、学校教育、学业成绩、越轨行为、心理健康和家乡认同状况，勾画了该群体的真实教育生活状况。整体上看，父母长年侨居海外，引致亲子沟通的家庭教育的淡化，国际居留、出国预期与文化差异等诸方面原因，使侨乡留守儿童在教育生活中处于一定的弱势地位，对其学习、生活、情感、心理、性格等方面产生一定影响，导致在学业进步、品行发展、亲子情感、社会适应、家乡认同等方面呈现出一系列问题。也得出了不同于农村留守儿童研究的结论，比如"贫困、偏远、孤独、缺乏正确引导"等[1]，侨乡留守儿童显然并不"贫困、偏远"。因此，有必要对侨乡留守儿童的问题认识进行辨析与小结。

---

① 谢妮，等.农村留守儿童教育现状研究[M].北京：经济科学出版社，2010.

（一）出国父母情况

（1）侨乡留守儿童父母出国中，父母双方都出国的占了 77.3%，是最主要的父母外出方式。早期出国的老侨家庭社会经济地位相对较好，后期出国的新侨的家庭社会经济地位相对弱一些。

（2）出国父母主要从事餐饮、小超市、服装、制造、运输等行业。

（3）父母出国后，62.2% 的留守儿童寄养在爷爷奶奶或者外公外婆家，隔代监护是主要监护方式。

（二）亲子沟通情况

（1）侨乡留守儿童亲子沟通的整体频次不高。家庭沟通方式中，网络聊天（主要是微信、QQ）已经上升为留守儿童与其出国父母沟通的主要联系方式，有 41.8% 的出国留守儿童依靠网络聊天的方式与其父母沟通。

（2）从亲子沟通内容看，52.3% 的内容集中于学习成绩和生活状况，而对留守子女"心理状况""情感需求""社会适应能力"等则比较忽视。

（3）侨乡留守儿童亲子沟通陌生化演变的路线基本如下：开始想念父母—期盼父母—失望—自我切断联系。

（三）家庭教育情况

（1）侨乡留守儿童的家庭教育方式主要关注学业成绩，对于大部分出国父母和监护人来说，孩子在国内接受教育多是为了中文学习（不能忘祖）及经济考量，出国经商是他们对子女的未来期望。

（2）出国预期使父母出国留守儿童的教育目标引导出现严重偏差。

（3）部分出国父母家庭教育方式简单粗暴，也影响了亲子沟通效果与家庭功能。

（四）学校教育情况

（1）2014 年以来，学校侨乡留守儿童的数量出现上升趋势；在年级分布上，出现人数呈金字塔状分布，即年级越低，侨乡留守儿童数量越多，随着年级的升高而逐渐减少。

（2）学校对侨乡留守儿童的教育关爱主要指向学业，开展了一定的心理辅导，针对侨乡留守儿童的单独教育活动基本缺乏。

（3）近年来，高校大学生志愿者与实践队，成为侨乡留守儿童教育关爱的一支新的力量。

（4）中国侨联组织的亲情中华、汉语桥夏令营与寻根之旅等活动，是主要针对国外回国的华侨华人子女的短期教育夏令营。对于侨乡留守儿童的教育关爱意义不大。

（五）学业成绩情况

（1）对侨乡学校学生的成绩调研发现，侨乡留守儿童的成绩与非留守儿童相比，小学阶段成绩差距并不大；到了初中，两者的学业成绩差距开始拉大。侨乡留守儿童群体内部的成绩分化更明显，具体表现为优段生、中段生与落后学生比例的差距更大。

（2）侨乡留守儿童学业成绩与父母外出方式有显著相关，父母单方出国的留守儿童学业成绩不及父母双方外出留守儿童学业成绩。

（3）从学习动机看，侨乡留守儿童在学习上主要依靠自主学习，且掌握了一定的学习策略，主动性较非留守儿童更加强烈，但较少积极回答教师问题。

（六）心理表现

（1）侨乡留守儿童的心理类型可以大致分为：敌对冲动型、胆怯内向型、独立自主型。部分侨乡性格易极端化。

（2）从安全感总体来看，侨乡留守儿童极其显著低于国内留守儿童（$p <$ 0.001）。玉壶镇侨乡留守儿童的安全感得分显著低于国内留守儿童，除了应激掌控这一维度得分显著高于国内留守儿童外，人际自信、安危感知、自我接纳和生人无畏均显著低于国内留守儿童。

（3）具有不同个数兄弟姐妹的侨乡留守儿童在总体安全感上并未有显著差异。但是在安危感知维度中，独生子女的安危感知程度要显著高于多兄弟姐妹的侨乡留守儿童。性别、年级与抚养方式差异都对侨乡留守儿童的安全感带有影响。

（4）部分侨乡留守儿童在形成早期依恋的关键时期母亲这一重要角色缺

位,这对他们形成积极依恋来说是一项巨大的挑战。

(七) 家乡认同

(1) 对于是否愿意为家乡发展出钱等七个问题,非留守儿童的肯定性回答比例均高于侨乡留守儿童;经非参数检验发现,两类儿童在是否认为家乡重要、在家乡是否有美好回忆、对家乡生活是否满意、是否会思念家乡、是否愿意保护家乡环境五个方面的差异达到了统计上的显著性。

(2) 侨乡留守儿童对家乡的心理归属明显低于非留守儿童;建设家乡的责任感明显低于非留守儿童。该指标偏低意味着侨乡留守儿童主人翁意识的淡化。

(3) 在家乡文化认同感上,侨乡留守儿童的家乡文化认同感明显低于非留守儿童;对家乡语言文化的认同感略低于非留守儿童。总体上非留守儿童对国家的认同感略高于侨乡留守儿童。

(4) 从对学校整体满意度看,侨乡留守儿童对家乡学校的满意度比非留守儿童更高,较多儿童表示喜欢待在学校不想回家。

(5) 整体上,侨乡留守儿童对家乡文化认同感不强,对家乡文化认可却不认同。

第三章 侨乡留守儿童教育关爱问题的影响因素

> 我不记得爸爸妈妈长什么样了，我从来没有见过我的爸爸妈妈。
>
> ——文成县玉壶镇某侨乡留守儿童

侨乡留守儿童与国内留守儿童群体相比，两者既具有亲子分离的共同特征，教育上面临相似的风险；前者还具有由于跨国界和国籍，特殊时空背景下亲子分离所带来的独特性问题。[①] 这些问题的产生涉及各层面的复杂因素，不能简单的一概而论，需要进行深入探究和分析。

一、侨乡留守儿童教育关爱问题的影响因素分析

为深入分析侨乡留守儿童教育关爱问题，本研究采用 SPSS 和 NVIVO 对访谈的数据进行分析，通过质性研究与量化研究的相互结合验证调研结果。

运用 NVIVO11，分析结合已有研究发现和访谈资料，依照访谈的原始特性进行开放式编码，创设五个主轴编码下的 17 个自由节点，形成 17 个编码（见表 3 - 1）。主轴编码又称关联式编码，主要是发现以及建立编码间的联系，以开放式编码为基础，采用 NVIVO11 对 17 个自由节点进行分析。

---

① 王佑镁."跨国寄养"背景下我国农村侨乡留守儿童媒介素养研究[J]. 现代远距离教育,2013(4)：55 - 61.

表 3-1　父母出国留守儿童弱势处境的归因分析编码表

核 心 编 码	主 轴 编 码	开 放 编 码
父母出国留守儿童的教育问题	1. 家庭因素(265)	1.1　多子女现象(12)
		1.2　父母偏心现象(11)
		1.3　跟随流动城市(19)
		1.4　家庭变故(13)
		1.5　家庭抚养策略(33)
		1.6　家庭经济收入(37)
		1.7　监护人因素(66)
		1.8　亲子情感沟通(74)
	2. 同伴群体因素(30)	
	3. 文化与社区影响因素(25)	3.1　社区的因素(4)
		3.2　中外教育文化冲突因素(21)
	4. 学校教育因素(21)	4.1　父母出国对侨乡学校冲击(0)
		4.2　高校的关爱措施(3)
		4.3　学校教育的不当之处(12)
		4.4　学校教育面临的问题(6)
	5. 政府与媒体因素(17)	5.1　政府因素(5)
		5.2　媒体因素(12)

结果表明：首先,家庭因素是影响侨乡留守儿童教育生活的关键因素。在"家庭因素、政府与媒体因素、同伴群体因素、学校教育因素、文化与社区影响因素"节点的材料来源与参考点数的比较中,"家庭因素"节点的材料来源数和参考点数最多。因此,"家庭因素"是影响侨乡留守儿童处境最关键的因素。其中"监护人因素"和"亲子情感沟通因素"在影响因素中占比最大,节点参考数分别为 66 和 74。"家庭因素"这一子节点中各个自由节点的具体范例见表 3-2。

其次,同伴群体为重要影响因素。埃里克森心理社会发展阶段理论指出,12—18 岁个体的主要矛盾为角色同一 vs. 角色混乱,需要在同伴交往中获得同一性。侨乡留守儿童由于父母出国,需要更多独立承担教育生活问题,心理发展相对早熟，在父母不在场的状况下对同伴群体的交往更为需求，可能导致同伴群体的影响作用更大。

表3-2 "家庭因素"中子节点的材料信息

节 点	节点参考点数	参考点内容具体范例
多子女现象	12	家里有我和妹妹；我和哥哥一起上学
父母偏心现象	11	妈妈会先给妹妹上药，把我晾在一边，还总把责任推到我身上
跟随流动城市	19	我父母带我出国又回国再出国，我很不喜欢
家庭变故	13	妈妈在我九岁时就改嫁了；爸爸喝醉酒跑到山上跳下去死掉了
家庭抚养策略	33	爷爷奶奶不管我；爷爷说我只要把学习搞好就行；我想要什么跟奶奶说就行
家庭经济收入	37	爷爷说他们的粘花4元2角一斤，一个月加上社会福利大约有一千六七百元的收入
监护人因素	66	姑姑是老师，每周都会指导学习
亲子情感沟通	74	父母都不管我。有时候一年不联系；有事情不会和父母说

再次，文化与社区因素为重要影响因素。如表3-3所示，文化与社区因素的自由节点中，侨乡留守儿童"中外教育文化冲突因素"占比重较大，中外文化的冲突可能导致儿童价值观的冲突，影响其对传统和文化的了解。

表3-3 "文化与社区影响因素"中子节点的材料信息

节 点	节点参考点数	参考点内容具体范例
社区的因素	4	有时候居委会的人会来家里跟爷爷奶奶聊天，问爸爸妈妈在国外的情况，叫我好好学习，不要太想爸爸妈妈。
中外教育文化冲突因素	21	浩浩（化名）告诉我国外13岁14岁就都有男女朋友了。他也有一个女朋友，今年在一起的，国外谈恋爱很正常的啦；他们在国外都下课很早，没什么作业，老师不会像国内这么管，上课也是，学生都乱跑。

最后,学校教育为相对影响因素。如表3-4所示,学校教育因素下面的自由节点依次为：高校的关爱措施(3),学校教育的不当之处(12)学校教育面临的问题(6),其中"学校教育的不当"是自由节点中参考点数最多的,达到了总和的一半以上,反映了学校教育对侨乡留守儿童的重要影响。

表3-4 "学校教育"因素中子节点的材料信息

节 点	节点参考点数	参考点内容具体范例
高校的关爱措施	3	举办了关爱侨乡留守儿童夏令营
学校教育的不当之处	12	老师直接把书扔在我脸上
学校教育面临的问题	6	学校没有涉及侨乡留守儿童的帮助机制

基于质性访谈的分析可以帮助我们了解到影响侨乡留守儿童教育问题不同因素,分别是家庭因素、同伴群体因素、学校教育因素、文化与社区影响因素。以下结合上一章中 SPSS 分析的数据,对此作进一步分析。

二、家 庭 因 素

"传统家庭教育环境的解体"[①]是影响侨乡留守儿童教育问题的直接原因,也是最重要原因。众多对农村留守儿童问题研究的结论都认为,家庭教育缺位是带来负面影响的主要因素[②③④]。家庭教育环境的解体源于家庭变迁,生产力的发展与生产方式的变迁是首要因素;生产方式的变迁带来人口流动,导致家庭分拆;家庭分拆导致家庭教育的双系抚养模式瓦解,亲子间面对面的教育交流方式解体,出现吉登斯所谓的"教育与语言的脱域机制",[⑤]其他监护人占据了双系或一或二的角色地位,使家庭教育环境与方式发生巨大变化,在部分留守儿童身上表现出所谓的"留守儿童教育问题"。而社会以户籍制度为核

① 周林,青永红.农村留守儿童教育问题研究[M].成都：四川教育出版社,2007：19.

② 李庆丰.务工对留守儿童发展影响——湖南、河南、江西调查[J].上海教育科研,2002,(9).

③ 吴霓.农村留守儿童问题调研报告[J].教育研究,2004(10)：15-18+53.

④ 范先佐.关于农村"留守儿童"教育公平问题的调查分析及政策建议[J].湖南师范大学教育科学学报,2008,7(06)：11-17.

⑤ 〔美〕安东尼·吉登斯.现代性的后果[M].田禾,译.南京：译林出版社,2011：31-35.

心的城市屏藩的设计则起了推波助澜的作用，阻碍了农民工家庭举家迁移，在外因上造成了留守儿童现象。但从留守儿童教育问题看，其直接成因无疑是家庭分拆，是家庭教育环境的解组。

> 班级里其实很少有人会排挤留守儿童，这也与班级管理有关，但很多问题与自身性格因素、家庭环境等有关。（任岩松中学龙主任）

影响侨乡留守儿童的家庭因素主要包括亲子沟通与家庭教育、家庭变故（父母婚姻情况或亲人是否在场是主要指标）、家庭经济收入与教育期望、家长对子女的偏爱、委托监护人抚育情况等，下面逐一分析。

（一）亲子情感沟通弱化

亲子分离是影响亲子情感交流的主要因素，而亲子情感沟通是判断亲子关系的重要依据。亲子情感沟通指家庭中父母与子女之间相互交换资料、意见、观点、信息、情感和态度，以达到共同的了解、信任与互相合作的过程。[①] 叶敬忠等对中西部 5 省 10 村的农村留守儿童的调查显示，父母外出务工地点的远近会对留守儿童的心理体验产生影响。父母务工地点较远则往往给留守儿童一种更孤独无助的感觉，对父母想念的程度相对较深。[②] 按照此结论，侨乡留守儿童父母在国外，距离更为遥远，对留守儿童的心理体验产生的影响也会更大。

国外早在 20 世纪 70 年代开始就注重对家庭亲子沟通的研究，国内有研究认为亲子沟通指的是父母与子女彼此之间相互分享情感、交流意见及表达需求的知觉行为，是父母与子女之间信息交流的过程；是父母与子女双方主体在亲缘关系的基础上，在共同创造的独特家庭情境中，基于各自的角色定位和不同的态度、需要，运用各种沟通方式在双方之间传递信息、交流感情的过程。总之，亲子沟通发生在父母与子女间，是需要维持一定频次的信息传递和情感

---

① 范志宇，吴岩. 亲子关系与农村留守儿童孤独感、抑郁：感恩的中介与调节作用[J]. 心理发展与教育，2020，36(06)：734-742.

② 叶敬忠. 农业劳动力转移中"留守儿童"关爱的城乡统筹[J]. 上海城市管理职业技术学院学报，2008(02)：35-39.

交流的过程。而父母出国大大弱化了亲子沟通的过程。

1. 亲子面对面沟通频次减少

数据显示(见图3-1、图3-2),75.9%侨乡留守儿童的父母间隔一年或一年以上才回家一次,亲子共同生活时间约为每年0—3个月,亲子相处时间极少。64.37%的侨乡留守儿童与父母的联系间隔为一周或一周以上。这类孩子长年无法与父母直接接触,与父母的沟通交流停留在"人与屏"的对话,72.2%的侨乡留守儿童呈现出不同程度的对父母亲的疏离,难以像正常家庭一样建立起良好的信任。

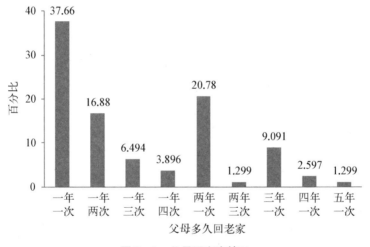

图3-1　父母回老家情况

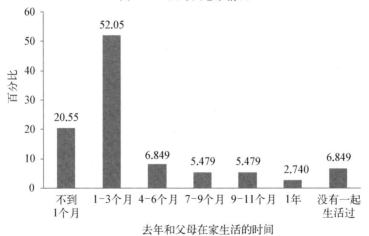

图3-2　与父母共同生活情况

侨乡留守儿童与父母亲子间情感纽带较弱，较多侨乡留守儿童不清楚父母工作的地点和工作类型，亲子沟通疏远，亲子信息交换与交流缺乏。有的甚至排斥、仇恨自己的父母：

> 父母都不管我。平时几乎不和爸妈联系，也没什么话说，有时候一年也不联系。有事情不会和他们说。（访谈个案：小Z）

> 父母亲很久才会回来一次，自己长到十几岁可能只见过父母三四次，对于父母的早期印象也仅仅是靠照片和爷爷奶奶（外公外婆）的讲述。（访谈个案R9）

> 爷爷奶奶也不知道妈妈的联系方式，每次都是妈妈单向从意大利打回来的。现在我已经一年半多没有见过妈妈，听到过妈妈的声音了。其实我很想我的爸爸妈妈，但是我不说出来，因为我不想让爷爷奶奶再伤心了。（访谈个案R10）

> 我没有想起过妈妈，从我懂事以来我就好像不认识这个人。（访谈个案Y2）

> 我和父母之间讲话很少，打电话打着打着就想要挂机。（访谈个案R12）

2. 亲子线上沟通内容浅层化

从亲子沟通内容看，侨乡留守儿童的亲子交流内容流于表层化、单调化与日常生活化。父母对儿童的关心主要停留在学业成绩层面，仅仅关心孩子的学习和生活状况，忽略儿童心理状况与对情感的需求。90%的孩子在和家长联系的时候都会谈及学习问题。很多孩子表示，自己满心欢喜拨通了父母的微信视频，父母的第一句便是最近学习怎么样啊？在家里有没有听话啊？这些问题在孩子的心中不是代表父母对他们的关心，他们觉得这更多是一种对他们的质问与无聊的操心。

> 谈话交流的内容不是学习就是衣食，就像一份不得不做的工作一样。（访谈个案R3）

3. 亲子沟通的弱化带来亲子关系的疏离，影响亲子基本信任的建立。

侨乡留守儿童与父母长期分离，即使和父母联系最紧密的孩子，也一个星期才跟父母交流一次。父母无法及时关怀留守儿童，使留守儿童产生消极情绪，认为父母抛弃自己，从而与父母疏远：

我们将侨乡留守儿童与非留守儿童对父母的亲密值从1—5划分亲密值，1表示很亲密，5表示很疏远（见表3-5）。发现留守儿童均值为1.49，非留守儿童的均值为2.0。相比普通儿童，侨乡留守儿童与父母的关系较为疏远，而跨国距离可能是阻碍侨乡留守儿童与父母产生亲密关系的主要原因。

表3-5　儿童与父母关系亲密度描述统计表

	个案数	平均值	标准差	标准误差	平均值的95%置信区间		最小值	最大值
					下限	上限		
留守儿童	191	2.49	1.010	0.073	2.35	2.64	1	5
非留守儿童	236	2.00	0.936	0.061	1.88	2.12	1	5
总计	427	2.22	0.999	0.048	2.13	2.32	1	5

《中国留守儿童心灵状况白皮书》指出，中国有近1 000万留守儿童"一年到头见不到爸妈"。[1] 侨乡留守儿童想要见父母一面更难。家庭经济条件较好的侨乡留守儿童一到两年可以见到父母一次，但是每次见面的时间也很短暂，聚少离多，孩子还没有跟父母熟络起来父母就再次离开了。长时间的分离使父母亲回来时，他们并没有像普通孩子一样兴奋，反而感觉陌生和尴尬，少有亲密动作。大多数孩子觉得和父母亲说一些亲昵的话做一些亲密的行动会比较尴尬，不会主动跟父母说"我想你""我爱你"之类的话，并且觉得如果父母亲这样说的话自己会觉得很尴尬，不知道该如何应对。

（二）监护抚育隔代化

大部分侨乡儿童的代理监护人是其扩大家庭的祖辈和上辈成员。绝大部分侨乡留守儿童为隔代抚养，占比80.5%，极少数在父母同辈亲戚家中寄养，占比11.6%。如表3-6所示：

---

① 李亦菲. 中国留守儿童心灵状况白皮书[R].北京市上学路上儿童心灵关爱中心,2015.

表 3-6　主要负责照顾儿童的家长类别差异

			父母	父亲或母亲	爷爷奶奶或外公外婆	叔叔婶婶或阿姨姨丈	其他	总计
是否留守儿童	留守儿童	计数	3	12	153	4	18	190
		占留守儿童的百分比	1.6%	6.3%	80.5%	2.1%	9.5%	100.0%
	非留守儿童	计数	128	65	27	7	9	236
		占非留守儿童的百分比	54.2%	27.5%	11.4%	3.0%	3.8%	100.0%
总　计		计数	131	77	180	11	27	426
		占全部儿童的百分比	30.8%	18.1%	42.3%	2.6%	6.3%	100.0%

　　祖辈对孩子一般比较溺爱、娇纵，不能对孩子身上出现的问题及时进行教育纠正。祖辈监护抚养的留守儿童还面临教育、心理、安全等问题。侨乡学校教师反映，祖辈监护的留守儿童问题主要在学习态度差、学习习惯不好、学习的积极性和主动性不高、相信读书无用论等。部分学生有厌学心理，甚至存在逃课、逃学现象，上交作业的质量也普遍较差，学业情况不佳。虽然隔代抚养也具有优势，如相对于父辈其时间充裕，有更为丰富的养育经验和人生阅历，对待孩子有着更加平和宽容的心态等。也有研究认为，从小跟着祖辈一起生活的儿童身体素质都较为良好，并且在生活照料和安全保障方面都要强于其他抚养方式下成长的孩子。因为祖辈将充分的时间和精力投入到孙辈身上，将其社会实践中积累的丰富社会阅历和人生感悟分享给他们，这些正是促进儿童社会性发展和有效处理孩子教育问题的宝贵财富。但整体来看，祖代抚养的负面影响还是大于其积极因素。

　　1. 祖辈监护的弊病首先是溺爱

　　祖辈监护存在抚育方式不当，偏于溺爱。祖辈监护人大多"隔代亲"，对孩子有求必应，对其顽劣行径也舍不得严厉管教，在一定程度上纵容了孩子的顽劣行为。他们更关心孩子能否吃饱穿暖，很少关注孩子的心理健康与思想教育，难以代替父母履行教育子女的责任，难以引导留守儿童形成良好的思想品德习惯。也往往对孩子在学校中的表现如学业成就等缺乏了解与及时肯定表扬。

　　在家里被爷爷奶奶宠惯了，在学校里要是做错了什么事情，爷爷奶奶不会批评，但老师会批评他，他就会比较极端接受不了。所以这里的孩子有些听话的，还比较好，有些不听话的比其他地方的都气人。有的不是说难管，而是部分留守儿童的爷爷奶奶根本不愿意去管这些孩子，就有些随便这些孩子的感觉。（玉壶镇中学胡校长）

　　R11无论是在学习还是生活或是人际交往方面，都表现出现自制力差的问题。在家会顶撞老人，而爷爷奶奶对他又极度溺爱，使这个问题更为严重。他在学校课堂上常不遵守纪律，不听从指挥，平时的作业经常抄袭，质量较差。并且还会在学校拉帮结派，出现打架、骂脏话的情况。在家里，祖辈对他的心理需求关注很少，与其情感交流几乎没有，与学校的交流中又反复强调自己的孙子做的都是对的，认为自己孙子成绩下降也是因为老师教得不好。他每天从爷爷奶奶那里得到肯定，但由于祖辈的溺爱，导致心理上自我效能感低，缺乏学习动力，脾气暴躁、好斗。（任岩松中学张老师）

2. 祖辈往往重视孙辈的生活照顾而不重视他们的学习，或缺乏对孙辈学习监管的能力

　　多数隔代监护人教育文化程度低、年龄大，无法投入足够的精力来教育留守儿童。玉壶镇的很多老人不识字，并且只会说当地的方言，不会讲普通话，难以帮孩子检查作业，监督孩子完成书面作业，部分祖辈也缺乏相应的意识：

　　像老一辈的这些家长，他们的心目当中吃饱、穿暖、有学上就可以了，健健康康带大就可以了，至于学习好坏并没有这么看重。现在可能稍微好些了，对学习稍微重视一点，小孩子成绩好肯定很高兴的，但是不好的话也就算了。而且，让这些老人去监管这些孩子的学业基本是没办法的，老一辈很多都不识字或者是文盲，孩子回家学业是没人指导的。我们家访的时候也了解到，那些老人家顶多只能说几句督促一下，"饭吃完作业

要做好哦,要听老师的话哦!"只能讲这么一句话,真正让他们辅导功课肯定是不行的。(丽岙街道侨联)

自己去听家长会,但是什么都听不懂,对孩子成绩还知道一点,但对孩子在学校的学习情况不怎么了解。(访谈个案 Y10 的奶奶)

从学校里拿到奖状后我也不会给爷爷奶奶看,因为他们也不会表扬我。我都会自己把它放到抽屉里。平时我不乖的时候爷爷会凶我,所以我有些怕爷爷。(访谈个案 R9)

一些爷爷奶奶会心疼孩子早早没有父母照顾陪伴,反而不愿意给孩子施加压力,对成绩也不太关心:

我是独生女,爸妈他们都在我很小的时候(幼儿时期)出国了,我和爷爷奶奶一起住。我的成绩班级倒数,自己也不喜欢学习。平时作业我都自己写,没有别人辅导我,就周末有报补习班。我的爷爷奶奶基本不关心我的学习成绩,他们主要是生活上关心我。我觉得学习好坏不重要,自己生活得开心最重要。(访谈个案 Z1)

3. 部分祖辈观念陈旧,与孙辈存在生活沟通代沟,有的对孩子缺少正面评价,过于苛刻

爷爷奶奶常常骂孩子。孩子的负面行为也体现的较为严重,访谈中很少说话,大部分都是用点头或者摇头表示,在说到爷爷奶奶对她的学习上的评价和否定的时候能够感觉出来她内心的委屈和难过。在给她肯定和支持的时候,她立马流下了眼泪。感觉得出来平时在生活中由于爷爷奶奶的教育观念有问题,在她的生活中给予了很多的否定和消极评价,小小年纪的她得不到大人的肯定和支持,内心极度缺乏这种安全感,同时也表现出对得到肯定的强烈欲望。(访谈个案 R7)

我们跟她差了年代,有的话我们说不出口,这次考试他爷爷把孩子的成绩单撕了,还打了孩子。(访谈个案 R9 奶奶)

多数隔代监护人思想观念陈旧,缺乏有效沟通所需要的语言技能,没有了解留守儿童学习状况的意识和能力,与老师无法进行有效沟通。祖辈和孙辈年龄"代差"大,思想、生活习惯有一定差距,交流有一定困难。其教育方式、教育思想无法适应现代社会,对孩子学习监护基本上"有心无力"。部分祖辈生活方式与孙辈存在较大的时代差。比如在消费观上,祖辈生活方式往往省吃俭用,饮食偏于朴素清淡,衣着偏于简朴,难以接受新的消费方式,更舍不得带小孩花几百块钱去补习。在社会交往上,他们的生活活动范围也比较狭窄,且往往出于安全的考虑限制留守儿童的同辈交往等。

4. 部分祖辈监护多个孩子带来精力不济与疏于管教,对孩子的心事不了解

我们在玉壶镇的访谈中发现,许多留在家中的祖辈并不是仅照顾一个孙子或孙女的生活起居,而是同时承担对数个孙辈的养育责任。有的侨乡留守儿童是多胞胎或父辈一代的兄弟姐妹多,且都外出打工,其子女均委托老人照料,使有的祖辈监护人要同时照顾多个留守儿童,祖辈监护负担重。

> 现在家里的条件一般,爷爷奶奶今年 62 岁了,带着我和妹妹还有婶婶和弟弟住在一起,爷爷奶奶不像以前那样了,很多事情都做不了了,也抬不了太重的东西了。(访谈个案 R7)

对于抚育多个孩子,有的出国家庭采取了分开抚育的方式,以减轻祖辈的抚育压力,如大的儿童和祖辈(爷爷)一起生活,小的孩子和外婆(外祖辈)一起生活。

5. 逆向监护与监护动荡

还有部分年老祖辈监护人身体较弱,容易生病,本身还需要孙辈进行照顾——吕绍清称之为逆向监护[①]:

> 奶奶说,爸妈把洋洋留在国内,是因为她是家里的大女儿,希望她可以帮着远在国外的爸妈陪伴两位老人。(访谈个案 R3)

---

① 吕绍清. 留守还是流动? ——"民工潮"中的儿童研究[M]. 北京:中国农业出版社,2007.

部分留守家庭结构不稳，由于家庭变故、离异等原因，导致留守儿童的监护权也时常发生转移，这种情况属于监护动荡。调研发现，19.4%的侨乡留守儿童有过监护动荡。每一次的监护动荡，都是对留守儿童教育生活的一次新考验，给侨乡留守儿童的教育增加了变数。

6. 并非所有监护人都乐意承担抚养的义务

玉壶小学侨乡留守儿童监护意愿调查的结果如图 3-3：

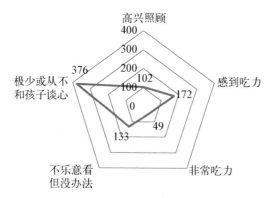

图 3-3　玉壶镇侨乡留守儿童监护人的监护意愿调查

超过 80% 的祖辈表示对监护孙辈感到吃力，部分祖辈还存在身体健康的隐患。老人年纪大，身体也容易存在问题，一旦病倒，就连给孩子提供基本的照顾也显得困难，甚至还需要孩子反过来照顾病倒的老人。部分祖辈监护人生病想要花钱，倘若国外的父母无法及时为家里汇钱，经济上也存在问题。[①]

国外研究也揭示，跨国寄养留守儿童多由祖辈监护，隔代抚养的比例超过 59%，隔代抚养对子辈和祖辈双方产生了一定的相互影响。对孙辈的影响显示，隔代抚养下的儿童情绪、情感和行为偏消极，多具有焦虑、不安全的情感问题，也比较容易产生发展迟缓及行为分裂问题，并伴有注意力不集中现象[②]。

① 曲苒，倪晓莉，赵新年，王瑜萍. 留守状况对隔代教养留守儿童心理健康的影响：祖父母心理健康的中介作用（英文）[J]. 中国临床心理学杂志，2019，27(02)：338-344.

② Geen, Rob. Identifying and Addressing the Needs of Children in Grandparent Care. Assessing the New Federalism: An Urban Institute Program To Assess Changing Social Policies. Series B. [J]. Urban Institute，2003，22(4)：9.

"隔代家庭"是一种"现代性的后果"，①这种后果造成了核心家庭成员在时—空上分离的社会事实。时—空分离不是隔绝，而是"时空的虚化"，所谓时空的"虚化"，一是对于留守儿童来说在某种程度上可以理解成亲子间交流的非"面对面"性，二是对于监护方式中占比最高的隔代监护方式来说，意味着虽然与监护人面对面却难以实现交流——由于代沟与顾忌，部分隔代祖辈与孙辈之间虽然每天相见却几乎没有实现情感与心理的沟通交流，这样虽然他们身处相同的时空中，却也是一种"虚化"的时空。

7. 寄养家庭同样存在沟通隔阂

一些侨乡留守儿童寄养在叔叔阿姨或姨夫姨母家中。寄养的留守儿童和监护人因为身份上的隔阂，难以像亲生孩子那样被对待，这份顾忌使得监护人对孩子的管教浮于表面，始终无法深入。孩子长久处在这种状态下，难免有一种寄人篱下的孤独，即便存在一定的心理问题或者困扰，也不愿意和监护人深入交流。绝大多数监护人也不会想到和孩子们谈心，他们通常觉得让孩子吃好穿好睡好就是很好的照顾，最多在此基础上关心一下孩子的成绩，问问孩子需不需要学习上的帮助(受文化或工作所限，他们大多不会亲自上阵，但可能会给报补习班家教或让自己的孩子帮忙)，孩子各方面基本处于自我管理的状态。

8. 信息经由委托监护人传递可能恶化儿童与代理监护人的关系

如前文所述，在网络联络过程中，父母较少提到有关孩子的心态和同伴的交往状态这类的话题，更缺乏聊天技巧，不能够深入到孩子的内心世界。实际上，家长经常打电话向代理监护人询问孩子的情况，而多数时候孩子的认知和代理监护人的认知存在巨大差异，代理监护人总是站在第三人的角度评论孩子的行为，而家长只是一味相信代理监护人的言辞，没有真正理解孩子的行为及发展出该行为状态的原因，他们总是在得到代理监护人反馈信息的第一时间来质问孩子，从而引起孩子的不满情绪，诱发代理监护人和孩子之间的矛盾。

从亲子情感的替代视角看，隔代抚养家庭环境下的孩子对其父母的情感

---

① 姜又春.家庭社会资本与"留守儿童"养育的亲属网络——对湖南潭村的民族志调查[J].南方人口,2007(03)：31-37.

依赖降低,当父辈与子辈之间的电话和网络沟通代替了面对面沟通成为主要互动方式的时候,建立和谐、依赖和相互信任的亲子关系就显得尤为重要。

侨乡留守儿童亲子关系的疏离与隔代抚育的弊病,意味着侨乡留守儿童面临的心理及成长危险实际上可能主要来自家庭内部,来自他们直接面对的微观系统。国外研究指出,跨国留守儿童在学习、人际交往等方面均表现出问题;他们发展出较多的非规范行为,如"炫耀性消费"和攻击行为倾向(打架、斗殴等),更有甚者直接参与犯罪等。

(三) 家庭经济收入与家庭结构不稳现象

1. 家庭经济收入及其变化

父母是子女家庭教育资源的主要供给者,父母职业是决定其拥有教育资源情况的重要因素。由于国外收入相比国内收入的汇率和薪资优势,侨乡留守儿童大部分家庭经济条件较好,但也存在家庭经济状况不佳从而父母无法与孩子团聚和沟通的情况,如父母在国外的生活处境不佳,于是出现了"混的不好无法回国"的想法。

> 侨乡其实经济条件是可以的,我们的孩子物质方面他是不缺的,不像父母出去国内打工的这种留守儿童,他可能物质方面也缺,我们缺的是精神方面的陪伴。(华侨小学林老师)
>
> 父母回来的时候,对于儿童会有一种亏欠的心理,可能给他买 iPad 或者其他物质奖励,或者是给钱,这个也是会有的。孩子在过年期间可能收到压岁钱比较多,有一些孩子会存起来,有些孩子就花钱大手大脚,没有这种金钱观念,也可能表现得对其他同学很大方,经常买东西给大家分分。(华侨小学林老师)
>
> 爸爸在国外没有工作,平时就在家里,有时候都在外面吃酒,妈妈每天都在咖啡店里。(访谈个案 R5)
>
> 父母长期在国外工作,先是在意大利打工,后到法国谋生。现在,母亲帮别人打工,父亲是一名搬运工。(访谈个案 R6)
>
> 爸爸妈妈是在意大利工作的时候经人介绍认识的,他们在意大利帮别人做衣服,很辛苦。(访谈个案 R7)

难以带孩子出国的父母在国外大多从事体力劳动,劳动时间长,劳动强度大,缺乏带子女出去的居住条件;或者在失去一份工作后处于失业或半失业的状况。这样的情况下家庭经济状况相对较差,难以为国内的子女提供较好的教育资源。

但多数情况是,随着父母在国外"稳住脚跟",经济条件改善,家庭可支配收入也逐渐增加,家庭消费观念发生了深刻的变化,尤其对教育投入的重视程度更为明显。家庭经济状况决定了家庭承担教育投资的能力,一个家庭的经济条件若是比较宽裕,对孩子的教育投入也就会比较大,孩子的教育就有更多保障。而如果家庭经济条件不太理想,父母要终日忙于生计,只能维持基本的物质保障,那么给孩子报补习班或者兴趣班也就无从说起。

受家庭经济条件和区域文化影响,出国父母在抚育孩子上容易形成金钱唯上观念,习惯选择用金钱来弥补缺失的爱。由于出国父母一或两年才回家一次,与孩子的相处时间不超过 3 个月,于是选择通过购买电子产品(手机、电脑、平板等)、衣物或是现金等来弥补陪伴的缺失。他们认为物质上的富裕能弥补精神上的亏欠,孩子在拥有了良好的生活条件后就能获得心理上的满足。而事实上,这种想法可能会导致孩子荒废学业,奉行"金钱至上、享受第一"的生活理念,加上父母的长期缺席,留守儿童会出现顶撞老师、拉帮结派、打架、骂脏话等现象。同时,零花钱的增加使得孩子过多依赖网络,有更多的机会进入网吧、游戏厅等娱乐场所,受到社会上不良人员的影响,从事违法犯罪活动。

父母在国外的高收益也可能会给孩子的学业带来负面影响。部分国外生活的父母亲倾向于让自己的孩子出国务工和生活,国外父母的汇款可能主要不是投入子女教育,而是主要用于消费,不像其他家庭为孩子的课外学业辅导投入大量时间和金钱。

2. 家庭结构不稳现象

父母是孩子第一任老师,家庭是孩子的第一个课堂,在孩子的成长过程中起着重要的作用,有父母参与的家庭教育才是完整的家庭教育。离开父母的孩子就像长在石头缝里的幼苗,一开始就输在起跑线上,这是后期再多的努力也无法弥补的。父母在孩子成长的每个阶段都起着重要作用,幼儿期是建立亲子关系和培养习惯的关键期,其中最重要的就是让孩子对父母形成一种安全的依恋感,这种依恋对孩子性格培养和习惯的养成具有积极意义;小学期间孩子尝试独立,可能面临着情绪差、作业难以及不合群等问题,但家庭支持的缺失使得他们只能独立解决问题,从而容易出现厌学、生活自理能力差、对父母态度冷漠等问题;[1]青春期孩子面临着身体发育、性成熟、早恋、叛逆、急于成长、心态不成熟、容易被骗和沉迷网络等问题,迫切需要父母的陪伴和引导,家庭教育的重要性更加凸显。[2] 父母可以在孩子遇到问题时,帮助引导孩子,避免孩子走上歪路,一蹶不振。同时,舍得投入时间和金钱花在孩子教育上的父母,在孩子心目中更为权威。

　　一个良好的家庭、一段稳定温馨的婚姻关系将对孩子产生积极的影响,而破碎的家庭、不稳定的婚姻状况将对孩子的身心健康成长产生极其不利的影响。发展心理学理论认为,儿童的发展是一个以自身为主体,与周围环境系统相互作用的过程,在各种环境因素中,对儿童适应过程产生影响的主要是儿童直接体验到的微系统,最主要的就是家庭。[3] 父母关系不和谐尤其是离异形成单亲家庭,或其中一方亡故,对儿童产生的负面影响巨大。

　　家庭结构的不完整,严重影响留守儿童的心理健康。根据马斯洛提出的需要层次理论,只有当人从生理需要的控制下解放出来时,才可能出现更高级的、社会化程度更高的需要。儿童低层次需要得不到满足,高层次的需要就无法实现。[4] 侨乡由于亲子分居或其他原因导致离婚家庭的比例不低,这些儿童的心理问题比一般离异家庭更为严重。任运昌的研究曾经指出,民工潮带来留守儿童父母离婚率直线上升,对其家庭文化教育环境带来了巨大破坏。据调查,重庆市铜梁县农村离婚案近年来年均上升 6.2%,重庆奉节县法院近年受理的农村离婚案件每年都在 600 起以上,县统计局 2003 年初对 10 个村 3 162 户、11 920 人的调查显示,仅在 2002 年外出务工的 2 191 名农民中,当年就发生了 38 宗离婚案。塘坝镇一所小学一个 40 多人的班级,单亲家庭的孩

　　① 凌宇,胡惠南,陆娟芝,程明.家庭支持对留守儿童生活满意度的影响:希望感与感恩的链式中介作用[J].中国临床心理学杂志,2020,28(05):1021-1024+1008.
　　② 陈敏,黄亚凝.让爱留守:留守儿童的家庭教育策略[M].重庆:西南师范大学出版社,2016:2-93.
　　③ 范方,桑标.亲子教育缺失与"留守儿童"人格、学绩及行为问题[J].心理科学,2005(04):855-858.
　　④ 陈敏屹.福建省长乐市留守儿童发展状况研究[D].福建农林大学,2014.

子竟占了 1/3。在离婚案中,孩子多数被判给了男方,而多数父亲又再婚、外出务工,将孩子交由祖辈抚养,带来严重问题。重庆市社科院的研究也表明,重庆市农民工家庭离婚率远远高于城镇。①

本研究对侨乡留守儿童的调查发现,有 63 个家庭出现破碎现象(包括父母离异),受到家庭父母婚姻关系影响的儿童有 33 人,所占比例为 52.4%,这可能表明出国对家庭关系造成了不利的影响,使家庭状况变得不稳定,从而对孩子的学业带来了明显的负面影响。

Y13 在玉壶镇上小学期间成绩优异,而且担任班级的班长,在学校里也具有较高的威望,深受同学的喜爱。而后来,因为出国和生意上的事情,父母关系破裂,在国外期间母亲甚至还指使孩子的舅舅去打砸孩子父亲的工厂,对父亲进行绑架(个案 Y13 的婶婶)

……无法想象年幼的他是以怎么样的心态来面对这一切。再后来,父母离异,他跟着父亲出了国,父亲再婚,再生了一个女孩。他不喜欢爸爸后来生的小妹妹,觉得爸爸爱她胜于自己。父亲再婚后,他在家里的地位也发生很大的改变,尤其是监护人态度的转变,影响着孩子的发展,使他变得脆弱敏感。家庭变故带来的沉重的打击,被遗弃被抛弃的感觉影响了他的学业成绩,去国外后,曾经品学兼优的他念了职高,虽然心里对大学的憧憬十分地强烈,但是已经难以实现了……(访谈个案 Y13 班主任)。

留守生活对她的成长产生了较大的影响。得不到来自父母的关爱,使她性格非常内向和胆小。由于长期和爷爷奶奶居住,老人的思想和教养方式存在问题,经常消极评价她,再加上父亲的离世,母亲的狠心,让她更加倾向于将自己内心封闭。每当聊到与家人有关的话题时她总是闭着嘴巴发呆,很久很久才说出一句话。可以感受到孩子的内心真的非常缺乏爱,渴望得到长辈宠爱。在访谈过程中,伯母也将她抱进房间锁了起来,对老师的家访采用回避和拒绝的方式。伯伯出门打工,一个人赚的钱

---

① 任运昌.空巢乡村的守望——西部留守儿童教育问题的社会学研究.北京:中国社会科学出版社,2009,p98.

除了要养活自己的一家人还要养两个老人以及她和妹妹,伯母心里会有些许不平衡,能感觉出来婶婶并不是特别接纳她。(访谈个案 R12 的老师)

我的学习成绩是会受他们吵架影响的。(访谈个案 R9)

R13 和爷爷奶奶生活,父母离异且都在国外。孩子较为自卑,不允许他人谈论这些事,对父母非常逆反,并伴有暴力倾向。(任岩松中学胡老师)

父母在其 9 岁时离异,并且在之后各自成立家庭,远居国外,他从 10 岁起就一直与爷爷奶奶一起生活,与父母亲见面的机会非常少,而此时正是人格形成的关键时期,特别需要长辈尤其是父母的关爱与引导。也正是因为父母都各自成立了自己的家庭,R12 对自己的父母充满恨意,导致心理失衡。(访谈个案 R12 的老师)

我出生在意大利,和爸爸妈妈一起生活到 6 个月后就被他们带回了中国,和爷爷奶奶一起住。3 年后,妹妹出生了,她 3 个月的时候就被爸爸妈妈送回了中国。爸爸妈妈继续回意大利工作。在这期间,爸爸生病了,经常肚子疼。后来在我 4 岁的时候爸爸因为胃癌去世了。爷爷和奶奶都很伤心,妈妈短暂的回家以后又去意大利工作了。从此以后我和妹妹就一直由爷爷奶奶抚养长大。(访谈个案 Y12)

R13 是一名女生,在玉壶镇上小学时也是品学兼优的乖孩子。可是她的家庭却遭遇了很大的变故,爸妈关系不和,妈妈出走,留下了她和爸爸。爸爸嗜酒,在一次醉酒后失足掉下悬崖。同学之间的议论和内心的煎熬,让这个曾经活泼开朗的学习优异的孩子陷入了巨大的痛苦和深深的沉默之中。也因此越来越疏远同学,越来越内向。和奶奶相依为命的她也承担起了家庭里的很多重担,很多可以和朋友出去游玩的时光也都是全部用在了做家务上。(访谈个案 R13 的老师)

以上不同个案的访谈显示,父母离异等家庭变故事件对孩子的身心健康将会产生非常不利的影响。个案 Y13 在玉壶镇上小学期间成绩优异,深受同学的喜爱;随着父母关系僵化最终离异,他跟着父亲出国,父亲再婚后,曾经品学兼优的他在国外的学习成绩一落千丈。父母之间的横向关系严重影响了孩子与父母之间的纵向联系,他与父母的关系不断疏离,极度缺乏安全感,表现出自卑、怯懦等性格特质。侨乡留守儿童这一群体与父母之间的纵向关系本已因距离逐渐削弱,而父—母—子女的三角家庭关系链的破损更加重了不良影响,导致孩子出现一系列的行为问题。

上述多个案例刻画了家庭变故对子女带来的负面影响,家庭的破碎使完整的原生家庭变成单亲家庭家庭或失亲家庭。单亲家庭中父/母的抚养责任更大,抚养压力相应增加,用于缓冲压力的社会支持减少。父母任意一方缺失都不利于孩子的身心健康成长,他人有意无意的风言风语,同学的嘲笑等也会对孩子的心理造成伤害,[①]由此会负向影响该孩子的心理韧性,使其烦恼增多,专注力和学习积极性下降,最后导致学业成绩的下降。

> 有一些父母在国外可能离异了,会严重影响孩子的归属感,有可能他爸爸不要,或妈妈不要他,他只能是爷爷奶奶带。那么对孩子来说,一个就是对他的心理会有影响,还有在物质方面也可能会被削弱。(瓯海华侨小学林老师)

(四) 多子女父母的"偏心"现象

侨乡出国父母多子女现象的比例高,这是我国区域家庭结构的内生性问题,受到地方文化父母对孩子的性别偏好、父母的家庭规模偏好及经济状况等因素的影响,另外侨乡文化及国外的生育鼓励政策等也是多子女现象成因。

> 我们这里很多(家庭)都是生两个小孩的,一些家庭更多,有很多孩子五六年没见过父母,以前老一辈重男轻女很严重,第一个生了不是儿子第二个就出国生(逃避国内的计划生育),然后送回来给老一辈或者亲戚养,有些孩子也确实很早自立,姐姐带着弟弟妹妹学习,有些就不行,总是打

---

① 韩黎,袁纪玮,龙艳.苔花盛开如牡丹? 农村留守儿童负性生活事件与心理健康的关系[J].心理发展与教育,2021,37(02):266-274.

打闹闹。（玉壶镇中心小学胡校长）

侨乡留守儿童大多生活在家庭成员变动大的大家庭中。在国家二孩政策放开后，育龄出国父母考虑要"二孩"或者已经有第二个孩子考虑"三胎"。在新的兄弟姐妹出生后，就出现了子女眼中的父母的"偏心"与"偏爱"问题。

父母"偏心"现象有两种类型。一是多个子女之间是处于分开状态的。多数出国父母都会将第一个孩子留在中国，而后生的孩子都选择从小带在身边让其在国外生长，这部分侨乡留守儿童其实没有接触过他们的弟弟或妹妹。二是兄弟姐妹在一起生活，或者有共同生活经历，之后分离。在兄弟姐妹共同生活的过程中，容易出现一些生活中的小摩擦，有的孩子认定父母偏爱其他兄弟姐妹，从而对父母有抵触或怨恨，表现出叛逆、不听话，采取激进的行为来获取家长的关注，或性格突然变得沉默、容易害怕、比较孤僻、喜欢独处等。

亲子情感会受到父母多个子女现象下"重男轻女"与"偏心"的影响，这种影响在个案中得到充分反映。在我国沿海地区，传统的"儿子继承家庭产业"与"多子多福"的思想有较大的影响力。在温州，有生多胎以求生儿子的传统，部分侨民出国是为了躲避计划生育政策的限制。本研究所调研的侨乡留守儿童都不是独生子女。由于兄弟姐妹多，孩子又比较敏感，经常发生子女对父母的某些行为不满觉得父母偏心的心理状态，且以女生居多。这样的想法在一定程度上也使得孩子主观对父母产生抵触情绪，影响亲子关系，进而影响儿童的行为表现，出现越轨行为。①

R3 不喜欢妈妈，谈到妈妈时有些抗拒，妈妈很严厉，非常关心她的成绩，在平时的作文中，她觉得妈妈更喜欢妹妹。问及她对父母的印象时，孩子回答："妈妈很严厉，我学习成绩不好的时候会打我，这次期末我没有考好，妈妈撕了我的成绩单，然后带着妹妹去外公外婆家住了。"她很久

① 熊猛,刘若瑾.相对剥夺感与留守儿童抑郁的关系：控制感与公正世界信念的作用[J].福建师范大学学报(哲学社会科学版),2020(02)：148-157+171-172.

没有见到爸爸,都快忘了他长什么样子。从出生到现在,家人没有给她庆祝过一次生日。(个案 R3 访谈者)

　　家里没有打算让她出国,大姐和弟弟在国外,而接下来要准备带二姐出国去玩一段时间。问起为什么不带她出国,R5 摇摇头说自己也不知道为什么。从神情中可以看出她的失落还有不满,于是我问她,你喜欢爸爸妈妈吗? 她不假思索地回答,不喜欢,因为爸爸妈妈都把弟弟带出门,把她落在家里。(温州大学实践队访谈者)

此外,访谈的个案中,有很大部分孩子表现出明显的占有欲和控制欲,希望他们依赖的人更喜欢自己,其中以女生表现得较为突出。被访个案多为家中的长女或中间的女儿,在谈及其与父母的关系时,她们都觉得自己与父母关系不好,原因为觉得父母对弟弟妹妹态度更好,对自己则是百般嫌弃。访谈者试图创造出一个舒适的环境,并试图给予一个正向刺激,告诉她们父母对她们严厉是为了让她们为弟弟妹妹做榜样时,她们都表示不认可。显然,由于父母在国外,本来就少的来自父母的爱对她们而言就更为可贵,使得她们尤为吝惜,甚至不愿意与弟弟或妹妹分享。

(五) 家庭教育成效弱化

家庭是儿童的第一个课堂,家长是儿童的第一任教师。对儿童进行家庭教育是父母的职责。但对于外出务工经商的父母来说,他们的家庭教育受到亲子分离的巨大冲击。

1. 侨乡留守儿童亲子沟通的弱化疏离了亲子关系,影响了家庭教育的成效

亲子关系是儿童最早建立的人际关系,是家庭教育成效的重要保障。一方面,父母出国后,孩子与父母面对面沟通的机会减少,亲子沟通的有效性受到严重削弱。虽然信息化时代为亲子沟通提供了经济、便捷的虚拟沟通渠道,相比"只闻其声不见其人"的电话沟通大有改善,但依然难以替代活生生的面对面情感交流。另一方面,较多出国家长缺乏家庭教育技巧,亲子沟通话题多集中在学习、生活和安全问题上,采取"机械式"询问的教育方式,对于留守儿童的情感需求不了解、不关心。家庭教育缺乏深入的心理情感交流,失去其情

感维系和强化的重要意义，也导致家庭教育成效的弱化。

2. 父母在家庭教育中所承担的功能被削弱，远距离的线上沟通由于受到时间的限制，亲代难以进行耐心细致的引导，父母家庭教育的影响力下降

出国家长能够管教儿童的方式主要是电话与微信。这些都是口头管教，对孩子还需要身教，以及亲子陪伴，在国外的家长做不到这一点，情感上也无法满足儿童的需求，所以有些孩子不听家长的，也不听爷爷奶奶的。因此对于身处国外家长来说，没有跟孩子生活在一起，相比一直陪伴孩子的家长，他的教育的影响就没有那么大。（瓯海华侨小学林老师）

3. 家庭监护模式的动荡，影响家庭教育的适应性

在父母出国后的祖辈监护模式中，父母亲的身份从养育者转换成了协助者，其部分的家庭教育功能被转交给代理监护人，但显然代理监护人大多难以替代父母的家庭教育角色，从而导致整体家庭教育功能的弱化。在父母家庭教育的功能回归时，如从海外回国回归家庭生活，或者儿童出国与父母团聚时，儿童的家庭教育方式从代理监护人转到父母，家庭各方的角色功能将被重新定位。儿童和父母都需要重新适应教育与被教育的角色，容易导致身份转换的困难与角色失调问题。在这个重新适应的过程中，孩子容易混淆祖辈角色和父辈角色。在父母亲出国后，经过长期的社会生活与家庭互动后，祖辈、父辈和子辈这三代之间会形成一种固定的相处模式；当父辈再次离开国外回归到家庭的时候，打破了原有的互动模式，三者之间将形成一种新的教育互动模式来保持平衡，这不仅使孩子增加了接受教育成长的难度，也给父辈带来家庭教育的压力。

4. 侨乡留守儿童家庭亲密度的降低，导致了其对"家庭"附带的家乡认同感的弱化——在某种意义上，这是家庭教育的结果体现

对家乡的依恋程度与对家的依恋程度密不可分，[①]对家乡的认同感首先建立在"家"的基础上，因此当"家"无法带给人安全与依恋时，儿童的家乡

---

① 王世光.家乡观念的建构——以小学德育教科书为中心的考察[J].课程·教材·教法，2019，39(04)：25-33.

认同感形成也受到了挫折。侨乡留守儿童群体亲子情感交互欠缺,家庭亲密度低,对家庭、家乡的回忆含有更多不愉快因素。Pearson 相关检验结果显示,与父母的联系间隔与侨乡留守儿童家乡认同感之间存在显著的负相关。

5. 亲子分离通过促进侨乡留守儿童的独立,进一步弱化了亲子组带,削弱了家庭教育的成效

由于教育生活问题难以依靠海外父母,遇到问题首先要自己去解决,因此侨乡留守儿童逐渐锻炼自己解决学习生活问题,不给家里人添麻烦,他们比普通孩子更早成熟,对其父母的情感与生活依赖也相应减少,也导致了家庭教育功能的弱化。

(六) 家长对侨乡留守儿童的出国预期

侨乡留守儿童受区域文化、家庭观念的影响,存在出国预期,这是侨乡留守儿童与其他留守儿童的重要差异之一。很多侨乡留守儿童都有出国预期,这种出国预期降低了儿童的学习积极性:

> 在诸多沿海县市,许多出国打工的家长对暂留国内的孩子灌输的是"坐等出国、高人一等"的观念,孩子缺乏健康的家庭教育,大多数成为"三不管"的孩子。当地大多数"海外留守儿童"念完小学后,一部分就开始办理手续出国,一部分辍学在家,很多学生只是在学校挂个名,来不来上课无所谓。(福建省连江县教育局相关负责人)

> 我是独生女,爸妈他们都在我很小的时候(幼儿时期)出国,我和爷爷奶奶一起住。我的成绩班级倒数,自己也不喜欢学习。平时作业我都自己写,没有别人辅导我,就周末有报补习班。我的爷爷奶奶基本不过问学习成绩,他们主要是生活上关心我。我觉得学习好坏不重要,自己生活得开心最重要,学不学好没关系,反正出国一切都重新开始。(访谈个案R12)

在多数侨乡留守儿童家庭的认知上,国外就是一个不讲究国内学历,只要去了就一定能混得不错的好地方,因此部分留守家庭对孩子在国内成绩看的

不重要。一些父母或许也比较在意孩子成绩,但孩子成绩一旦出现下降,父母的要求也会相对降低,孩子容易产生既然学也学不好,以后还是出国混更有前途的想法,使得孩子的学习积极性也跟着下降,出国成了他们偷懒的借口;再加上监护人和学校的老师的纵容,有所期待的孩子最终会跟着父母一起出国。研究表明,华侨家庭的孩子大多都有过出国经历,也更容易因为成绩差而选择去国外谋生。这种"子承父业"的社会再生产意识代表了一种文化习俗与目标,它取决于父母职业和受教育程度,并影响父母对子女的教育期望,以及子女的学习动力,[①]投射在孩子身上的父母抱负正是来自默顿所指的父母的"社会原型"——它更多来自父母亲、代理监护人的闲谈和日常行为,而并非家庭直接的劝告、奖励和惩罚。但它也有可能降低了侨乡留守儿童的自我主体性,弱化了儿童适应当前社会文化的动机,这种观念的偏差对孩子的成长和学业产生了消极影响。

基于此,为了分析学生的出国预期观念及其影响因素,本研究在瑞安市的H校抽取了四—八年级13个班级,发放调查问卷300份,回收287份,剔除无效问卷后共得到有效问卷268份(有效回收率为89.3%),即有效被试为268人,其中非侨乡留守儿童170人,侨乡留守儿童98人;侨乡留守儿童中,预备出国者有57人,未曾预备出国的有41人。研究选取性别、家长观念、监护人类型、年级、家庭经济状况和学习成绩作为6个观察角度,调查并分析了各维度下侨乡留守儿童出国预期情况及其差异。

1. 侨乡留守儿童出国预期与性别的关系

如表3-7所示,98名侨乡留守儿童中,男生39名,女生59名。男生中,未曾预备出国和预备出国的分别有16、23人,各占男生总人数的41%、59%;女生中,未曾预备出国和预备出国的分别有25、34人,各占女生总人数的42.4%、57.6%。显而易见,不论男生还是女生,预备出国的均占大多数。同时,未曾预备出国的侨乡留守儿童中,男生和女生分别有16、25人,各占未曾预备出国总人数的39%、61%;预备出国的侨乡留守儿童中,男生和女生分别有23、34人,各占预备出国总人数的40.4%、59.6%。

---

① 张庆华,杨航,刘方琛,李姗泽.父母教育期望与留守儿童的学习投入:父母教育卷入和自我教育期望的中介作用[J].中国特殊教育,2020(03):76-82.

表3-7　男女侨乡留守儿童出国预期统计

			出 国 预 期		总　计
			无	有	
性别	男性	计数	16	23	39
		占性别的百分比	41.0%	59.0%	100.0%
		占出国预期的百分比	39.0%	40.4%	39.8%
	女性	计数	25	34	59
		占性别的百分比	42.4%	57.6%	100.0%
		占出国预期的百分比	61.0%	59.6%	60.2%
总　计		计数	41	57	98
		占性别的百分比	41.8%	58.2%	100.0%
		占出国预期的百分比	100.0%	100.0%	100.0%

　　如表3-8所示,经过交叉表卡方检验,所有单元格的期望计数均大于5。Pearson卡方检验 $p=0.895>0.05$,因此男生、女生的出国预期情况不存在显著差异,出国预期情况与性别之间不具有明显关系。

表3-8　男女侨乡留守儿童出国预期卡方检验

	值	自由度	渐进显著性（双侧）	精确显著性（双侧）	精确显著性（单侧）
皮尔逊卡方	0.018[a]	1	0.895		
连续性修正[b]	0.000	1	1.000		
似然比	0.018	1	0.895		
费希尔精确检验				1.000	0.532
线性关联	0.017	1	0.895		
有效个案数	98				

　　a. 0 个单元格（0.0%）的期望计数小于 5。最小期望计数为 16.32。

　　b. 仅针对 2×2 表进行计算。

2. 侨乡留守儿童出国预期与家长观念的关系

　　如表3-9所示,在父母不持学习不理想就出国观念的53名侨乡留守儿童中,未曾预备出国和预备出国的人数分别为 32、21 人,各占该群体总数的 60.4%、39.6%,未曾预备出国者占大多数;另外 45 名儿童的父母持学习不理想就出国的观念,在这部分儿童中,未曾预备出国和预备出国的分别有 9、36 人,各占 20%、80%,预备出国者占大多数。

表 3-9 家长观念不同的侨乡留守儿童的出国预期

			出 国 预 期		总 计
			无	有	
父母持学习不理想就出国观念	无	计数	32	21	53
		占父母持学习不理想就出国观念的百分比	60.4%	39.6%	100.0%
		占出国预期的百分比	78.0%	36.8%	54.1%
	有	计数	9	36	45
		占父母持学习不理想就出国观念的百分比	20.0%	80.0%	100.0%
		占出国预期的百分比	22.0%	63.2%	45.9%
总 计		计数	41	57	98
		占父母持学习不理想就出国观念的百分比	41.8%	58.2%	100.0%
		占出国预期的百分比	100.0%	100.0%	100.0%

如表 3-10 所示,经交叉表卡方检验,所有单元格的期望计数均大于 5,因而使用 Pearson 卡方检验。由分析结果可知,$p < 0.001$,因此侨乡留守儿童出国预期情况与父母是否持有学习不理想就出国观念存在显著相关。

表 3-10 家长观念不同的侨乡留守儿童出国预期的卡方检验

	估计值	自由度	渐进显著性（双侧）	精确显著性（双侧）	精确显著性（单侧）
皮尔逊卡方	16.305[a]	1	0.000		
连续性修正[b]	14.688	1	0.000		
似然比	17.023	1	0.000		
费希尔精确检验				0.000	0.000

续表

	估计值	自由度	渐进显著性（双侧）	精确显著性（双侧）	精确显著性（单侧）
线性关联	16.139	1	0.000		
有效个案数	98				

a. 0 个单元格（0.0%）的期望计数小于 5。最小期望计数为 18.83。
b. 仅针对 2×2 表进行计算。

3. 侨乡留守儿童出国预期与监护人类型的关系

由表 3-11 可知,98 名侨乡留守儿童中,有 82 名儿童的监护人为祖辈,占总群体的 83.7%,可见祖辈承担起了主要监护责任。此外,在祖辈监护的侨乡留守儿童中,未曾预备出国和预备出国的分别有 30、52 人,各占该部分总体的 36.6%、63.4%,预备出国的儿童占大部分。然而,在由父亲或母亲单方、叔婶和其他亲戚监护的儿童中,预备出国者占各部分总数的比例均低于未曾预备出国的人。

表 3-11　不同监护情况下的侨乡留守儿童出国预期

			出国预期		总　计
			无	有	
监护人类型	父亲或母亲	计数	5	1	6
		占监护人类型的百分比	83.3%	16.7%	100.0%
		占出国预期的百分比	12.2%	1.8%	6.1%
	祖辈	计数	30	52	82
		占监护人类型的百分比	36.6%	63.4%	100.0%
		占出国预期的百分比	73.2%	91.2%	83.7%
	叔叔婶婶（阿姨姨丈）	计数	1	1	2
		占监护人类型的百分比	50.0%	50.0%	100.0%
		占出国预期的百分比	2.4%	1.8%	2.0%
	其他	计数	5	3	8
		占监护人类型的百分比	62.5%	37.5%	100.0%
		占出国预期的百分比	12.2%	5.3%	8.2%

续表

| | | 出国预期 | | 总　计 |
		无	有	
总　计	计数	41	57	98
	占监护人类型的百分比	41.8%	58.2%	100.0%
	占出国预期的百分比	100.0%	100.0%	100.0%

如表 3-12 所示，经过交叉表卡方检验，75% 的单元格期望计数小于 5，且最小期望计数为 0.84，小于 1，因而使用 Fisher 精确检验。由分析结果可知，$p = 0.057 > 0.05$，因此由不同人监护的侨乡留守儿童的出国预期情况不存在显著差异，出国预期情况与监护人类型之间不具有明显相关性。

表 3-12　不同监护情况下侨乡儿童出国预期的卡方检验

	估计值	自由度	渐进显著性（双侧）	精确显著性（双侧）	精确显著性（单侧）	点概率
皮尔逊卡方	6.634[a]	3	0.085	0.067		
似然比	6.768	3	0.080	0.111		
费希尔精确检验	6.627			0.057		
线性关联	0.101[b]	1	0.750	0.873	0.435	0.120
有效个案数	98					

a. 6 个单元格（75.0%）的期望计数小于 5。最小期望计数为 0.84。

b. 标准化统计为 −0.318。

4. 侨乡留守儿童出国预期与年级的关系

由表 3-13 可见，在四、五、六、八 4 个年级的侨乡留守儿童群体中，预备出国者均占多数，七年级未曾预备出国者的占比略高于预备出国者。

表 3-13　不同年级侨乡留守儿童出国预期的差异

| | | | 出国预期 | | 总　计 |
			无	有	
年级	四年级	计数	12	19	31
		占年级的百分比	38.7%	61.3%	100.0%
		占出国预期的百分比	29.3%	33.3%	31.6%

续表

			出国预期		总　计
			无	有	
年级	五年级	计数	2	3	5
		占年级的百分比	40.0%	60.0%	100.0%
		占出国预期的百分比	4.9%	5.3%	5.1%
	六年级	计数	4	10	14
		占年级的百分比	28.6%	71.4%	100.0%
		占出国预期的百分比	9.8%	17.5%	14.3%
	七年级	计数	18	17	35
		占年级的百分比	51.4%	48.6%	100.0%
		占出国预期的百分比	43.9%	29.8%	35.7%
	八年级	计数	5	8	13
		占年级的百分比	38.5%	61.5%	100.0%
		占出国预期的百分比	12.2%	14.0%	13.3%
总　计		计数	41	57	98
		占年级的百分比	41.8%	58.2%	100.0%
		占出国预期的百分比	100.0%	100.0%	100.0%

如表 3-14 所示,经过交叉表卡方检验,20% 的单元格期望计数小于 5,最小期望计数为 2.09,大于 1,因而使用 Pearson 卡方检验。由分析结果可知,$p=0.64>0.05$,故不同年级的侨乡留守儿童的出国预期情况不存在显著差异,出国预期情况与年级间没有明显关系。

表 3-14　不同年级侨乡留守儿童出国预期的卡方检验

	值	自由度	渐进显著性(双侧)
皮尔逊卡方	2.528[a]	4	0.640
似然比	2.555	4	0.635
线性关联	0.384	1	0.536
有效个案数	98		

a. 2 个单元格(20.0%)的期望计数小于 5。最小期望计数为 2.09。

5. 侨乡留守儿童出国预期与家庭经济状况的关系

如表 3 - 15 所示,98 名侨乡留守儿童中有 61 人的家庭经济状况一般,占总人数的 62.2%,可见大部分人的家庭条件较为一般。值得注意的是,家庭经济状况很差、较差和一般的儿童三类儿童,预备出国的人数均高于未曾预备出国者,且差距较为明显。然而,家庭经济状况较好和很好的儿童预备出国率均为 0。

表 3 - 15　不同家庭经济状况的侨乡留守儿童的出国预期

			出 国 预 期		总　计
			无	有	
家庭经济状况	很差	计数	2	4	6
		占家庭经济状况的百分比	33.3%	66.7%	100.0%
		占出国预期的百分比	4.9%	7.0%	6.1%
	较差	计数	8	18	26
		占家庭经济状况的百分比	30.8%	69.2%	100.0%
		占出国预期的百分比	19.5%	31.6%	26.5%
	一般	计数	26	35	61
		占家庭经济状况的百分比	42.6%	57.4%	100.0%
		占出国预期的百分比	63.4%	61.4%	62.2%
	较好	计数	3	0	3
		占家庭经济状况的百分比	100.0%	0.0%	100.0%
		占出国预期的百分比	7.3%	0.0%	3.1%
	很好	计数	2	0	2
		占家庭经济状况的百分比	100.0%	0.0%	100.0%
		占出国预期的百分比	4.9%	0.0%	2.0%
总　计		计数	41	57	98
		占家庭经济状况的百分比	41.8%	58.2%	100.0%
		占出国预期的百分比	100.0%	100.0%	100.0%

如表 3 - 16 所示,经过交叉卡方检验,60% 的单元格期望计数小于 5,最小期望计数为 0.84,故使用 Fisher 精确检验。由分析结果可知,$p = 0.072 > 0.05$,所以在不同家庭经济状况下,侨乡留守儿童的出国预期不存在显著差

异,出国预期情况与家庭经济状况不具有明显的相关性。

表3-16 不同家庭经济状况的侨乡留守儿童出国预期的卡方检验

	估计值	自由度	渐进显著性（双侧）	精确显著性（双侧）	精确显著性（单侧）	点概率
皮尔逊卡方	8.454[a]	4	0.076	0.057		
似然比	10.267	4	0.036	0.055		
费希尔精确检验	7.531			0.072		
线性关联	5.046[b]	1	0.025	0.033	0.017	0.009
有效个案数	98					

a. 6个单元格(60.0%)的期望计数小于5。最小期望计数为0.84。

b. 标准化统计为-2.246。

6. 侨乡留守儿童出国预期与学习成绩的关系

如表3-17所示,98名侨乡留守儿童中学习成绩一般、中上、较好的分别有47、22、8人,分别占总人数的48.0%、22.4%、8.2%,可见,该群体中大部分人的学习状况处于中等及以上水平。此外,在学习成绩较差、中下和较好的儿童中,预备出国的人占多数,而学习成绩处于一般和中上水平者的情况则相反。

表3-17 不同学习情况的侨乡留守儿童的出国预期

			出国预期		总 计
			无	有	
学习情况	较差	计数	2	5	7
		占学习情况的百分比	28.6%	71.4%	100.0%
		占出国预期的百分比	4.9%	8.8%	7.1%
	中下	计数	8	6	14
		占学习情况的百分比	57.1%	42.9%	100.0%
		占出国预期的百分比	19.5%	10.5%	14.3%
	一般	计数	26	21	47
		占学习情况的百分比	55.3%	44.7%	100.0%
		占出国预期的百分比	63.4%	36.8%	48.0%

续表

			出国预期		总 计
			无	有	
学习情况	中上	计数	3	19	22
		占学习情况的百分比	13.6%	86.4%	100.0%
		占出国预期的百分比	7.3%	33.3%	22.4%
	较好	计数	2	6	8
		占学习情况的百分比	25.0%	75.0%	100.0%
		占出国预期的百分比	4.9%	10.5%	8.2%
总 计		计数	41	57	98
		占学习情况的百分比	41.8%	58.2%	100.0%
		占出国预期的百分比	100.0%	100.0%	100.0%

如表 3-18 所示，经过交叉卡方检验，40%的单元格期望计数小于 5，故使用 Fisher 精确检验。由分析结果可知，$p = 0.006 < 0.05$，因此，不同学习水平下的侨乡留守儿童的出国预期存在显著差异，出国预期情况与学习成绩之间具有明显相关性，学习成绩不理想，可能增强出国预期，这一点在访谈中也有体现：

表 3-18　卡方检验

	估计值	自由度	渐进显著性（双侧）	精确显著性（双侧）	精确显著性（单侧）	点概率
皮尔逊卡方	13.487[a]	4	0.009	0.007		
似然比	14.590	4	0.006	0.009		
费希尔精确检验	13.730			0.006		
线性关联	3.612[b]	1	0.057	0.062	0.036	0.014
有效个案数	98					

a. 4 个单元格(40.0%)的期望计数小于 5。最小期望计数为 2.93。

b. 标准化统计为 1.901。

以前在国内上初一时候，我文科特别好，就唯独理科一直读不起来。各种公式啊什么的就代不进去，成绩就开始下降。后来，我成绩越来越

差,越来越差,再后来我就被爸妈带出国了。(访谈个案 R7)

综上所述,侨乡留守儿童的出国预期情况与家长观念、学习成绩显著相关,与性别、监护人类型、年级和家庭经济状况间不具备显著相关性。

此外,调研发现玉壶镇中小学父母出国留守儿童与非留守儿童学习成绩差异不大。但这并不表示父母出国对孩子学业成绩有正向作用。原因在于,首先,学校地处于玉壶镇(侨乡),地理位置偏僻,尽管近年来政府及社会资源的大量倾斜,但城乡教育资源的差异依旧较大,学校的整体师资力量、硬件水平与学生能力跟城市学校还有一定差距,在整体水平落后的情况下学生学业绩效的差异状况不易体现;其次,同校乃至同伴之间学生的相同特质,相同学校、班级学生总有一些相同的特征,反之则存在一些不同特质。因此就同校间学生留守与非留守学生学业绩效水平的表现差异就弱;最后,玉壶中小学学生外流。这是小学到初中都存在的问题。

我们这里有一个特别现象,孩子念书到高年级以后,家长就把孩子接到国外或者其他地方,有一年中学刚招进来 290 多学生,到初三就只有 90 个不到的人了,有时候甚至是断层,就少了一个年级,这是我们这里特别的现象,所以有时候招生问题也让我们很头痛,学生少,资源就更少下来,就成了恶性循环。(玉壶中学校长)

高年级侨乡留守儿童较少,低年级学生成绩上表现出来的差异不大。
还有一点是,近几年来回国就读的侨乡留守儿童有所增加:

小的时候家长带出国,后来又回来读的,两年我觉得多了好多。应该是觉得中国好起来了,我感觉是这样子,有可能有这种影响。有的孩子可能觉得外国教育学不到什么东西,太浅了,中国的教育还比较扎实。(华侨小学林老师)

三、政　府　因　素

诸多对农村留守儿童的研究认为,农村留守儿童问题的根源在于我国城乡差异与制度设计、政府与社会缺乏实质性的关注①。2016 年以来，由于农村留守儿童问题的凸显，政府加强了对留守儿童的关爱保护，当前我国所构建的民政主导的农村留守儿童关爱保护体系，由决策层的部际联席会议、管理层的未成年人（留守儿童）保护处和执行层的儿童福利督导站所构成。决策层在县级以上层面设立，未成年人（留守儿童）保护处设在民政部社会事务司，基层儿童福利督导站所由民政助理员和村干部兼任督导员。这张以"儿童福利督导站（所）"为节点的社会网，第一次将民政统计的所有农村留守儿童纳入了官方管理网络中。但还存在有待提升之处，一是相比之下，其他国家有儿童部、家庭与儿童事务部、青年与儿童事务部或相对独立的儿童局，如：美国 1912 年成立世界上第一个专门处理儿童问题的政府机构——儿童福利局；英国 1993 年成立儿童福利局（Child Support Agency，CSA）②等，都是国家层面负责儿童支持法案和福利立法的政府部门；而我国当前设立的未成年人（留守儿童）保护处还仅仅是民政部下属司局之下的一个处，行政级别较低，部门协调与资源动员能力不足。二是民政主导下农村留守儿童关爱服务人员力量不足，当前民政部门社会建设事务众多，已经在基层镇乡街道与村社设立了各种"员"，如助理员、救助员、信息员、关系调理员、福利督导员等，但基层乡镇与村社干部往往身兼数职，根据民政部关爱服务农村留守儿童的要求新设立的"儿童主任""儿童督导员"也大多只能由镇街乡民政员与村社干部兼任，民政体制内基层关爱服务人员力量严重不足。

由于侨乡留守儿童是华侨华人子女，具有不同于一般留守儿童的特殊性，因此侨务部门是教育关爱侨乡留守儿童的重要力量，在侨乡留守儿童的政府关爱力量中，需要积极考虑侨务部门的功能作用。侨务部门与民政、教育等部门之间围绕侨乡留守儿童教育关爱的政策与活动协调，应当着眼于关注侨乡社会、经济与文化发展与侨乡留守儿童发展之间的关联性。整合侨务、教育、民政、中小学、高校等部门，共同构建侨乡留守儿童教育关爱的网络。

---

① 范先佐.关于农村"留守儿童"教育公平问题的调查分析及政策建议[J].湖南师范大学教育科学学报,2008,7(06)：11-17.

② Fowler A, Pryke J. Knowledge management in public service provision: the Child Support Agency[J]. International Journal of Service Industry Management，2003，14(14)：254-283.

（一）我国农村留守儿童主要教育模式

政府具有资源分配权与公信力，是主导留守儿童教育关爱的主体，从全国留守儿童教育关爱看，已有经验主要是针对父母国内务工的农村留守儿童，形成了多种关爱教育保护模式。基于区域特征，地方政府将落实国家留守儿童政策融入区域教育活动中，创造了各具特色的多种留守儿童区域教育模式：

陈清华曾经总结了重庆能解决西部留守儿童教育问题的四种有效模式：还原家庭教育、留守儿童之家、代理家长、社区联动模式。但是叶敬忠对代理家长提出异议，认为代理家长与原生家长是两个不同的概念，无法从根本上做到"代替"，只是带来更多的困惑。[①]

如表 3-19，除林梓小学的"33433"教育模式外，这些模式的共同特点，都是地方党委政府统筹并成立具体牵头单位来协调开展留守儿童教育工作，形成了政府主导下不同部门力量协作组合的教育模式。总体上西部政府对留守儿童教育的介入与教育活动更积极，一些教育模式取得了成效，在全国产生了较大影响。总体上东部政府对留守儿童教育介入不足，重视不够。

表3-19　全国部分地区留守儿童主要教育模式

省域	留守儿童人数（万）	市县	牵头	开始时间	主 要 教 育 模 式
宁夏	5.7		教育厅	2007	留守儿童心理健康档案，师生"亲情互助小组"[②]
云南	121		妇联	2006	"流动人口、农村家长示范学校"50 所，农村留守儿童家长学校 200 所[③]

①　任运昌.我国农村留守儿童教育研究的进展与缺失[J].中国教育学刊,2007(12)：21-24＋72.

②　张涛.宁夏为留守儿童建心理健康档案[EB/OL].(2007-10-25)[2019-03-13].http://news.sina.com.cn/c/2007-10-25/150014162814.shtml.

③　杨跃萍：云南建 50 所流动人口子女与留守儿童示范家长学校[EB/OL](2006-12-28)[2019-03-15].http://www.gov.cn/jrzg/2006-12/28/content_482539.html.

续表

省域	留守儿童人数（万）	市县	牵头	开始时间	主 要 教 育 模 式
陕西	130		教育厅	2012	农村义务教育阶段留守儿童动态监测和教育管理机制①
		石泉	党政	2006	六位一体关爱留守儿童工作机制②
		澄城		2001	社会爸爸妈妈救助活动，帮扶 400 余留守儿童*③
四川	221		妇联	2004	村（镇）委会主导的"留守儿童之家" 981 个④
		青神	县妇儿工委	2006	留守儿童教育保护"六个一"⑤。乡（镇）成立留守儿童保护与援助站，村组学校设立亲情活动室
贵州	150	黔东南	关工委		关于进一步做好农村留守儿童工作的通知，麻江"亲情聊天室"⑥*
		毕节	关工委		农村留守儿童关爱活动实施方案*⑦
		遵义	总工会关工委		三关工程*⑧
		湄潭	党政		县政府成立留守儿童工作办公室，开展"留守儿童教育示范学校""教育基地""爱心妈妈"等评选活动⑨
		习水	关工委	2001	三关工程

---

① 基础教育一处：陕西省建立农村义务教育阶段留守儿童动态监测和教育管理机制［EB/OL］(2012－06－06)［2019－03－13］. http://www. shaanxi. gov. cn/0/xxgk/1/2/4/22/35/39/124/17206. htm.

② 中国政府创新网. 陕西省石泉县委县政府：关爱留守儿童长效机制建设［EB/OL］(2011－02－10)［2019－03－15］. http://www. chinainnovations. org/Item. aspx? id=26550.

③ 浙江大学心系西部协会对西部 4 省 2 区的调研（陕西组），2012－09－17.

④ 新华网. 四川妇联多项措施为留守儿童构建"精神家园"［EB/OL］(2007－01－10)［2019－03－13］. http://www. cnhubei. com/200701/ca1250610. html.

⑤ 赵家骥等. 青神农村留守儿童教育保护工作模式［EB/OL］(2009－11－24)［2019－03－13］. http://www. scqs. gov. cn/info/1005/7745. htm.

⑥⑦ 浙江大学心系西部协会对西部 4 省 2 区的调研（贵州组），2012－09－17.

⑧ 新华网. 遵义："三关工程"暖心"三代人"［EB/OL］(2012－07－17)［2019－03－13］. http://news. xinhuanet. com/politics/c_112456037. htm.

⑨ 来自笔者对湄潭县教育局的调研，2011－07－26.

续表

省域	留守儿童人数(万)	市县	牵头	开始时间	主 要 教 育 模 式
江苏		如皋	林梓小学	2004	33433 教育模式①
浙江	117	开化	党政	2006	留守儿童俱乐部②
		青田	县综治、妇联等	2013	四大关爱侨乡留守儿童行动③：侨乡留守儿童部门联动计划、侨乡留守儿童阵地建设计划、侨乡留守儿童管理创新计划、侨乡留守儿童社会互动计划
福建	10.5（民政部统计数据）	莆田	副市长召集的联席会议制度	2019	"一网四化"留守儿童关爱体系。入选全国农村公共服务典型案例。"网格＋留守（困境）儿童关爱保护工作机制"，规范化、精准化、多样化、社会化，形成纵向贯穿市、县(区)、乡镇(街道)、村(居)，横向连接民政、教育、公安等多部门的留守儿童关爱格局④

　　从调研看，东部政府由于主要是人口流入地，因此往往重视流动儿童教育，而忽视当地留守儿童教育的问题。东部政府在农村留守儿童教育中的二律背反现象十分突出，即主要承担农村留守儿童教育的农村（包括侨乡）教育资源上获得不足，而农村留守儿童数量较少的城区反而获得了更多的教育资源（由于主要是随迁儿童流入地）。从针对侨乡留守儿童的教育关爱模式看，浙江青田县作为著名侨乡，由县综治委、妇联等部门共同开展了侨乡留守儿童部门联动、阵地建设、管理创新与社会互动四大计划，但令人诧异的是，并没有

---

　　① 如皋市妇联. 留守儿童教育"33433"林梓模式——留守儿童工作创新案例[EB/OL]. (2010-08-11)[2019-03-13]. http://www.rgfl.org.cn/Item/160_13_0.aspx,2010-08-11.

　　② 王翔麟. 开化县的"留守儿童俱乐部"[J]. China Population Today, 2007(Z2)：8-9.

　　③ 青田县留守儿童2.3万，其中在校8700人。县综治委主任任组长，在县妇联设关爱留守儿童办公室，负责工作方案拟定、日常工作牵头、工作情况汇报等。建立妇联、综治办、文明办、教育局、团县委、关工委等成员单位关爱留守儿童工作联席会议制度。

　　④ 莆田市涵江区江口镇是福建省著名侨乡，大批年轻新侨子女多被留在家中，变成"洋留守儿童"。新墩村是一个典型，青少年300多人中一半的孩子父母都在国外。莆田在涵江区率先成立社会化组织孵化基地，将关爱留守儿童工作项目以购买服务形式，打包给社会工作服务中心，建立留守儿童之家。引入持证社工、大学生志愿者、中小学教师，周末为孩子上社区文化、课业辅导、心理疏导等课。社会工作服务中心与学校合作在校园内建留守儿童之家，配备了电脑室、亲情电话、活动室等硬件设施。https://www.163.com/dy/article/F025B18A0514FJJE.html.

侨务部门的参与。

（二）民政主导的留守儿童关爱教育模式的问题

2016 年以来,我国的留守儿童关爱保护政策及推行以民政部门为主导,取得了一定成效,但也出现了一些问题。

首先,民政主导视阈下的留守儿童关爱保护,受到民政传统工作理念与方式的影响。长期以来,民政以"扶贫助困"为主要职能,形成了"补缺型"的儿童观,主要为孤儿、重残疾儿童与流浪儿童提供福利救助,定位为"适度"的、惠及特殊困境家庭儿童的保障,缺乏儿童福利"普惠"的理念积淀,也缺乏儿童服务的素养和能力。这种理念反映在民政主导的留守儿童关爱中,一是表现为对留守儿童的概念界定——仅指"监护能力缺失"的留守儿童,在民政的基数普查中,又被具体界定为某几类特殊困境家庭的留守儿童,从而将大多数"亲子分离"的普通留守儿童排斥在关爱保护对象之外。二是关爱保护的重点被定位为"改善监护状况",具体指为少数辍学、不在户籍、特殊家庭状况的留守儿童提供救助等,而疏于为更多数的留守儿童提供关爱服务。因此,民政主导的留守儿童关爱保护,基本上体现了民政的传统优势——即社会救助与社会福利等,属于"救失型"的托底服务,惠及大多数留守儿童的发展较少。三是对于社会组织、专业社工、志愿服务工作的培育与支持还较为不足,对于社会力量参与留守儿童关爱保护还不够重视,制度建设较为滞后。四是从专项行动的具体内容看,也缺失了支持家庭、投资儿童、重视预防的发展型儿童福利理念,忽视留守儿童作为"自身权益保护的主体"。这与现代大民政理念下的儿童福利事业从传统型向现代型、从封闭型向开放型、从补缺救助型向普惠型、从单纯养育型向养治教与康复并重型转变的目标,将留守儿童关爱保护纳入民政"大儿童观"的追求存在较大差距。

其次,受制于资源、时间、专业人员与关爱保护渠道的不足,基层民政对留守儿童关爱服务存在畏难情绪与不情愿的心理,对农村留守儿童问题缺乏深入调研与经验的积累,多地基层民政科室负责人认为留守儿童工作缺乏抓手、比较虚,着力难、考核难、成效难以评估,因而工作积极性不高。

再次,国家留守儿童关爱保护的政策设计柔性不足,为地方留置的政策余地小,不利于基层留守儿童关爱保护政策的创新。我国社会发展差距大,留守儿童所处区域的国家治理政策、社会经济状况、文化基因、社区地理因素和家庭环境特征各异，东中西部农村留守儿童的教育生活不同。这种差异不仅在省域间存在，即使同一省份中的不同市县之间也存在，不同社会环境中的留守儿童对关爱服务的需求差异大。而国家或省域一致性政策往往忽视留守儿童所处具体背景的信息和资料，从而使它们失去意义，也压缩了留守儿童关爱保护精准帮扶的空间。

罗尔斯主张，国家应保障人类的基本权利和义务（政治上的自由）得到平均分配，但国家可以依照差别原则对社会和经济利益进行调整，只要这种调整符合境况最差的人的最大利益。公平、正义、共享是现代社会保障制度的核心价值理念，这种"社会基本善"应当积极向社会弱势群体倾斜，应当摒弃以救灾扶贫的民政传统去关爱保护留守儿童的路径与观念，尽量采取积极差别化原则，覆盖大部分的留守儿童，保障留守儿童的教育、生存、发展的权益。

最后，民政主导的留守儿童关爱服务模式对于侨乡留守儿童来说还具有一定的差异性。侨乡留守儿童在区域上主要分布于我国东部沿海，其特征不同于民政长期以来"扶贫助困"的农村留守儿童，而是父母出国经商务工，在跨国寄养的特殊背景下形成的群体，其教育关爱服务除国内留守儿童的问题外，还需要更多考虑侨胞发展、侨乡建设、家国认同等因素，需要侨务部门的积极参与，并发挥主导作用。

（三）政府层面侨乡留守儿童教育关爱存在的问题

从政府层面看，当前侨乡留守儿童教育存在的问题有：

1. 侨胞子女受学籍限制带来就近入学瓶颈

以文成县为例，该县华侨华人子女就学的现行政策为：有户籍的华侨华人子女，就学时享受当地居民同等待遇；没有户籍的，按照监护人户籍所在地就近安排入学。但是由于县城教育资源紧缺，目前没有户籍随监护人居住在县城的华侨华人子女，因学校"人满为患"，无法被接纳，面临"无学籍"困境，这成为制约和影响华人华侨子女回乡学习的主要瓶颈。

2014 年，文成县出台的《文成县义务教育阶段华人华侨子女入学暂行办法》规定，因办理出国手续或出国造成年龄和就读年级不相称的，可将入学年龄适当放宽 1—2 年。而实际操作中，许多华侨华人子女因转居留超龄 2 年以上,无法办理学籍。据调查,玉壶镇小本部有 275 名学生持有居留证,其中大部分学生因转居留频繁出入境,完整读满一学期的仅 50 多人。此外,2017 年玉壶镇小还有 12 名华人华侨子女因超龄 2 年,无法办理学籍。"无学籍"带来两方面问题:一是"无学籍"学生的教材无法征订,且每学年每人 650 元的办公经费也无着落,学校接收这些学生要"赔本";二是"无学籍"学生无法转学、升读初中、高中和大学。据了解,近年来文成县有很多华侨华人因子女超龄无法入学,打消了回国发展的愿望。

2. 华文教育难以全面铺开

2016 年两会期间浙江青田县全国人大代表、浙江省侨联副主席陈乃科呼吁并探索在重点侨乡设立华侨学校或国际班,让华侨的子女们能在国内接受系统良好的教育,培育健康优秀、爱国爱乡的华侨下一代。他认为当前侨乡留守儿童存在"心理健康隐患、价值观念偏离、学业不容乐观、爱国情怀缺失"四大问题。当前已有华文教育主要是华裔青少年暑期夏令营活动等,该项目以"寻梦、留根、体验、传承"为主题,活动内容丰富多彩,吸引了较多海外新生代华人华侨。但承办单位也指出,目前夏令营参营条件刻板,大部分华人华侨子女依然被挡在门槛之外。例如,"亲情中华·汉语桥"夏令营要求营员必须是华裔青少年,且年龄为 14—18 周岁。这些前提条件,使大部分暑期回乡的华人华侨子女失去了参加夏令营活动学习中文的机会,华文教育难以全面铺开。同时,中西方文化差异也影响了华文教育的成效。国外出生的华人华侨子女,因长期受西方文化熏陶,富有个性,追求自由、平等、开放的学习方式,他们很难接受国内教条式的课堂传统教育模式。华文教育中老师和学生沟通困难的问题也在一定范围内存在。

3. 侨乡留守儿童教育关爱的部门主体不明确

侨务部门的主导地位没有得到确认与体现,缺乏侨务部门牵头(或作为主导力量)其他部门共同出台侨乡留守儿童支持政策,包括任务分工、机构设立与经费保障等。同时由于东部政府主要关注随迁儿童,使侨乡留守儿童的教育关爱基本上处于真空地带。

4. 对出国父母开展家庭教育的引导不够

侨乡政府应督促出国父母履行家庭监护与教育的职责,构建共同关爱教育的网络体系,引导家长克服侨乡留守儿童由于亲子国内外的空间阻隔,督促家长配合学校管理,监护人提高家庭教育方式及能力等,但这方面的工作开展还较为不足。

5. 政府对侨乡及学校开展教育关爱的支持不足,开展活动流于形式

政府在引导侨乡社区(村)文化建设,发动社会大众传媒关注侨乡留守儿童,支持企业单位与社会参与侨乡建设与留守儿童关爱,对侨乡学校开展教育进行相应的经费与师资支持等方面,还缺乏较为精准有力的举措。已有开展的政府活动往往流于形式:

> 一般学校里举办的关于侨乡留守儿童的活动都是上边有要求了才举办的,一般都是来拍照片,活动不持续,目的性太强。L 主任希望有组织或团体长期给侨童举办活动,同时尽量不影响学生的学业,但他说不奢望,因为一般活动都是来一次两次就不来了的,真正去做的很少。(任岩松中学政教处龙主任)

6. 侨乡学校周边环境治理有待改善

部分侨乡学校周围,还开设网吧、游戏厅、歌舞厅等娱乐场所及设施;一些渲染色情、凶杀、暴力的低劣书刊以及音像制品也充斥在农村文化市场中;学校周围还经常聚集一些辍学的学生或无业青年,威胁、引诱在校学生。不良的环境氛围对于辨别力不强、意志薄弱、自制力差的学生来说,是其健康成长的极大威胁。对于那些缺乏有效监管的留守儿童来说,更是祸害。一些留守儿童为寻找刺激,或为了排解与父母分离的空虚、孤独,把放学后的大量闲暇时间都耗费在这些场所,不仅浪费了大量时间、金钱,还容易产生厌学情绪,出现逃学、辍学等现象,甚至有部分留守儿童受到诱惑或教唆走上了违法犯罪的道路。以致有些专家认为,"留守性"并不"直接对其学业产生较大冲击",关键在于"影响源"的偏差。一份对青田县长乐中学的调研显示,学校周围有大量的网吧和游戏机厅,出入其中的人员大部分是学生,又以缺少监管的侨乡留守儿童为主要群体,许多父母通过金钱弥补对孩子的亏欠,为他们进入这些场所提供了资本。但学校没有权力取缔网吧、游戏厅等场所,需要政府综合治理部门加强对非法营利娱乐场所的管理,教育父母监督留守儿童的校外活动,让其远离不良的影响因素。

此外，社会志愿者服务和高校大学生开展的夏令营活动，已经成为当前教育关爱侨乡留守儿童的重要力量，也需要政府及时发现并调动可用的资源进行资助。

四、学校因素

学校是学龄儿童学习活动的主要场所，父母外出导致儿童教育生活重心进一步向学校移动，因此学校是影响留守儿童教育问题的重要因素。比如范先佐等人对农村留守儿童的研究认为，学校与社区提供的替代性支持不足是重要因素。[1] 从调研结果看，当前学校在侨乡留守儿童教育关爱中的替代性弥补功能尚未得到体现。从已有农村留守儿童教育问题看，一些容易操作的措施也大都是在针对全体农村学生的项目中得到实施，比如营养餐工程（"农村学生营养计划"），寄宿制学校建设等。东部专门针对父母出国留守儿童精神成长的教育关爱措施，面临很多具体困难，难以实现。

（一）侨乡学校教育本身面临困难

1. 缺乏专项教育经费

受二元结构体制影响，国家教育经费、资源投入主要集中在城市，城乡教育发展不均衡。多数侨乡学校位处农村，教学仪器设备量少质差，教育信息化建设滞后，教育投入不足。部门缺少针对侨乡留守儿童教育的额外投入，使侨乡学校"留守儿童之家"、心理咨询室等运转面临困境，后者不仅设备购置需要钱，日常维护和更新、人员工资，以及其他的开销等也需较大投入，缺乏长效的经费投入使这些机构难以有效维持运转。

2. 师资队伍力量薄弱

部分侨乡学校位处农村，同样面临农村学校骨干教师流失、教师结构不合理、工作负荷重、自我认同不高、队伍不稳定等问题。侨乡留守儿童教育对教师是额外的工作，如实行留守儿童"代理家长"制，教师在繁重的教育教学工作

---

① 范先佐.关于农村"留守儿童"教育公平问题的调查分析及政策建议[J].湖南师范大学教育科学学报，2008，7(06)：11—17.

之外,还需要承担代理留守儿童家长的职责。笔者在一所侨乡学校名单上看到,一个教师要负担 20 多个留守儿童的代理家长,没有额外的报酬,远远超过其工作承受能力。侨乡留守儿童数量庞大也使教师难以开展有效的个别教育,与其监护人保持日常的联系和交流。玉壶中学有教职工 23 人,而侨乡留守儿童数量有 120 余人,平均一个教师要"跟踪"5 个留守学生以上,"全天候跟踪"教育很困难,也会影响教育成效,甚至带来教育失误:

> 父母出国后,留守孩子缺乏爱与安全感,渴望得到关心和关注,可能会故意惹事希望博得老师的关注,通过老师的途径告诉父母,引起父母对自己的重视。但教师由于工作繁忙且同时面对众多学生,不一定能观察入微,耐着性子去了解该学生背后的故事,并想办法疏导该学生的心理问题。如果遇上脾气差没有耐心的老师,反而可能引来教师的责骂,使情况更加糟糕。(任岩松中学杨校长)

同时,在城乡教育发展不均衡的背景下,侨乡学校教师工作环境、收入水平、工作量等方面与城区教师存在差距,影响教师的自我认同,部分侨乡学校教师把在乡村的教学经历作为跳板,试图调动到城市,造成侨乡学校教师队伍不稳定,影响对侨乡留守儿童教育关爱的积极性。

3. 侨乡学校生源变动幅度大

部分侨乡儿童户籍在中国,在国外出生,到了就读义务教育的年龄应该回国内上学的,但可能就在国外上学了。侨乡学校反映派出所户籍上的适学儿童的数据和学校实际数据存在较大的差异;这对侨乡学校教育也带来了一些困难。

> 从派出所拿过来的名单和我们实际的名单相差是很大的。比如说,派出所学龄 12 岁的入学儿童有 200 人,到我们学校大概就只有五十来个人。(瓯海华侨小学林老师)

4. 教师教育观念陈旧落后

一是部分教师对侨乡留守儿童的关注不够,教育理念与方法不当:

某老师经常会批评甚至言语攻击她，叫奶奶带她回家，十天不要给她吃饭，说她这么笨读书肯定读不起来的，叫她不要来上学了，之类的话。每次奶奶叫她写作业，她都会说自己在学校写完了，不愿意把作业给奶奶看，也不给老师看，估计是被老师经常批评嘲笑，让她的自信逐渐下降甚至开始变得自卑。但她还是要执意去学校，上课时，她就算不写作业都没有关系，老师总是当作她不存在，有时候还会歧视她。她以前在幼儿园是个挺开朗的小女孩，6 岁出国的时候大家都说她很乖也很会说话。幼儿园不用写作业不用那么吃力，但是上了小学之后因为学习跟不上，学习压力大，还经常被老师批评、忽视，于是性格开始慢慢改变。加上奶奶从小就比较宠她，导致她在奶奶面前就不听话，性子很急很暴躁，而在外面性格却表现得很胆小很内向。以前在学校天天上课被老师罚站，回到家就会发脾气。（访谈个案 R9 的父母及代理监护人）

二是部分教师存在对留守儿童的"贴标签"现象。

标签是一种"污名"，比如见到留守儿童就贴上"成绩不佳""行为不良""心理内向"的标签。周宗奎对湖北教师的调查显示，最为贴近留守儿童的农村教师是给留守儿童"贴标签"的主要群体，有 70% 教师评价留守儿童是"问题儿童"。此外部分学者的研究结论也表现出了对留守儿童群体的"污名化"倾向。"标签"在某种意义上带来了社会控制的后果。尤其是学校"标签化"的评价，一方面可能造成把大部分留守儿童推向"问题化"的严重后果，另一方面又反映了学校在对留守儿童道德约束失败后，所采取的一种"自我保护"或"推卸责任"的无意识行为。学校和教师需要形成对侨乡留守儿童群体的正确认识，提高教育观念水平，避免对该群体的"污名化"倾向。[1]

（二）侨乡学校对侨乡教育资源缺乏梳理、整合与利用

虽然侨乡学校大都在农村和山区，师资相对薄弱，设施相对简陋，[2]但大都具有丰富的"侨"资源。一是侨名人，如陈嘉庚、任岩松、何朝育等众多侨领，他

---

① 叶敬忠.农村留守人口研究：基本立场、认识误区与理论转向[J].人口研究,2019,43(02)：21-31.

② 刘祖强.弱势群体子女社会化问题研究[D].广州大学,2007.

们爱国爱侨,在国外创业、沟通华侨华人与国内,为国内民生、教育事业的发展等方面作出了巨大贡献。二是侨史馆等展馆,一些侨乡建有侨史馆,保存着大量华侨华人奋斗的实物资料,如瓯海区丽岙街道五社村的侨史馆等。三是侨故事,一些侨领侨胞在国外艰苦创业、支持国内侨乡发展的事迹等在侨乡广为流传。

侨乡学校应当梳理这些鲜活的身边教育资源,组织带领学生到场馆开展社会实践,体会感受侨胞的动人事迹,增进对家乡和祖国的认识,进一步激发家国情怀;引导侨乡留守儿童感受前辈华侨华人奋斗精神,树立正确的价值观和人生观,学习中华民族优秀传统文化和革命文化,形成对家乡和故土的充分认同,树立将来回馈祖国与建设侨乡的理想等。

(三) 侨乡学校开展留守儿童教育关爱活动匮乏

如果孩子有什么学习上的问题的话,我们会在微信上跟家长说,也会跟孩子沟通,但是讲了以后,可能第二天会有点效果,但持续性的作用体现不出来,因为小学生的惯性比较大,我们也不能指望说他一直能够保持这种状态,所以还是比较困难的。(瓯海华侨小学林老师)

目前侨乡教育的特点可以概括为"三多三少":在家老人多、年轻人少;侨属留守儿童多、家庭教育少;学生流动多、稳定状态少。我校统计数据显示,侨乡留守儿童为542人,占全校学生总数的55.1%,量较大、面较广。[①]

在少年儿童的成长、发展过程中,影响最大的是家庭和学校。家庭主要影响少年儿童的自我概念、个性、道德等非智力因素,而学校是"专门为年轻一代社会化设立的场所"。学校教育有明确的目标、科学系统的课程教材、固定的教学组织形式、精心组织的教育活动、专门的教育者、特定的教育场所和教育设施、稳定的教育周期。对于处在价值观、世界观、人生观形成关键时期的少年儿童,学校教育的影响比家庭教育更系统、更全面、更深刻。然而当前侨乡

---

① 孟文忠. 县政协来校调研华侨华人新生代华文教育情况座谈会上的工作汇报[R].浙江省温州市文成县玉壶镇玉壶小学,2015.

学校开展的针对侨乡留守儿童的教育活动十分匮乏。

当前多数侨乡学校缺乏对侨乡留守儿童教育生活状态的深入调研,对侨乡留守儿童的特点与存在问题缺乏正确认识。一些学校中侨乡留守儿童是学校学生的主体,学校已经习惯将其视为普通的儿童,缺乏为他们提供积极的教育补偿的意识。或受到师资与经费的制约,难以开展针对性的教育关爱活动。

> 我们学校原来也有专职的心理老师,以前还有个"暖心屋",对学生进行心理辅导,但并没有常规化,后来由于学校缺乏心理老师编制,师资力量不足,"暖心屋"停开了。实际上学校每一位老师都有资质,有能力给予这些孩子一定的心理辅导,减轻留守儿童压力大困境。但是每一位老师的功课都比较重,难以兼顾孩子们的心理健康教育。(玉壶镇小学孟校长)

学校课程是教育影响少年儿童的主要载体。比如可以针对侨乡留守儿童独特的教育生活问题,开设针对性的课程,系统性地对侨乡留守儿童的教育生活问题进行纾解辅导;针对2020年新冠肺炎疫情情况下部分侨乡留守儿童及其父母滞留国外,或者学校停课的情况,改变课程形式,开发针对性的线上课程,加强针对性沟通的侨乡学校教育活动等。但侨乡学校少有开发针对侨乡留守儿童的校本课程。

最后,侨乡学校缺乏针对侨乡留守儿童的辅导。比如对内向、作业缺人签字、在学校不善于与人交流沟通的侨乡留守儿童加强学业辅导,进一步密切与侨乡留守儿童家长的沟通交流等。

(四)侨乡学校开展家校共育面临困难

家校共育是学校教育向家庭教育的延伸,学校为家庭教育提供科学的教育理念和教育方法,家庭教育则为巩固学校教育的教育成果提供帮助。只有学校教育与家庭教育相互渗透、相互支持,保持家校之间联系的畅通,才能形成帮助儿童发展的合力。从调研情况看,在父母出国的背景下,侨乡学校教育与家庭教育脱节现象突出,开展家校共育面临较多的难题。究其原因,既有观念和意识的,如侨乡学校教师对侨乡留守儿童的关注不够,教学压力大,师资力量不足,对隔代监护人的抱怨多于理解,要求多于帮助;也有能力与方法的,如教师缺乏引导家庭教育的能力,家访的内容和方式存在严重问题;还有政策的,如政府部门对侨乡学校家校开展共育缺乏相应的保障机制等。

第一,学校难以与儿童的出国父母经常联系和沟通,有效开展线下家访,只能通过联系其实际监护人进行教育,严重影响了学校对留守儿童家庭教育的了解和指导。

（对于侨乡留守儿童的家庭教育及在校的问题）我们首先选择跟他们的代理监护人联系,但较多祖辈也觉得自己也很无奈——这个小孩子就是皮嘛,老师也经常说,他们听了也难受。然后我们再选择跟出国父母接触交流,效果较差。（任岩松中学杨老师）

头疼的就是当孩子出现不好的表现时,很难纠正,因为没有家长配合,我们就很难把这个东西实施下去。有这样子一个孩子,他上课迟到,作业也是几乎不做,上课坐不住,故意说一些玩笑的话,就想引起你重视。你说他长大了,他又没长大。不知道怎么沟通,打电话给他奶奶,奶奶连电话都不接了,因为我们经常去投诉,她就不想接,说自己没办法。（玉壶镇小学胡校长）

出国父母长期在国外,回家次数少、逗留时间短,很少在回家期内走访学校教师,了解孩子的情况;一些出国父母由于工作不稳定,联系方式时常变化,当老师发现留守儿童问题想与家长沟通时,往往不能及时联系到家长,贻误教育的良机。

第二,由于部分侨乡留守儿童代理监护人缺乏科学的家教理念与能力,学校教师与其联系面临语言不通（方言）、交通不便等原因,教师未能将留守儿童在校期间的表现以及课堂讲授内容、辅导技巧和策略告知代理监护人,导致代理监护人对子女的学习状况不能做出准确的评估,无法对儿童的学业进行针对性的指导。[1]

---

① 何毅.侨乡留守儿童发展状况调查报告——以浙江青田县为例[J].中国青年研究,2008(10):53-57.

第三,教师与外出父母及代监护人的教育理念偏差,也是影响侨乡留守儿童家校共育开展的重要原因。对于教师来说,已有较多农村留守儿童的群体研究认为该群体学习积极性和主动性不高,学习态度差、学习习惯不好、作业质量普遍较差,部分学生厌学、逃课、逃学、课外阅读量少,喜欢玩电脑、玩手机等,教师群体容易将对农村留守儿童的先入印象迁移到侨乡留守儿童身上,形成对侨乡留守儿童问题化的刻板印象。此外,陆士桢、卢德平的调研曾经指出:不少留守儿童的父母视学校教育为子女教育的唯一途径,认为孩子既然在学校就读,所有问题自然都应该由老师负责解决。具体表现形式包括,留守儿童的父母基本上和学校没有任何联系,学校方面对他们的务工地点缺乏准确的信息;在父母外出务工期间,不少留守儿童的代监护人文化水平普遍低下,无法与家访的老师形成有效沟通,从而挫伤了教师持续家访的信心。[1] 这种现象在侨乡年纪较大的代监护人与外出家长中,也同样存在。

第四,部分侨乡留守儿童性格内向,倾向于隐藏自我情绪,与教师沟通较少,也对家校沟通带来了影响。儿童的教育生活主要由学校教育和家庭教育构成,学校难以对侨乡留守儿童进行“全天候”教育。学校主要承担儿童在学校的教育,对他们放学离校后的行为难以掌控与监督;由于部分侨乡留守儿童在家缺乏监管,因此他们在学校和家庭的表现可能并不一致;在校期间迫于教师的权威,表现得循规蹈矩,而一旦离开校门,脱离老师的视线,就出现打架、酗酒、抽烟等各种不良行为,抵消了学校教育的成效。由于家校沟通不畅,学校很难了解儿童在家的表现情况,也为学校教育带来了负面影响。

(五) 出国预期对侨乡学校教育带来冲击

侨乡父母出国后,往往将出国经商作为子女未来的人生规划,这种预期对侨乡学校教育造成了巨大冲击。

有些时候一年级的时候招收 260 名新生,到了六年级的时候只剩下 90 名学生了。由于家长想要让孩子掌握中文,有时候会把孩子送回国内来学习一段时间,之后又会回去国外念书。这也是班级学生流动性比较

---

[1] 陆士桢,卢德平. “留守儿童”面临的问题与挑战[N]. 中国教育报,2009.

大的原因之一。在我当班主任那会儿,班上的留守儿童就已经达到了一半以上。由于意大利的移民政策宽松,现在班上的留守儿童大约占班上全部学生的 2/3。玉壶山区田地少,企业也少,不能很好的满足这里人们谋生的需要。而国外收入高,20 世纪 90 年代有些人的收入可以达到 3 000 元人民币/月,那个年代这在国内相当于有些人一年的收入。(玉壶小学胡校长)

从玉壶镇学校的情况来看,侨乡教育存在的较大问题就是孩子接受教育的不稳定。很多家长因为出国导致缺少对孩子的正确引导和教育,使孩子产生轻学意识,同时频繁出国给孩子上学的稳定性也带来很大影响。他们几乎没有什么固定的学习地点,也缺乏连贯的学习时间。在校就读的每个本地户口的学生都可能是未来的移民。他们不知道父母什么时候要把他们带出国,所以根本没有一颗安定学习的心。这就出现了一个矛盾:父母希望孩子认真学习,为孩子的将来在国外拼命打拼,但是却往往把孩子成绩不佳归咎于学校,而贸然带孩子出国就学,反而助长了孩子的厌学情绪,导致孩子的成绩更加不好。许多留守儿童家庭过早地将孩子的前途定位在出国经商上,学生学习目的只是为了出国,导致孩子对学习缺乏兴趣,学习积极性不高,动力不足。许多学生毕业后就等着父母或亲戚将其带出国,他们对将要去的地方有着强烈的憧憬,急切想了解那里的情况。一些侨乡社区也存在一定程度的不良学习风气,消解了学校教育的成效。

(六) 侨乡留守儿童学习成就动机的影响因素分析

第二章对侨乡留守儿童学业状况的调研已经指出,该群体学习动机与非留守儿童存在较大的差异,其高分项主要集中在"超过别人""找份好工作""给家里人争光"方面,而在"实现理想"项得分低于非留守儿童,说明其动机更多指向现实,以及家庭和他人的期望。现试从成就动机的视角进行分析。成就动机是人类一种重要的社会性动机,指努力追求卓越以达到更高目标的内在动力和心理倾向。[①] 学习成就动机则是指为追求学习进步,取得学业成就而推

---

① 林崇德,杨治良,黄希庭,主编.心理学大辞典[M].上海:上海教育出版社,2003.

动个体努力学习的动力。本研究采用国韬等人于 1993 年编制的学业成就动机量表，来考察侨乡留守儿童的学习成就动机水平，并对该群体中未预备出国和预备出国的两类儿童的学习成就动机水平进行比较。该量表由两个分量表组成，分量表一主要用于了解学业成就动机的外部行为表现，具体包含主动性、行为策略和坚持性；分量表二则用于了解学生学业成就动机的内部心理因素，包括能力感、兴趣和知识价值观。

1. 外部行为表现

（1）主动性。

如表 3 - 20 所示，在学习成就动机的主动性方面，预备出国的侨乡留守儿童的平均值略高于未曾预备出国者。表 3 - 21 莱文方差等同性检验显示，$p = 0.319 > 0.05$，因而两组别方差相等。此时，$p = 0.330 > 0.05$，两组儿童学习主动性不存在显著差异。

表 3 - 20　主动性组统计

	出国预期	个案数	平均值	标准差	标准误差平均值
主动性	无	41	2.985 4	0.684 68	0.106 93
	有	57	3.115 8	0.625 58	0.082 86

表 3 - 21　主动性独立样本检验

		莱文方差等同性检验		平均值等同性 t 检验					
		F	显著性	t	自由度	显著性（双尾）	平均值差值	标准误差差值	差值95%置信区间	
									下限	上限
主动性	假定等方差	1.003	0.319	−0.979	96	0.330	−0.130 42	0.133 28	−0.394 98	0.134 14
	不假定等方差			−0.964	81.477	0.338	−0.130 42	0.135 28	−0.399 56	0.138 71

从侨乡留守儿童与学校教师的沟通交流看：

表3－22　两类儿童在学习中遇到难题时求助对象差异

			老师	家长	同学	自己钻研书本	总计
是否留守儿童	留守儿童	计数	14	16	108	53	191
		占留守儿童的百分比	7.3%	8.4%	56.5%	27.7%	100.0%
	非留守儿童	计数	38	20	123	55	236
		占非留守儿童的百分比	16.1%	8.5%	52.1%	23.3%	100.0%
总　计		计数	52	36	231	108	427
		占全部儿童的百分比	12.2%	8.4%	54.1%	25.3%	100.0%

侨乡留守儿童选择做作业遇到困难时向老师求助的概率为7.3%，相较于非留守儿童的16.1%，差距明显。留守儿童以选择求助同学或者自己钻研书本为主，向教师主动求助的意愿相对较低。

（2）行为策略。

由表3－23可见，预备出国的侨乡留守儿童在行为策略上平均值略高，因此相比未曾预备出国群体，他们在学习上可能更善于运用一些有效的学习方法。如表3－24所示，莱文方差等同性检验显示，$p=0.326>0.05$，因而两组别方差相等。此时，$p=0.254>0.05$，故在行为策略层面，两组儿童未呈现出显著差异。

表3－23　行为策略组统计

	出国预期	个案数	平均值	标准差	标准误差平均值
行为策略	无	41	3.024 4	0.922 17	0.144 02
	有	57	3.228 1	0.824 13	0.109 16

表 3-24　行为策略独立样本检验

		莱文方差等同性检验				平均值等同性 t 检验				
		F	显著性	t	自由度	显著性（双尾）	平均值差值	标准误差差值	差值95%置信区间	
									下限	上限
行为策略	假定等方差	0.976	0.326	−1.148	96	0.254	−0.203 68	0.177 41	−0.555 83	0.148 47
	不假定等方差			−1.127	80.244	0.263	−0.203 68	0.180 71	−0.563 29	0.155 93

（3）坚持性。

如表 3-25 所示，预备出国的侨乡留守儿童的坚持性平均值略高于未曾预备出国的另一组。如表 3-26 所示，莱文方差等同性检验显示，$p=0.554>0.05$，因而两组别方差相等。此时，$p=0.244>0.05$，所以在学习成就动机的坚持性方面，两组儿童无显著差异。

表 3-25　坚持性组统计

	出国预期	个案数	平均值	标准差	标准误差平均值
坚持性	无	41	3.043 9	0.630 10	0.098 40
	有	57	3.189 5	0.588 49	0.077 95

表 3-26　坚持性独立样本检验

		莱文方差等同性检验				平均值等同性 t 检验				
		F	显著性	t	自由度	显著性（双尾）	平均值差值	标准误差差值	差值95%置信区间	
									下限	上限
坚持性	假定等方差	0.353	0.554	−1.173	96	0.244	−0.145 57	0.124 13	−0.391 97	0.100 83
	不假定等方差			−1.160	82.689	0.250	−0.145 57	0.125 54	−0.395 27	0.104 13

2. 内部心理因素

（1）能力感。

如表 3-27 所示，在学习成就动机的能力感方面，未曾预备出国的侨乡留守儿童的平均值略高于预备出国者。如表 3-28 所示，莱文方差等同性检验显示，$p=0.552>0.05$，因而两组别方差相等。此时，$p=0.518>0.05$，故在能力感方面，两组儿童并没有表现出明显差异。

表 3-27　能力感组统计

	出国预期	个案数	平均值	标准差	标准误差平均值
能力感	无	41	2.570 7	0.899 51	0.140 48
	有	57	2.449 1	0.926 81	0.122 76

表 3-28　能力感独立样本检验

		莱文方差等同性检验				平均值等同性 t 检验				
		F	显著性	t	自由度	显著性（双尾）	平均值差值	标准误差差值	差值95%置信区间	
									下限	上限
能力感	假定等方差	0.357	0.552	0.649	96	0.518	0.121 61	0.187 48	−0.250 54	0.493 76
	不假定等方差			0.652	87.831	0.516	0.121 61	0.186 56	−0.249 15	0.492 37

（2）兴趣。

如表 3-29 所示，预备出国的侨乡留守儿童的兴趣平均值略低。表 3-30 莱文方差等同性检验显示，$p=0.406>0.05$，因而两组别方差相等。此时，$p=0.441>0.05$，故在学习兴趣层面，两组儿童并未呈现出显著差异。

表 3-29　组统计

	出国预期	个案数	平均值	标准差	标准误差平均值
兴趣	无	41	3.468 3	0.939 80	0.146 77
	有	57	3.326 3	0.863 24	0.114 34

表 3 - 30   独立样本检验

		莱文方差等同性检验				平均值等同性 t 检验				
		F	显著性	t	自由度	显著性（双尾）	平均值差值	标准误差差值	差值95%置信区间	
									下限	上限
兴趣	假定等方差	0.695	0.406	0.774	96	0.441	0.141 98	0.183 47	−0.222 20	0.506 16
	不假定等方差			0.763	81.771	0.448	0.141 98	0.186 05	−0.228 16	0.512 11

（3）知识价值观。

表 3 - 31 是两组儿童在知识价值观层面的差异情况。由结果可知，预备出国儿童的平均值略低，他们对于所学知识价值的认识可能相对较不足。$p=0.797>0.05$，因此两组侨乡留守儿童的知识价值观不存在显著差异。

表 3 - 31   两组儿童在知识价值观方面的差异性检验

	无出国预期（N=41）	有出国预期（N=57）	t	p
知识价值观	3.42±0.67	3.39±0.53	0.258	0.797

综上所述，未曾预备出国和预备出国的侨乡留守儿童在学习成就动机的各个维度均未表现出明显的差异性。

五、电子产品因素

在父母出国，代监护人无力监管的情况下，电子产品已经成为影响侨乡留守儿童的一个重要因素。其中尤其以社交平台与网络游戏的影响最为突出。一些出国父母为了便于联系，以及为了学习，给子女购买手机和平板电脑，但由于未成年儿童缺乏自我约束能力，而利用这些电子产品进行网络社交与网络游戏，诸如微信、QQ、抖音、快手及其他网络游戏，则为儿童提供了一个虚拟的交往社区和游戏社区。容易造成侨乡留守儿童对电子产品的过度使用和依赖。

> 这个孩子整天拿着他爸给她寄回来的手机玩,晚上也不睡觉,平时也不出去玩,前段时间在手机上(QQ)认识了一个安徽的人,天天吵着要去见,我们也管不住,跟她老师说了也没用,老师也说她上课也玩手机,晚上睡觉以后还在被子里玩,跟她爸说把手机收回去,她还跟我们发火,砸碗,管不住啦。(访谈个案 R12 的家属)

> 一位留守儿童的母亲反映,老师发现孩子在参加班级活动时总是玩手机。其母亲没收手机后,发现与孩子聊天的人都是微信摇一摇的好友,而且持续到深夜 12 点。据了解,爷爷奶奶平时管不住孩子,有什么事会给孩子的母亲打电话。从孩子的 QQ 以及朋友圈发现,孩子会与其他同学一起喝啤酒,其爷爷奶奶并不知情,也不了解孩子的朋友。孩子的爷爷奶奶很质朴,我们能从两位老人的眼睛里看到无奈,令人同情。(侨乡留守儿童教育关爱实践队)

手机、平板等即时性通信工具为留守儿童带来了新的朋友交流渠道,虽然手机在亲子沟通等方面具有积极的意义,但有些留守儿童则形成对手机、平板的过分依赖,以及利用电子产品聊天和游戏,则有可能影响学业并带来安全隐患。[①] 针对侨乡留守儿童和非留守儿童的网络使用情况的调研发现:

如表 3-32 所示,侨乡留守儿童对网络的依赖性要强于非留守儿童,例如在"比起和家人交流我更愿意上网""我不能克制上网的冲动""写作业的时候我总想用网络查答案"上的平均值都要高于非留守儿童。由于监督管理缺乏、亲子链接较弱、自由支配的时间多、儿童自我控制能力差以及多元的社会媒介资源与环境的影响,侨乡留守儿童在社交媒体和虚拟网络生活的冲击下毫无抗拒力,而网络中如凶杀、淫秽等内容更是不利于儿童的健康成长。

---

① 黄波,傅建平,林延敏,沙冕,杨茂林,徐永生,伍晓艳.上饶市留守儿童行为生活方式与焦虑症状的关联[J].中国学校卫生,2021,42(02):249-252.

表 3-32　两类儿童网络使用情况的平均值、标准差

		样本	平均值	标准差	最小值	最大值
56　比起和家人交流我更愿意上网	侨乡留守儿童	191	2.65	1.35	1.00	5.00
	非留守儿童	236	2.61	1.38	1.00	5.00
57　我不能克制上网的冲动	侨乡留守儿童	191	2.48	1.27	1.00	5.00
	非留守儿童	236	2.40	1.24	1.00	5.00
58　写作业的时候我总想用网络查答案	侨乡留守儿童	191	2.36	1.24	1.00	5.00
	非留守儿童	236	2.19	1.22	1.00	5.00

六、同伴群体因素

"在初级群体中,人性逐渐产生。人性不是人生来就有的,人只有通过交往才能得到人性,而人性又可以在孤立中失去。"[1]社会和文化领域内,人际交往是人们进行意义建构、文化分类、社会关系再生产的过程。人际交往是人类生存的基本需要,也是当代社会成员的一项基本技能,是个人综合能力的重要体现。对儿童的成长和发展中,人际关系的重要形式之一即是同伴群体的交往。同伴群体也称同辈群体,是指那些年龄、兴趣爱好、态度、价值观、思想观念及家庭背景等较为相近的人们自发形成的、非正式的初级社会群体。在少年儿童成长过程中,同伴群体作为儿童生活、学习中的亲密伙伴,是其社会化发展的重要影响因素。一般而言,同伴群体的影响作用主要是通过在社会活动中相互扮演不同角色而实现的,如在游戏和学习中伙伴们互相纠正和补充所学,传递各自的知识,从而起到学习知识、实践规范的效果。同伴群体是青少年儿童"永恒的社会",为儿童提供了"保护"与"发展"功能,平等交往的社会环境,有利于儿童社会能力的发展。[2]

---

① 宋林飞.西方社会学理论[M].南京:南京大学出版社,1997:129.
② 吴康宁.学生同辈群体的功能:社会学的考察[J].上海教育科研,1997(08):5-6+47.

（一）侨乡留守儿童同伴交往较多

父母外出后，家庭保护与发展功能被削弱，同伴群体对于侨乡留守儿童的重要性上升。文化心理学的观点认为，儿童同伴群体作为一种微观社会环境具有文化性的特点，同伴之间的交往形式和特点往往反映的是具体社会文化的要求和规范，这些社会规范引导着儿童社会能力的发展。在我国社会变迁中，传统价值观在人际互动中的影响逐渐削弱，而西方一些更具"张扬性"的价值观念，如自主性等得到加强。这类价值的同伴圈子会对圈子成员传递该类文化准则。尤其是西方文化更加重视个性的张扬，重视自由和自主等，这些文化观念在部分有出国经历的儿童身上表现更为明显。而父母外出后，出于对抗父母外出导致的家庭交往减少与对归属感的寻求，多数留守儿童更趋向于寻找同伴的慰藉，使同伴群体在留守儿童社会化中的作用上升，而同伴群体对留守儿童的影响发生在留守经历之后，可以视为留守经历所带来的"衍生因素"。[①]

（二）侨乡留守儿童同伴交往两极分化明显

本研究调查了侨乡留守儿童与同伴群体的互动情况，设置了"你有几个好朋友""你和班级同学的关系"等若干个问题。结果显示，侨乡留守儿童中有3个及以上好朋友的占62.5%，有一到两个的占31.2%。没有的占6.3%，而其他儿童的数据显示，有3个及以上好朋友的占58.1%，一到两个占37.2%，没有的占4.7%，差异不大。在谁比较了解你的调查中，认为朋友比较了解自己的侨乡留守儿童占50%，其次是国内监护人（30%）、老师（20%）、出国的父母（5%）和其他（如网友，5%），显而易见，朋友对父母出国留守儿童具有较高重要性。更进一步的分析来看，有39.1%的侨乡留守儿童有七个以上的好友，占比最高，而选择没有以及好友只有1到2个的侨乡留守儿童占29.9%，出现了两极分化的态势，其他儿童则没有出现这样的现象。

（三）侨乡留守儿童同伴群体的影响具有双面性

同伴群体对侨乡留守儿童存在积极的和消极的双方面影响。

---

① 陆芳.农村留守儿童同伴关系与心理安全感关系及教育应对[J].当代青年研究,2019(06): 78-84.

　　从积极的方面看，同伴群体扮演了留守儿童的重要情感交流对象，某种程度上起到了弥补母亲在家庭中的"表意功能"的作用。大部分同辈群体为留守儿童提供了一起做作业、游玩、谈心的平台，有利于留守儿童的社会化。留守儿童有困难、困惑不知向谁倾诉，孩子的心里话不会跟远方的父母讲，他们更倾向于与同学交流。有研究者调查指出，心情不好的时候，只有23％的留守儿童会与父母谈心，13％的留守儿童会求助老师，46％会找同学诉说，2％的留守儿童选择跟网友聊天，16％的留守儿童会与照顾自己的亲属交流。[①] 由于父母不在身边，留守儿童对同伴群体认同度更高，由此反映出，他们更愿意向自己的同伴、朋友倾诉烦恼和苦闷，因此更容易受到同伴群体的影响。[②]

　　　　我感觉到自己好孤独，回到家后也没人理，还是学校好。（访谈个案 Y1）
　　　　我觉得一般没有烦恼，但是突然间就会感觉到自己好孤独的感觉，回到家后没有人一起玩。（访谈个案 R3）
　　　　我出国回来以后，感觉很多好朋友都不跟我玩了。（访谈个案 Y7）

　　从消极方面看，同伴群体有自己的亚文化和价值标准，其本身可能包含一定的负面群体文化，因此对留守儿童可能带来负面影响。但要指出的是，多数同伴群体亚文化中的牢骚、逆反、欺负、违纪等边缘文化，其实属于文化心理"调节机制"，危害性有限；对留守儿童的社会化造成严重危害的主要是社会化失败同辈群体承载的"反学校、反社会文化"，如南阳邓军"买处"案，[③]温州苍南少年"飞车党"中都有涉案的留守儿童[④]等。这种负面影响是同伴群体影响青少年出现社会化偏差与品行问题的类型之一，费梅苹称之为"次生社会化"。[⑤]儿童的思想情感发育不完善，难以对所有的事情都作出理性的判断。就侨乡

　　① 王佑镁."跨国寄养"背景下我国农村侨乡留守儿童媒介素养研究[J].现代远距离教育，2013（4）：55－61.
　　② 刘祖强.弱势群体子女社会化问题研究[D].广州大学，2007.
　　③ 李梅，杨汇泉.农村留守女童反社会行为生成的现象考察——邓军"买处"个案的生命历程理论分析[J].中国农村观察，2010（01）：87－93＋96.
　　④ 浙江在线.温州苍南一少年"飞车党"7人落网 "老大"仅17岁[EB/OL]（2012－8－29）[2019－3－20]. http://news.ifeng.com/society/1/detail_2012_08/29/17193511_0.shtml.
　　⑤ 费梅苹.次生社会化—偏差青少年边缘化的社会互动过程研究[M].上海：上海人民出版社，2010：79.

留守儿童而言,群体认同感使得他们的思想行为相较于非留守儿童来说受同伴行为的影响更大,因此不良同辈群体交往更容易让他们的行为思想产生偏差。

　　四年级的时候成绩开始下降了,因为那时候我有了朋友,每天都和他们一起玩,学习的时间就少了,奶奶和爷爷去开了家长会说了这个事,但是在家里很没意思,还不如出去找他们玩。(访谈个案 Y2)

　　从小学开始我就有很多追求者,但我都拒绝了,我不知道他们出于什么目的,我认为学习比谈恋爱重要。不过,我的朋友圈是有变化的,小学时,我的朋友有男生和女生,但知心朋友很少;初中时,和男生玩得比较多,我认为女生很爱斤斤计较。初中开始,我的成绩就不好了,数学很难,经常有朋友来找我,所以我也不想看书,成绩就这样吧。我的朋友很酷的,经常打架,他们也会抽烟,想干什么就干什么。他们家里好像也很有钱,反正没人管我们,所以我们常常坐车去城里玩。我有时候很难控制脾气,会把情绪带到班级的工作中,同学会在背后议论我。我看起来外向,但实际上很内向,不喜欢和陌生人交流。我很叛逆,不喜欢回家,所以常常晚归。(访谈个案 Y5)

　　人生活在社会群体之中,具有社会属性,交往是人类生存的基本需要,也是当代社会成员的一项基本技能。由于父母的单方或双方外出,家庭结构不完整,老师和同辈群体成了留守儿童交往的主要对象。在侨乡留守儿童的社会化过程中,同伴起着成人无法取代的重要作用,在生活上相互扶持,学习上互相帮助,情感上互相交流。这都有利于冲淡父(母)外出给留守儿童带来的心理压力,缓解对外出父(母)的思念。然而,同辈群体对留守儿童的影响实际上具有"双面性"[①],积极与消极的影响共存。认为"留守儿童同辈群体充斥大量负面亚文化与反文化,他们中大部分认为读书无用,崇尚金钱,没有是非标准,难以辨别善恶好坏,……"[②]。同辈群体对留守儿童社会化的影响属于"补

---

　　① 邓纯考.农村留守儿童社会化困境与学校教育对策——对浙南 R 市的调查与实践[J].浙江社会科学,2012(05):78-85+157.
　　② 王秋香.同辈群体与农村"留守儿童"社会化研究[J].湘潭师范学院学报(社会科学版),2007(01):158-159.

位过度"等观点,在一定程度上过于夸大了留守儿童同辈群体的负面功能,容易导致对留守儿童同伴群体的污名化,值得商榷。

七、文化与社区影响因素

(一) 中外教育文化冲突因素

文化环境是影响侨乡留守儿童健康成长的重要因素。一方面,出国父母在带回丰富的物质财富时,也传递了一些西方的文化观与生活习惯。调查显示,留守儿童对出国非常羡慕,通过出国父母的描述以及观看电视、电影了解外面的世界后,他们容易受到西方文化的影响。另一方面,尽管很多留守儿童将来要出国,但他们对目的国的历史、文化、社会环境并不了解。一部分留守儿童认为,国外只不过是一个大工厂,他们去赚美元而已。[①]

掌握一门外语是侨乡留守儿童出国学习与生活的必备技能。侨乡幼儿园和家长都非常重视儿童的外语学习(以英语为主)。语言教育是幼儿教育的重心,英语口语是幼儿园的必修课。相比之下,学习中国传统文化的时间非常少。侨乡留守儿童虽然在中国接受教育,但他们接触的中国传统文化却非常匮乏,对祖国的认识不深,许多儿童出国后就忘记了自己的祖国。中华传统文化教育的缺失,不利于中国文化的传播和凝聚力的增强。[②]

同时教育文化的差异,也容易带来冲突:

> 我在意大利上的是公立小学,上午上课,下午就没课了,而私立学校是全天有课的;在意大利养成了调皮、好动的习惯,中国老师都不喜欢我,他们喜欢听话、成绩好的孩子。四年级时我成绩差,同学打群架我也参与过一次。(访谈个案 R1)

---

① 何毅.侨乡留守儿童发展状况调查报告——以浙江青田县为例[J].中国青年研究,2008(10):53-57.

② 李雪飞."类家庭"教育模式在侨乡留守儿童中的应用研究[J].福建教育学院学报,2012(1):68-71.

中外的教育存在很大差异,侨乡留守儿童在国内接受的是传统的教育方式,在出国后,部分儿童无法适应新环境,表现出厌学、逃学等行为。也有部分留守儿童在出国后难以融入国外教育而变得性格孤僻、沉默寡言,也有部分儿童在国外生活一段时间后,重返国内生活。因此侨乡学校需要根据侨乡留守儿童的受教育实际情况,进行针对性的努力。努力衔接中外教育方式,实现教育方式的创新。

(二) 社区因素

社区是留守儿童生活于其中的微观社会,侨乡社区一般在农村,长期以来社区对于生活于其中的留守儿童的教育影响与关爱作用被忽视。

1. 侨乡社区互助系统不完善,影响了孩子对家乡的认同

孩子对社区或家乡的认同是孩子成长的重要外因。社会学意义上的认同,一般强调的是建立在人们相互之间亲密交往和友好互助之上的心理上的归属感和亲切感。[①] 侨乡留守儿童建立家乡认同感的一个重要途径就是在家乡得到帮助、获得亲切感。调研数据显示,受帮助程度与侨乡留守儿童的家乡认同感之间的皮尔逊相关系数为 0.358,存在显著正相关关系,表明在一定程度上,侨乡留守儿童受帮助程度越高,家乡认同感越高。而侨乡留守儿童的受帮助程度的平均值为 3.30(采用 5 点记分制),并不乐观。侨乡当地所提供的大多为暑期的学业辅导(严格意义上还不算是社区支持)及短期陪伴,难以满足侨乡留守儿童日常的需求,互助系统不够完善。在侨乡留守儿童遇到困难、烦恼时常面临父母缺位、祖辈难以沟通的困境,而社会所提供的"暂时性"帮助又难以维持其长期需求,影响了对家乡的认同。

2. 侨乡留守儿童的社区教育匮乏,无法弥补亲子沟通的缺陷

大部分侨乡社区幼儿园规模小、师资短缺、管理不规范。公立幼儿园无法满足侨乡留守儿童的需要,一部分民办幼儿园由于资金缺乏,因而发展受到限制。

---

① 张红阳,李传喜.乡土认同:一种认同研究的新方向——基于浙江星村的个案研究[J].延安大学学报(社会科学版),2019,41(04):72-77.

3. 侨乡留守儿童社区生活满意度低，社会适应问题凸显

侨乡由于人口发展内卷化，基础设施投资和发展落后，物质和精神文明发展水平低，带来了许多问题，如社区留守儿童法制和道德教育少，文体类活动缺位、文体设施投入低，等等。这些负面影响降低了侨乡留守儿童对社区生活的满意度。调查显示，侨乡留守儿童对社区生活的满意度与家乡认同感存在显著相关，相关系数为 0.652；在对社区生活的满意度上，侨乡留守儿童非留守儿童存在显著差异，$t(232) = -2.380, p = 0.018, d = 0.325$，侨乡留守儿童对社区生活的满意度明显低于非留守儿童。这表明侨乡留守儿童的社区生活满意度低，对家乡认同感造成不良影响。

4. 侨乡留守儿童的社区参与度低，缺乏融入社区的机会

社区公众的参与度是社区建设的深厚基础，是提高社区凝聚力、形成社区认同感的根本所在。[①] 家乡集体活动的参与度在家乡认同感建构中占据重要地位。数据显示，只有 11.5% 的侨乡留守儿童经常参与家乡的集体活动，参与家乡集体活动频率的均值为 1.82，显示侨乡留守儿童对家乡集体活动的参与度非常低。与家乡发生社会互动的频率低，缺乏融入家乡的机会，家乡认同感得不到提升与巩固。侨乡儿童参与社区活动少，既有社区集体活动开展少，活动吸引力弱，不受广大儿童喜爱的原因；也受到应试教育背景下家长认为学习更重要，学业负担重，学生鲜有机会参加与学习无关活动的影响。

5. 侨乡社区出国文化的负面影响

出国家庭和父母对子女的出国期望，是侨乡一种独特的文化。侨乡民众热衷于谈论谁家在出国之后如何得到发展，赚了多少钱，从国外带回欧元、原装的葡萄酒和咖啡等，于有意无意间渲染出一种"出国文化"，这种出国文化似乎凸显了已经出国并在国外扎根的群体的优越性，证明了出国务工的合理性。由于侨乡几乎家家都有人出国，家家与国外有着经济文化的联系，因此这种文化不仅深深根植于侨乡的发展中，而且一直（仍在）影响侨乡的人口流动方向。此外，这种"重利"的文化氛围也在一定程度上导致家长对儿童国内学业成绩的忽视，也间接地潜移默化地迁移到儿童身上，导致儿童缺失学习主动性。

———————————

① 陈微. 如何培养居民的社区归属感[J]. 中国民政, 2002(04)：24-25.

"学不学好没关系，反正出国一切都重新开始。"对很多人来说，国外就是一个不讲究国内学历，只要去了就一定能混得不错的好地方，也因此，很多华侨家庭对国内的成绩不那么在乎。一些父母或许也比较在意孩子成绩，但成绩一旦出现滑落，父母的要求也会相对降低，致使孩子产生既然学也学不好，以后还是出国混更有前途的片面想法，学习积极性下降，出国成了他们偷懒最好的借口，再加上周围监护人和学校老师的纵容，有所期待的孩子最终会跟着父母一起出国。

此外，频繁的出国、回国也会导致语言环境、教育环境、人际关系网络、文化环境的不间断的变化，由于国内外各学习要素的不同，出国意味着逼迫孩子适应国外的环境。孩子会因为语言的不同、难以适应陌生环境而产生交流障碍与隔阂，从而引起性格方面的变化，间接导致学习成绩的下滑。

不同于中西部的"读书无用论"，出国文化并不是否认教育推动儿童向上流动的意义，而是认为出国相比在国内具有更优越的意义，侨乡家庭的再生产过程，很大一部分受到出国文化的影响，在出国预期的作用下，侨乡留守儿童可能忽视或轻视学校教育的功能，因为他们的生命历程对父辈经历的复制，是通过出国来实现的。出国预期在一定程度上也带来了读书无用，形成了国内读书读得好不如出国赚钱的错误氛围。

通过 Pearson 相关检验(见表 3 - 33)，侨乡留守儿童家乡认同感与经济情况、好伙伴个数、受帮助作用大小、家乡生活满意度这 4 个变量之间均呈现显著的正相关关系。父母联系间隔和家乡认同感之间的相关系数值为 -0.428^{**}，说明父母联系儿童的时间间隔越长，侨乡留守儿童的家乡认同感水平越低。

表 3 - 33　侨乡留守儿童家乡认同感的回归分析系数

	家乡认同感	经济情况	好伙伴个数	与父母联系间隔	受帮助作用大小	家乡生活满意度
家乡认同感	1					
经济情况	0.333^{**}	1				
好伙伴个数	0.235^{*}	-0.137^{*}	1			
与父母联系间隔	-0.428^{**}	0.006	-0.085	1		

	家乡认同感	经济情况	好伙伴个数	与父母联系间隔	受帮助作用大小	家乡生活满意度
受帮助作用大小	0.257*	0.149*	0.013	−0.077	1	
家乡生活满意度	0.652**	0.041	0.206*	0.338**	0.135*	1

** 在 0.01 级别（双尾），相关性显著。

八、小　结

本章从家庭、学校、政府、电子产品、同伴群体、社区与文化等主体因素出发，对侨乡留守儿童的学业成绩、安全感、出国预期、家乡认同感等问题成因进行了分析。整体上看，侨乡留守儿童群体亲子联系相对较弱，部分侨乡留守儿童学习动力不足、学校适应能力差。主要原因是家庭教育资源缺失、儿童与出国父母及代抚养人之间存在交流阻滞、就读环境动荡、网络过度使用以及受出国预期的影响等。部分侨乡留守儿童家乡认同因素较弱，主要原因是家乡生活适应难、家庭亲密度低、家乡互助系统不完善、同伴交往匮乏以及家乡集体活动参与度低等。小结如下：

（一）家庭是影响侨乡留守儿童教育关爱的主要因素

家庭因素主要包括亲子沟通与家庭教育、家庭变故（父母婚姻情况或亲人是否在场是主要指标）、家庭经济收入与教育期望、家长对子女的偏爱、委托监护人抚育情况等。影响侨乡留守儿童教育关爱的家庭因素主要表现为亲子沟通不足、监护抚养隔代化、家庭结构不稳定、多子女家庭存在父母偏心现象、侨乡家庭家庭教育成效弱化、家长对侨乡留守儿童存在出国预期。但需要指出的是，父母出国也具有一定的积极意义：首先，父母出国留守儿童的社会经济地位相对较好，能够为其带来更丰富的教育资源；其次，侨乡往往形成了对"出国文化"的认同，认为能够出国的家庭都是"有本事"的家庭，这也对侨乡留守儿童带来了一定的被认同感；再次，在所调研的侨乡学校中，父母出国留守儿童占到学生总数的 2/3，占留守儿童总数的 74% 以上，是所在学校的学生主体,因此侨乡父母出国留守儿童并不能体会到随迁儿童在城市学校中的"特殊群体"感,他们在这个大的群体中慢慢适应了父母出国所带来的影响,甚至其学习适应性要强于非留守儿童。

(二) 政府是影响侨乡留守儿童教育关爱的关键因素

政府具有整合侨乡留守儿童教育关爱资源,建立教育关爱机制的公权力,是影响侨乡留守儿童教育关爱的关键因素。但当前侨务部门在侨乡留守儿童教育关爱中的主导地位没有得到确认与体现,侨务部门协同教育、民政等部门出台侨乡留守儿童支持政策,进行任务分工,机构设立与经费保障等的举措缺乏,当前已有的政府对侨乡留守儿童的教育关爱流于形式化,实质性的主导作用还有待发挥。

(三) 学校是影响留守儿童教育关爱的重要因素

父母出国导致家庭的部分功能被转移到学校,因此侨乡学校在侨乡留守儿童教育关爱中的地位得到提升。但当前一方面侨乡学校自身教育薄弱,主要表现为师资力量不足、侨乡留守儿童教育关爱专项经费缺乏、面临着侨乡"出国文化"的冲击;另一方面,从主观来看,侨乡学校还存在对侨乡教育资源的梳理整合不够、教育关爱活动匮乏、在主导侨乡家庭的家校共育方面缺乏有效措施。

比较侨乡留守儿童与非留守儿童的学业成绩,发现父母的远离对留守儿童的学业造成一定的不良影响,但整体上侨乡留守儿童和非留守儿童学业成绩相差不大,甚至略优;同时,侨乡留守儿童学业成绩上两极分化趋势明显,部分儿童学习无法跟上进度,部分学科学习能力较差。

分析侨乡留守儿童的学习动机,与非留守儿童存在较大的差异,其动机更多指向现实,以及他人和家庭的期望。未曾预备出国和预备出国的侨乡留守儿童在学习成就动机的各个维度均未表现出明显的差异性。从平均值来看,预备出国的侨乡留守儿童在学业成就动机的主动性、行为策略、坚持性和能力感水平均相对较高,但兴趣和知识价值观水平相对未预备出国的侨乡留守儿童群体较低。

（四）电子产品是影响侨乡留守儿童教育关爱的助推因素

由于父母出国与代监护人监管无力，侨乡留守儿童相比非留守儿童在手机、平板等电子产品方面的受影响程度更大。一方面，网络空间中的虚拟互动在一定程度上替代了留守儿童现实生活中互动交流的不足，也能够发挥侨乡留守儿童亲子沟通视频的作用，尤其是作业帮等软件，如果使用得当，有利于发挥现代教育信息技术的功能，支持侨乡留守儿童的学业；但另一方面，未成年的侨乡留守儿童在缺乏父母监管的情况下，难以控制自己的网瘾，不能正确与有效地利用电子产品，导致沉迷于网络游戏与网络社交，也带来了较多的影响学业、安全等负面影响。因此，电子产品的影响取决于是否正确地使用它们。

（五）同伴群体是影响侨乡留守儿童教育关爱的双面因素

同伴群体是侨乡留守儿童社会化的主要群体，也是其满足群体交往情感需求的主要群体，由于同伴群体的影响易于被接受模仿，因此同伴群体的品行与文化成为影响侨乡留守儿童教育问题不可忽视的因素。一方面，积极向上的同伴群体能够弥补侨乡留守儿童情感生活的缺失，在其学业上提供帮助；但另一方面，具有恶习和不良文化的同辈群体，也能够使侨乡留守儿童沾染不良品行。

（六）社区文化是影响侨乡留守儿童教育关爱的独特因素

相比一般农村社区，侨乡社区文化对于生活于其中的侨乡留守儿童的教育生活，具有独特的影响。首先，侨乡社区由于长期跨国社会经济文化的交往，而被植入了大量的异国商品与文化，比如红酒、喝咖啡，往往具有较好的经济条件；其次，由于特定时期侨汇所带来的经济冲击，使一些侨乡社区形成"出国文化"，尤其是老一辈人的心中，向往出国，将出国赚钱视为一种成功的职业选择，这在其他农村社区中并不存在，这种出国文化在一定导致父母对儿童的"出国预期"，消解了侨乡留守儿童的学习动机与热情；再次，侨乡社区流传着众多侨胞出国奋斗及反馈家乡教育民生的事迹与故事，这些社区涉侨文化具有良好的功能价值，但尚未得到较好的挖掘梳理与利用，未能转化为有效的对侨乡儿童的教育资源。

第四章 侨乡留守儿童教育关爱问题的学理分析

> 如果说,农民工家庭的留守儿童是游离于城市和乡村之间,那么,侨乡留守儿童则是游离于我国和他国之间。他们或生于家乡,或生于异域,但共同点是在血缘隶属之祖辈的羽翼下,在父母缺失的乡土上,度过自己的童年乃至青少年。他们人在家乡,貌似与家乡息息相关,但生存命运却处于悬浮的跨界之中。
>
> ——李明欢

在此所讲的侨乡留守儿童教育关爱问题,并非对侨乡留守儿童教育关爱问题的研究,而是指侨乡留守儿童教育关爱自身,并非是将其视为一个批判性的"问题",而是将其理解为涂尔干所指的"社会事实"或费孝通先生所指的"类型",之所以称为"教育关爱",是由于留守儿童的未成年人性质,教育关爱几乎可以涵盖对他的所有活动,包括生活困难。

一、侨乡留守儿童是弱势儿童

中国新闻社课题组在《世界华商发展报告》中指出,侨乡留守儿童的分布非常广泛,包括浙江、广东、福建、广西、北京、天津等省份。近年来,安徽、江西等地也出现大量的农村侨乡留守儿童群体①。用侨乡留守儿童来指称改群体,

---

① 王佑镁."跨国寄养"背景下我国农村侨乡留守儿童媒介素养研究[J]. 现代远距离教育,2013 (4):55-61.

是由于父母出国往往是一个群体或一个社区、镇街乡及至县市区的现象，具有共同性特征，因此本书所指侨乡留守儿童，实际上指的是父母出国的留守儿童。2009年，卢德平将农村留守儿童称为"社会新弱势群体"①，这个称呼对于侨乡留守儿童同样适用。

社会弱势群体，主要是一个用来分析现代社会经济利益和社会权力分配不公平、社会结构不协调、不合理的概念，也是社会学、政治学、社会支持领域的一个核心概念，它与自由竞争、社会公平、社会权利等范畴一起形成了社会政策—社会福利制度—社会服务的理论与实践场域。弱势群体概念的形成是同一定的社会福利的意识形态相联系的②。弱势群体引起公众的广泛关注，可能始于2002年的《政府工作报告》，朱镕基总理在报告中第一次使用了"弱势群体"，但他当时所指的主要是农民工群体。

2007年之前，农村留守儿童研究主要指向该群体的"问题"。2007年后，越来越多的研究认同留守儿童是新"弱势儿童"群体。邓纯考把倾向于将农村留守儿童视为"问题儿童"的研究范式称为标签范式，他认为，这种研究倾向将留守儿童需要救助的"弱势处境"被看成是需要教育矫正的"问题表现"，并没有对两者作出区分。实际上，亲子分隔、监护动荡、缺人照看等"弱势特征"，并非留守儿童群体自身的主观过错，而是他们被卷入社会变迁洪流之中的客观烙印，其本身无法规避；"问题表现"则是留守儿童在教育生活中所表现出来的越轨行为，具有主观过错性与可避免性。两者一为客观、外在与共性，一为主观、内在与个性，涵义并不相同。此外，"弱势特征"并不一定引致"问题行为"，两者之间并无决定性的因果关系，众多研究也已经表明，部分留守儿童在不利环境中反而养成了独立自主、自律自强的良好品行③。

科尔曼和布彻·卡森的报告则从家庭视角分析了弱势儿童的形成，即不充裕家庭、动荡家庭、反社会家庭、虐待型家庭和不完整家庭④，留守儿童家庭是典型的不充裕家庭、动荡家庭和不完整家庭。近年来的大量对留守儿童伤

① 卢德平. 社会性别固化模式对留守儿童生涯志向的影响[J]. 当代青年研究, 2009(09)：23 - 29.

② 郑杭生. 弱势群体与社会支持[M]. 北京：中国人民大学出版社, 2003：6.

③ 邓纯考, 周谷平. 农村留守儿童研究范式：问题与超越[J]. 教育发展研究, 2017, 37(18)：78 - 84.

④ 赵娟. 城市流动人口子女教育的现状[J]. 社会, 2003(09)：17 - 19.

害事件的报道,为留守儿童的"弱势特征"作了注释,辅证了"留守儿童不是'问题儿童',而是'弱势群体'"的观点。"弱势论"衔接了"关爱"视角,是当前的主流认识,其不足之处是可能在一定程度上导致对留守儿童中确实存在的教育问题的忽视。类似于"弱势论"的还有"特殊儿童论",如肖庆华认为,农民工子女问题源于需求的变化,不是问题儿童,而是有特殊需求的特殊儿童,但对留守儿童的具体特殊需求是什么还需要深入阐述①。余秀兰认为,关于我国当前弱势群体的教育支持政策,以下几个核心价值观应是形成其政策设计的主要基础:公平(罗尔斯的均等性公平与非均等性公平);充足(精神支持和物质支持);效率(指要考虑对弱势群体教育投入的收益和绩效问题);自由(指赋予弱势者以充分的选择权和自主权,使其能够不受外在限制地接受他想要得到的教育)。②

本研究认为,侨乡留守儿童群体是"弱势儿童",属于特殊时空背景下的社会弱势群体。他们虽然在社会性资源分配上并不具有经济利益的贫困性,但却具有生活质量的低层次性和承受能力的脆弱性。如果从三种形成弱势群体社会类型的成因看,在"生理性弱者、社会性弱者和自然性弱者"中,侨乡留守儿童具有后两者的特征,"未成年、父母出国"。从某种意义上看,侨乡父母出国劳务经商的留守儿童作为我国东部沿海省份的"另类守望者",是留守儿童群体中的特殊亚群体,还兼有跨国与亲子长期分离这一特殊突出的弱势特征。具体来说,其弱势特征表征了该群体属于弱势儿童,主要表现在以下几个方面:

(一) 父母出国背景下家庭功能的弱化

叶敬忠认为,以"家庭成员分离"作为对留守家庭的界定似乎更为恰当,因为它包含了就地转移中的家庭成员分离类型,并引起家庭生计资本的变化③。家庭生计资本是人力资本即家庭成员及劳动力的改变、物质资本即家庭经济来源的改变、社会资本即社会人际交往圈的变化三者之和。外出父母在考虑

---

①　肖庆华.农民工子女教育研究的立场[J].教育发展研究,2012,32(07):34-37.
②　余秀兰.弱势群体的教育支持:发达国家的理念及其嬗变[J].比较教育研究,2009,31(01):33-37.
③　叶敬忠.别样童年:中国农村留守儿童[M].北京:社会科学文献出版社,2008:123.

外出对家庭的冲击的时候，首先考虑的往往是家庭子女的抚养教育问题。因此，父母外出家庭大都以子女抚育为中心进行重构，这种父母外出后，围绕"留守子女"抚育组织的家庭，就是留守家庭，留守家庭大多是非亲子家庭，非亲子成员进入核心家庭，分担或全部承担对儿童的抚育功能。因此，留守家庭成员的组成，家庭关系、家庭功能都发生了本质性的变化，这种集中变化显然对于儿童的抚育带来了冲击，亲子分离时间越长，对子女抚育的影响越大。[①]

对侨乡出国父母来说，应对父母外出对家庭结构所造成的破坏需要更为谨慎，因为他们出国后返乡亲子团聚更加困难。祖辈是最好的代监护人，如果身体条件许可的话，可以较好弥补核心家庭结构的破损；如果祖辈不能代为抚养，则只能求助于其他上辈等人。由此形成了以下几种家庭变迁趋势与类型。一是核心家庭重新变回主干家庭。在新组成的主干家庭中，中间父母一层被全部抽离或部分抽离，祖辈、（单方）父母、儿童共同生活，这样类型的家庭叫做隔代家庭；二是父母双亲或单亲外出后，由儿童上辈、同辈、其他亲戚或者干脆儿童自我照顾的家庭形式，这样所形成的家庭可以称之为"破损的核心家庭"，属于空心化的核心家庭。无论是隔代家庭还是破损的核心家庭，都属于留守家庭。

留守家庭的共同特征，是抚养人中父辈的缺损，包括父亲外出、母亲外出还是双亲外出，无论是哪一种缺损，都意味着对家庭结构三角模式的破坏，带来家庭抚育功能的弱化。表现为亲子沟通、家庭教育、家庭社会资本的弱化，以及留守儿童自身劳动负担的增加。

1. 家庭亲子沟通的弱化

家庭抚育功能的弱化，首先表现在家庭亲子沟通的弱化上。首先，由于出国父母对留守子女的身心发展状态未能及时了解，对孩子独立自主缺乏足够的信任，因此将远洋亲子视频或语音作为监督孩子学习和生活的主要手段。虽然父母从责任心和履行义务出发，但其态度是"发号施令"式的，言辞以批评和管制为主，话语中往往充斥"不能做什么""不能怎样""不行""要怎么做"等，

---

① 向伟,肖汉仕.家庭功能对农村留守儿童情绪健康的影响效应[J].湖南农业大学学报(社会科学版),2018,19(06)：43-48.

从而引起儿童对父母远洋电话的抗拒、敷衍甚至拒接。

其次,由于受到跨洋时空的影响,越洋电话的通话费(网络化后已经大大降低)高,跨时区(时间的不一致)使得侨乡留守儿童的亲子沟通代价昂贵。在有限的时间中,父母倾向于找到沟通的"重点":即学习与生活安全——大多数父母出国的目的是为子女将来的教育准备必要的资金,并受出国动机的驱动,因此主要关注留守子女的学习与生活,而留守子女却往往认为学业与生活话题是老生常谈,导致缺乏沟通的兴趣。

再次,线上非对面的沟通难以观察表情,父母难以觉察孩子的心理变化,难以发现孩子对于情感的需求,疏于关注儿童的情感,使留守儿童的亲子沟通需求与出国父母的"关注点"并不一致,逐渐使孩子失去对亲子沟通的积极性,使亲子情感沟通阻滞,导致亲子情感弱化。父母认为自己对孩子充满了情感,但孩子却体会不到。

最后,是出国父母文化、受教育水平以及传统观念的影响。较多出国父母不具备现代科学的养育理念,忽视子女全面发展与情感的需求。

家庭是建立亲子基本信任的主要场所,儿童情感需求的满足主要通过亲子情感沟通交流、亲子日常照料等来实现,父母出国造成了巨大的时空分离,使面对面式的亲子日常情感沟通交流不能实现,必然严重削弱家庭亲子的情感沟通。

2. 家庭教育功能的弱化

家庭是子女的第一个课堂,这个课堂的第一任教师是父母。家庭教育不仅仅是学业辅导,还包括生活与学习习惯的建立,社会道德与价值观的树立与引领,社会规范的习得等。家庭是社会的缩影,父母在家庭中肩负为子女"系好人生第一个扣子"的教育职责,父辈出国造成家庭教育中教育者的缺席,虽然出国父母通过寻求祖辈的支持、通过远洋沟通来加以弥补,但整体上家庭教育功能的弱化仍难以避免。

3. 家庭社会资本的弱化

布尔迪厄指出,社会资本就是一种通过对"体制化的关系网络"的占有而获取的实际的或潜在的资源的集合体,"那些资源是同对某种持久的网络的占有密不可分,这一网络是大家共同熟悉的、得到公认的,而且是一种体制化关系的网络,或换句话说,这一网络是同某个团体的会员制相联系的,它从集体性拥有的资本的角度为每个会员提供支持"。[①] 儿童的社会资本是一种从人际网络中获得儿童个人生存、发展和被保护的社会资源。这些社会资源通过儿童可以接触的或参与的不固定的网络或正式的组织得到发展,包括:连接家庭成员、邻居、亲密朋友的联系;连接具有不同职业背景或社会背景的人的联系;将穷人或弱势群体和在正式机构中有权力的人联系起来的纵向联系等。父母出国使侨乡留守儿童处于社会弱势地位,由于儿童的社会资本实际上主要通过父母的社会关系网络获得,或者需要借助于父母的社会资本发展,因此父母的出国必然大大削弱了留守儿童的社会资本,使他们在日常生活中面临困难的时候可以求助的社会关系减少。

4. 留守儿童劳动负担的增加

叶敬忠[②]等对中西部农村留守儿童的研究发现,父母外出不同程度地增加了留守儿童的劳动负担,限制了部分留守儿童的交往范围[③]。本调研发现,父母出国后,温州侨乡留守儿童的农活负担并不多;但父母外出增加了他们的家庭生活负担。首先是其自身的起居穿衣、洗衣做饭、拖地打扫等劳动,其次在祖辈监护人生病感冒的时候,还需要照顾他们的生活。

(二) 短居与长居计划下侨乡留守儿童教育生活的动荡

父母出国对侨乡留守儿童的教育生活带来巨大影响。相对于父母国内务工的留守儿童,由于出国父母还要努力使子女获得居留国的绿卡(居留证),并为子女出国定居做好准备,因此侨乡留守儿童的教育生活相比一般农村留守儿童更加动荡。

1. 父母出国家庭的短居计划

家长希望儿童获得父母所在国的居留证(绿卡),一些居留国的移民政策要求申请居留证必须每年在居留国生活1—2个月的时间,因此家长要求侨乡留守儿童每年定期飞往国外居住1—2个月。这就造成了侨乡留守儿童的学

---

① Bourdieu. An introduction to the work of Pierre Bourdieu: The practice of theory [M]. Springer, 2016.

② 叶敬忠,〔美〕詹姆斯·莫瑞. 关注留守儿童——中国中西部农村地区劳动力外出务工对留守儿童的影响[M]. 社会科学文献出版社,2005.

③ 叶敬忠,王伊欢. 留守儿童的监护现状与特点[J]. 人口学刊,2006,3:55-59.

业动荡和生活动荡。

> 国外居留移民政策一紧的话，我们学校的很多孩子就要出国了。所以这个对孩子的学习成绩影响就非常大，这样国内国外来来去去的，学习进度自然就跟不上了，所以我们学校会有很多留级的，有很多超龄上学的。我们学校一年级有些个子很高的，还有十六岁的孩子读一年级（初中），他们就是专门回来学中文的。很多侨乡学校老师抱怨家长缺少对孩子在课外时间的管教，平时不重视学习而当孩子考试成绩不佳的时候又将责任推给教师。（任岩松中学教务处王主任）

> 我奶奶说，我妈要出国的时候，怀我已经五个月了。当时我奶奶劝她说在中国生吧，不要出去生了。但是我妈还是硬要出国，于是我在罗马尼亚出生。但是妈妈只在罗马尼亚养了我几个月之后便把我送回中国，后来我就没有再出去过，因为妈妈没有给我办居留证。（访谈个案 Y10）

一方面，短居计划影响了侨乡留守儿童在国内的学业进度，影响侨乡留守儿童学业成绩。由于短居计划成为压倒一切的侨乡家庭的优先策略，国内学习的学业、年级等一切要首先服从于短居计划，而短居计划并不仅仅是一个学期就能够结束，要延续好几个学期，这对侨乡留守儿童的国内学业造成了很大的动荡。

另一方面，短居计划也是导致生活动荡的重要原因。对于侨乡留守儿童来说，在国内形成了以祖辈抚养为主的生活状况，但在出国期间，祖辈监护转换为父辈监护，在短居结束后再次回归祖辈监护的状况，这种监护的动荡和生活方式的动荡，必然对其生活与社会适应带来影响。

2. 侨乡家庭对子女出国的安排

父母出国留守儿童的父母常年在国外工作，儿童见到父母的机会明显少于其他儿童。其父母在国外多是从事服务性工作，常年忙于工作无暇顾及远在国内的孩子，有的父母为了节省往来路费，更是很少回国，有些获得外国国籍的父母也只能一年回国一次。没有外国国籍的父母只能盼望着孩子5岁后来到自己的身边，因为儿童一般到5岁就可以办签证去国外与父母团聚。在漫长的等待中，留守儿童对父母的印象并不是很深，他们更多的是从祖父母的口中得知父母的近况。每当问起留守儿童想不想母亲，他们眼睛就流露出了茫然的神情。渴望寻找母亲，但又不懂母亲在自己成长中的作用。有些留守儿童甚至表现出了对国外生活的抵制，认为出国是对自己的惩罚。[①]

调查显示，侨乡留守家庭中有过一两次出国经历的学生占 53.3%，有过三次及以上出国经历的占 26.7%，20% 的学生没有出国经历。对于国外教育，仅有 35.7% 的父母出国留守儿童表示曾经体验过，但他们基本不喜欢国外教育，理由是听不懂，存在语言障碍等，仅一名受访留守儿童表示喜欢国外教育，他觉得国外教育比较轻松。频繁出国回国是导致侨乡留守儿童支离破碎的教育生活的主要原因，类似于任运昌曾经认为，西部农村留守儿童的真正意义上的家庭生活和家庭教育已经支离破碎。[②]

侨乡留守儿童的出国还受到年龄、性别与父母在国外经济收入的影响。如上文研究可知，小学毕业是侨乡留守儿童的一个出国高峰期，出国以男童优先，在国外经济收入相对较好的家庭优先安排子女出国。因此这也意味着侨乡留守儿童的教育生活的动荡程度也与其年龄、性别及家庭状况有关。此外，还受到特殊情况的影响，比如 2020 年爆发的全球新冠肺炎疫情，疫情通过隔离制度在一定程度上对出国与回国形成了阻隔，也大大减少了侨乡留守儿童的动荡情况。

（三）时空阻隔背景下亲子交往的被替代

亲子交往是一般家庭中的主要交往方式，但留守家庭的亲子交往主要演变成电话和网络交往，代监护人实际上很难完全替代父辈的亲子交往功能，因此留守儿童的家庭交往需求部分溢出到学校与社区，从而导致其同辈群体交往的上升。

赵景欣认为，亲子亲合（parental cohesion）是指父母与子女之间亲密的情感联结，它既可以表现在积极的互动行为之中，又可以表现为养育者与儿童心

---

① 李雪飞. "类家庭"教育模式在侨乡留守儿童中的应用研究[J]. 福建教育学院学报，2012(1)：68-71.

② 任运昌. 空巢乡村的守望：西部留守儿童教育问题的社会学研究[M]. 北京：中国社会科学出版社，2009.

理上彼此的亲密感受,①留守儿童与父母间的亲子亲合对于促进其心理适应具有保护作用。前文也已经指出,童年时期父母的外出,对于留守儿童的依恋感的形成带来了巨大的负面影响。面对留守带来的不利教育生活环境,一些留守儿童表现出积极的应对方式,部分留守儿童特别是小学留守女童,表现出一定的亲社会行为,赢得老师的保护和同学的认可,这种亲社会行为增加了这部分留守儿童的替代性交往,可以称之为应对不利留守境遇时的"保护性因素"。对湖岭镇小学留守儿童的调研中,教师也认为留守儿童特别是留守女童更"懂事",能够帮老师、同学和班级做事,这些行为正是儿童亲社会行为的具体表现。

大部分留守儿童亲子沟通少,且缺乏沟通与交流使儿童产生更多负面心理。大多数代监护人难以替代父辈的抚育功能,由于本身管教上不一定能投入全力以及受到管教他人孩子的顾忌,他们与留守儿童的交往也大都停留在生活和安全等方面,这使亲子交往的情感需求无法得到满足和替代。

同伴接纳对儿童的亲情缺失具有补偿作用。同伴是儿童发展的重要背景。在与同伴交往的过程中,儿童会获得一系列的社会技能、社会行为、态度以及体验等,进而影响着儿童的适应结果。但同伴群体的亚文化具有双面性,部分同伴群体能够发挥积极的情感替代功能和学业辅导和帮助功能,有利于侨乡留守儿童的积极社会化;但也存在部分消极和负面的同伴群体文化,这些群体可能形成打架斗殴、拉帮结派,甚至赌博吸毒敲诈等方面的不良文化,对于缺乏监管的侨乡留守儿童来说,这种替代性的溢出交往存在很大的危险。

(四) 心理发展受到负面影响

1. 负面心理

虽然父母出国留守儿童比父母国内务工留守儿童在物质方面更富裕,但是亲子长期分离和隔代抚育直接或间接地影响了他们的健康成长。实证研究发现,父母出国留守儿童比父母国内务工留守儿童的心理健康问题更突出,具

---

① 赵景欣,刘霞,张文新. 同伴拒绝,同伴接纳与农村留守儿童的心理适应:亲子亲合与逆境信念的作用[J]. 心理学报,2013,45(7):797-810.

体表现为敌视、人际敏感、抑郁、焦虑、适应不良、情绪不稳定等。[①]

保护感是孩子健全发展过程中的基础,保护感可以帮助孩子形成对世界安全、信任的基本态度。然而,对于留守儿童来说,由于父母长期出国,大多数孩子心中父母保护感缺失,导致他们没有建立起对世界的安全感与信任感,对他人的态度就容易走向消极。这个过程是一个长期、渐进、缓慢的影响过程,对孩子人格发展的影响十分深刻。因为缺少父母保护,一些孩子的性格行为在向两个极端的方向发展。一方面,有些孩子变得胆小怕事、性格懦弱,十分敏感[②],另一方面,有些孩子却在失去父母的管束后,性格发展到另一个极端,和社会上小青年混在一起,在学校里因为怕被人欺负而先去欺负别人,在课堂上不遵守纪律,以此引起别人的关注,以另一种方式满足自己被别人重视的心理,变成了外向型的欺负其他同学的性格。此外,由于出国是大部分侨乡留守儿童明确的出路,家长的教育观念停留在"身体好""出国学好英语"两个层面上,对心理健康和情感的关注较少,这是侨乡留守儿童心理健康水平较差的主要原因。因此,对侨乡留守儿童的心理健康教育,主要应当侧重于引导家长或监护人教育理念的改变,让家长重视孩子的心理健康,并掌握一些心理健康教育的常识。[③] 而对于儿童本身的心理辅导则往往受到儿童的抵制。

> 学校也有配备心理辅导,但是这群孩子也不会去,他们会觉得去心理辅导就是心理有问题的。(玉壶中学胡校长)

2. 抗逆力的弱化

抗逆力(Resilience)也被翻译成复原力、心理韧性,是优势视角的核心概念。孔普弗(Kumpfer)在社会生态模型和个体——环境基础上建立了抗逆力的综合模型。该模型认为,压力源或挑战性事件是抗逆力的起点,面对环境中

---

① 李雪飞."类家庭"教育模式在侨乡留守儿童中的应用研究[J].福建教育学院学报,2012(1):68-71.

② 邓纯考.农村留守儿童社会化困境与学校教育对策——对浙南R市的调查与实践[J].浙江社会科学,2012(05):78-85+157.

③ 刘艳飞.东南沿海留守儿童类型及心理健康状况比较——以福州连江为例[J].福州党校学报,2010(6):53-56.

的危险因素,个体内部的抗逆力保护因素会直接与外部环境相互作用,试图将危险性环境改造成具有保护性的环境。他将环境中交互影响的保护因素和危险因素分为:文化、家庭、学校、社区与同伴;个体内部抗逆力因素包括认知、身体、精神、行为和情感。他认为,以下方式可以帮助有抗逆力的个体实现积极的社会化,包括角色示范、教导、建议、情感上的积极回应性、提供机会、监督和协助训练、合理的发展期望。[1] 从吉登斯结构化理论看,抗逆力的环境因素体现了结构,而内部抗逆力因素则更多体现了行动。侨乡留守儿童环境因素中所充斥的文化与家庭的危险性可能更为突出,而由于亲子的长期分离,其内部抗逆力因素中的认知和情感因素可能更为欠缺,并导致其出现问题行为。而加强父母出国留守儿童家庭的合理塑造与功能的提升,是促成父母出国留守儿童抗逆力重构的关键环节。

(五) 人身安全缺乏有效的保护

2015 年贵州毕节发生留守儿童服毒死亡的悲剧后,留守儿童的人身安全问题引起了社会各界的广泛关注。2016 年国务院出台了《国务院关于加强农村留守儿童关爱保护工作意见》。诸多研究指出,留守儿童存在监护弱化背景下的人身权利失保与安全隐患。[2][3]

从已有对农村留守儿童安全事故的梳理看,主要安全问题包括留守女童的性安全和男女童的交通安全,以及男童在打架斗殴中的安全等。相对来说,东部侨乡留守儿童的农活、爬山、电线电路等方面的安全事故较少。

虽然代监护人将保障留守儿童的安全作为他们的主要职责,但由于儿童的生性好动、受到的诱惑较多,以及代监护人本身在体力、精力和监管责任心方面可能存在的不足,留守儿童的人身安全仍然面临一定的安全隐患。

---

① 张杰,何东侠.跨越个体与系统:青少年抗逆力研究的反思[J].当代青年研究,2017(02):88-94.
② 雷万鹏,杨帆.对留守儿童问题的基本判断与政策选择[J].教育研究与实验,2009,2:24-29.
③ 吕绍清.农村儿童:留守生活的挑战——150 个访谈个案分析报告[J].中国农村经济,2006,1.

（六）家国认同淡化对侨乡留守儿童家乡融入带来的影响

游走在不同国家教育文化之间的侨乡留守儿童，自然在出国回国间对中外教育与文化进行比较，并由此产生教育与文化认同，因此侨乡留守儿童的教育涉及其家国认同问题。这与一般的农村留守儿童不同，后者父母在国内务工，涉及的是国内不同区域之间的文化对比。

对于中外文化的比较选择来说，侨乡留守儿童应当首先具备一定的民族优良传统文化，并以此为根基，对国外的教育文化进行批判性的吸收；应当确立对侨乡的家乡情怀，不忘家乡出处，能够牢记乡梓，在未来在国外创业成功后不忘家乡，能够回报家乡，参与侨乡的建设。

但从上文的调研看，侨乡留守儿童对家乡的归属感、荣誉感、对家乡建设的责任感、对家乡文化认可程度低于非留守儿童，存在对家乡认同的弱化现象。究其原因，一是缺乏对侨乡留守儿童的家国文化的价值观引领，侨乡家庭与学校缺乏相应的教育活动与课程设计，爱国的前提是爱家乡，热爱家乡需要向儿童呈现家乡优秀的文化与美好的一面；二是受到侨乡出国文化的影响，由于出国能够迅速积累财富，成为"能人"的代名词，从而带来对国外文化的向往和认同。这种侨乡社区的文化容易造成对侨乡乡土文化的消解，从而导致侨乡留守儿童家国认同的弱化。

二、侨乡留守儿童的特殊生命历程

侨乡父母出国留守儿童的弱势处境形塑了其独特的生命历程，在其教育生活的开展中，不仅受到政治、经济和社会等方面的制约，也受到其自身身心发展不成熟的影响。

19 世纪 20 年代针对移民问题，美国芝加哥学派开启了生命历程理论的研究。这一时期的代表人物埃德尔、雷德尔、兹纳尼茨基等人将生命历程理论作为解释社会问题的基础理论广泛应用于社会学研究。随着学科进入交叉发展时代，该理论拓展到如心理学、管理学、医学、教育学等多个学科领域。传入我国后，生命历程研究范式为中国社会科学研究提供了一种新的视角。生命历程指"在人的一生中通过年龄分化而体现出的生活道路"，是以年龄阶段来划分个体扮演的社会角色。① 生命历程理论关注的是个体、社会和历史的相互关系,强调的是能动的个体与发展变化的社会力量间的相互弥合,以及随时间的变化个体的年龄角色及生命事件序列受到的影响及社会形态的代际传递。

　　本部分通过绘制侨乡留守儿童生命成长历程轨迹图,辅以问卷调查完善分析,从侨乡留守儿童的成长历程的复杂程度出发,采用事件史、生活史的追踪记述研究,深度挖掘一些不易察觉的侨乡留守儿童的性格成长偏好及价值取向,如侨乡炫耀性经济文化催生出诸多留守儿童的虚荣心强、金钱观不正,②祖辈监护溺爱下孩子的心理抗逆能力差、人格发展不足等。③ 剥离个体,回归群体,在强调人的能动前提下深入探究侨乡留守儿童的成长历程可以在一定程度上弥补当前研究的不足,同时这也是生命历程理论发展的内在要求。目前,学界关于留守经历及生存处境对侨乡留守儿童未来发展影响的研究尚且不足,并且研究多注重对侨乡留守儿童群体特质的现状调查及对比分析,很少有人从留守儿童生命个体立场探求他们发展的特殊性。

(一) 生命历程理论的主要原理

　　埃尔德将生命历程理论研究范式归纳为 4 个基本原理:一定时空中的生活原理,相互联系的生活原理,生活的恰当时间原理,个人能动性原理。④

　　1.“一定时空中的生活”原理

　　面对不断变化的社会环境,出生在不同年代的个体所面对的社会结构是不一样的。即个体在哪一年出生(出生组效应),属于哪一同龄群体,以及在什么地方出生(地理效应),基本上将人与某种历史力量联系起来;当社会变化对一代又一代的个体产生了不同影响时,社会对生命发展轨迹的历史影响就会以队列效应的形式体现出来;当社会变化对同一时期的所有个体的影响大致相同时,社会对生命发展轨迹的历史影响就会以时期效应的形式体现出来。个体从属的某一出生队列基本上将人与某种历史力量联结起来,这是进

---

　　① 李强.生命的历程:重大社会事件与中国人的生命轨迹[M].杭州:浙江人民出版社 1999:4.
　　② 甘满堂,邓莲君.夸富背后的身份重构与社区互惠——对侨乡炫耀性经济行为的功能主义解读[J].福州大学学报(哲学社会科学版),2012(05):51-57.
　　③ 何毅.侨乡留守儿童发展状况调查报告——以浙江青田县为例[J].中国青年研究,2008(10):53-57.
　　④ 〔美〕G. H. 埃尔德.大萧条的孩子们[M].田禾,马春华,译.南京:译林出版社,2002:26.

行生命历程范式分析的重要组成部分；①

2. "相互联系的生活"原理

人总是生活在由亲属、老师和朋友所构成的社会关系之中。个人正是通过一定的社会关系，才被整合入特定的群体的，每代人注定要受到在别人的生命历程中所发生的生活事件的巨大影响。即社会个体并非独立存在的，而是嵌套于由亲属师友构成的具体社会关系中。同时，通过这种微观层面上的社会关系变动受到发生在更高层次上的整体社会变迁的影响。②

3. "生活的恰当时间"原理

生活的恰当时间指的是在生命历程变迁中所发生的社会性时间（social timing），即生命历程中经历的生活事件、生活环境的时间顺序或所处的年龄段不同，对个体会带来不同的影响。它还指个体与个体之间生命历程的协调发展。③ 这一原理认为，某一生活事件发生的时间甚至比事件本身更具意义，强调了人与环境的匹配。

4. "个人能动性"原理

人总是在一定社会建制之中有计划、有选择地推进自己的生命历程。即使在有约束的环境下，个体仍具有主动性。个体可以通过自己的选择和行为，在一定的历史和社会环境中构建自己的生命历程。也就是说人在社会环境下做出的选择，同时受到所处的社会结构和个人经历的影响，因此个体的能动作用带来的自我选择过程，对于理解生命历程的差异具有重要的意义。④

（二）生命历程理论视角的分析

1. 生命历程理论视角对于解读侨乡留守儿童教育生活具有独特价值

生命历程理论关注在个体成长的不同时间变量中分析个体的身心发展，并且非常关注个体早年的成长经历、生命中的重大事件等的影响效应。将社

---

① 包蕾萍，桑标. 习俗还是发生？——生命历程理论视角下的毕生发展[J]. 华东师范大学学报（教育科学版），2006(01)：49-55+62.

② 杨汇泉，朱启臻. 农村留守儿童家庭抚育策略的社会学思考——一项生命历程理论视角的个案考察[J]. 人口与发展，2011,17(02)：63-72.

③ 包蕾萍. 生命历程理论的时间观探析[J]. 社会学研究，2005(04)：120-133+244-245.

④ 〔美〕G. H. 埃尔德. 大萧条的孩子们[M]. 田禾，马春华，译. 南京：译林出版社，2002：42.

会结构和社会历史变迁与个人结合起来,从个人和社会的不同层面探究个体生命成长的社会性、历史性和结构性,并分析了个体的自我主观愿望对个体成长的综合影响。生命历程理论为侨乡父母出国留守儿童教育成长提供了一个独特的分析视角。首先,在生命历程理论的视角下,探索我国侨乡留守儿童成长的变化趋势,可以将社会历史的变迁与留守儿童的生活结合起来,发现宏观社会建制的影响力量;其次,有助于建立相互联系的分析框架,不仅仅关注侨乡留守儿童心理、教育和生活问题,而是能够在一定的时空中,将影响侨乡留守儿童教育生活的相互联系的生活力量联系起来审视,从而避免落入就留守儿童问题谈留守儿童问题的窠臼。[①]

2. 侨乡留守儿童具有特殊的生命历程轨迹

"留守"是一种状态,它不是一种身份,它与民族、籍贯、独生子女等陪伴孩子终身的符号标识不同,它经常跟随父母生活状态的变化而发生改变。动态务工导致监护人的动态变化,因此,留守儿童的经历可称为"动态留守"。吕绍清把儿童的"流动"定义为跟随父母在城市生活或学习半年以上,以此为标准,他的调研显示,42.9%的农村留守儿童有过跟随父母在城市流动的经历,大部分留守儿童的留守生活"不是静止的,而是一种动态的留守"。他进一步指出,有着"动态留守"经历的农村留守儿童所占全部留守儿童的比例要超过一半以上[②]。罗国芬认为,"留守"只是暂时的一种生活状态,某个儿童可能只有一定时间的留守经历,但不是一个彻头彻尾的留守儿童。因此甚至可以说没有一个"留守"儿童,而只有一些有过或正在或将要经历留守状态的儿童,而由于留守儿童本身的难以界定性,所以其规模问题也是个"伪问题"[③]。

显然,"留守"是留守儿童生命中的一种动态经历,这种动态变化性是不以儿童的意志为转移的,它受到儿童所生存的微系统、中间系统、外部系统和宏系统的影响。这种变化有两种方式,即留守与流动、留守与非留守之间的互变,这两种方式又可以再分出两种,总共大致有四种动态留守的变化方式。

相比普通儿童与农村留守儿童,侨乡留守儿童的动态变化性具有特殊的

①　周昆,袁丹.破解儿童留守问题的复杂性思维范式转向[J].西南大学学报(社会科学版),2020,46(06):114-121.

②　吕绍清.中国农村留守儿童问题研究[J].中国妇运,2006(06):19-25.

③　罗国芬.农村留守儿童的规模问题评述[J].青年研究,2006(03):8-14.

流动轨迹："出国—回国—出国—回国"。父母出国使儿童不断处于跨国流动中，跨国流动与亲子团聚或分离交织在一起，构成了侨乡留守儿童的特殊流动性。相对来说，这种变化的空间更大，变化所经历的环境差异更大，变化所面临的困难也更大。具体来说，侨乡留守儿童的动态流动相比一般留守儿童，在时间上更长，在空间上更远，面临的教育文化差异更大。

在时间上更长，指侨乡留守儿童跨国流动的短居原因是为了办理在国外的居留权，一次出国居留的时间可能要花上 2—3 个月；长居原因可能就是该儿童原来在国外出生或受教育一段时间，或在国内受教育一段时间后再出国，而出国与回国之后的留居时间一般相对较长。

在空间上更远，指侨乡留守儿童的流动属于跨国流动，不同于国内留守儿童的平时或暑期亲子团聚，国内的亲子团聚所花时间相对较少、费用也相对较少，交通较为方便，省市县之间的差异可能并不十分显著；但跨国亲子团聚流动在时间、金钱等方面显然大幅提升。2020 年全球爆发的新冠疫情则进一步加剧了这种跨国流动的难度，在跨国流动需要隔离 14＋7＋7 的情况下，跨国流动变得尤其困难。

面临的教育文化差异更大，是指国内外不同的文化与教育传统的影响。比如在教育文化上，国外基础教育阶段在学习时间和功课要求上相对较为宽松，留给学生自主学习的时间较多，对综合实践活动要求较强等。但国内的教育文化十分重视基础教育阶段的基本功学习，哪怕在小学阶段也面临着区域学业检测的压力，使教师倾向于布置的作业，在功课学习上注重基础性课程与学科课程，不重视综合实践活动课程，等等。因此当面临这样巨大的教育文化差异，侨乡留守儿童在两种教育文化之间游走，面临的落差尤其明显，从而对他们的学业产生了影响，一些儿童在国外学习之后回国的学业跟不上进度，中文基础比较差，需要申请延期入学与留级等。从对 R 中学 9 个个案调研看，在9 个孩子中有 3 个 16 岁的女孩都在 7 年级，按照正常的入学时间，她们应该在9 年级。这说明他们的在学相应时间推迟了两年，而在非留守儿童中则不存在这种情况。

3. 侨乡留守儿童特殊生命历程的影响

（1）侨乡留守儿童的流动性影响其社会适应性与性格。

我们老师了解下来,有很多学生在国外时性格开朗,回国后由于教育不衔接、语言不通等原因,不愿意与他人交流,进而变得内向,在适应的过程中,其观念和行为方式发生了我们认为是根本性的改变。(任岩松中学教导主任)

(2)侨乡留守儿童的流动性影响侨乡学校学生数量变化。父母出国留守儿童的特殊生命历程对其所在的侨乡学校的学生数产生巨大影响,在20世纪末21世纪初表现尤为明显。1998年到2002年是家长回国将自己的孩子接去国外的一个高峰期,学校反映学生人数变动十分显著,一个学期里能减少200多个学生。使侨乡学校的学生数呈现出"金字塔"形状,对学校的功课安排、教学质量与升学率带来了冲击。

(3)侨乡留守儿童的跨国流动性影响其学业进度,也导致学校管理困难。为取得侨居国"绿卡",留守儿童往往需要每年飞往父母所在国居留一段时间,导致他们国内的学习进度被打断,不仅影响了他们的学业,同时他们返校后的学习要求也对学校的教学带来了困难。总体上,父母出国留守儿童在校就读存在以下现象:超龄低读、为入学籍跳级跟读、缓入学籍试读、入学籍随读(与学龄相差两年入读)等现象。以超龄低读为例,学龄本应是小学四年级的孩子,但中文水平才达一年级水平左右,学校在插班上如何安排?从教育的管理与运作来看,学校安排学生入学前需要做很多的细致的工作,招生一般会按学生实际学习水平能力来考量。这样也会产生一个难题:学生无学籍,中文能力水平落后同龄学生水平,招生入校意味着在教材征订、办公经费等方面无地方教育预算支持,学校招收这样的学生要做"赔本买卖",但这一群体数量又不少,对学校而言也不是长久之计,该如何处置也是问题。如此种种,不仅对侨乡留守孩童的学业等不同要素产生不良影响,也加重了学校管理上的问题。

(三)侨乡留守儿童生命历程个案

个案研究法较适合个体生命成长历程探索,基于侨乡留守儿童的成长历程的复杂性,通过"代表性,典型性"的侨乡留守儿童的事件史、生活史的追踪记述,更有助于深度挖掘不易察觉的侨乡留守儿童的性格成长偏好及价值取向,如侨乡炫耀性经济文化催生出诸多留守儿童的虚荣心强,金钱观不正,祖辈监护溺爱下孩子的心理抗逆能力差,人格发展不足,等等。

目前,学界关于留守经历及生存处境对侨乡留守儿童未来发展影响的研究尚为不足,以往研究多注重对侨乡留守儿童群体特质的调查及对比分析,较少从留守儿童生命个体立场探求他们的发展的特殊点。剥离个体,回归社会群体与环境,在强调人的能动前提下深入探究侨乡留守儿童的成长历程可以在一定程度上弥补以往研究的不足,这也与生命历程理论关注社会结构对个体影响的研究旨趣相关。

通过绘制生命成长历程轨迹图描述访谈对象的成长起伏、情感走向,有助于将访谈对象的成长路线与个体生命成长链联系起来,可以更直观的了解访谈对象的成长历程。

个案1:小立(化名),男,四年级,身材瘦小,14岁,留守5年,父母离异并各自重组家庭,双亲均在国外,目前与爷爷奶奶生活。小立学习成绩优异,但性格叛逆,有暴力倾向,敏感激进。成长路线为:2003年出生于意大利,4岁回国生活了1年,其后回到意大利,直到9岁父母离异开始回国留守。受中文水平及当地教育局政策规定,小立从一年级开始接受教育,二年级成绩优异,期间参与打架,认为欺负同学有成就感,三年级任班长,后因换班风波成绩下滑,讨厌现任班主任,四年级除数学外其他科成绩下滑严重,曾因班主任撕本子事件顶撞老师,翻墙回家……成长路线图如图4-1。

个案2:小娅(化名),女,七年级,16岁,留守10年以上,父亲在意大利,母亲在杭州工作,父母矛盾长期未调和,反感母亲、妹妹,现与爷爷、奶奶及妹妹居住,家庭状况一般,成绩中下,常说谎、爱玩手机。成长路线为:2000年出生于意大利,2岁随母亲回国开始留守,一年级到国外生活了一个月,因父母吵架,随母亲及妹妹回国,半年后母亲外出工作,小娅与妹妹随爷爷奶奶生活,期间父亲曾归国探望。父亲离开及第一次做错事被爷爷骂让小娅至今难忘,四年级后父亲给她买了手机,其后再无联络。小娅沉迷手机,因此五年级被老师批评,母亲一怒之下说不要她了,其后小娅开始讨厌妹妹,总是与妹妹吵架。初一当了班长,但成绩下滑,母亲撕成绩单,小娅与同学聚集喝酒,并时常撒谎,爷爷奶奶管不了……成长路线图如图4-2。

　　个案3:小旖(化名),女,10岁,身材瘦小,三年级,成绩较差,父亲早逝,母亲出国打工,现随爷爷奶奶生活,性格怯懦、内向,不爱说话。成长路线为:2006年出生于意大利,半年后回国开始留守,2岁时妹妹出生并回国,4岁父亲胃癌去世,母亲随即回国照顾自己和妹妹,半年后出国工作;爷爷在小旖5岁时第一次发怒,其间由于母亲的关系,家庭不和。6岁被同学欺负,但不敢跟爷爷奶奶说,其后性格越发怯懦,不爱言语,在校成绩差;9岁时爷爷说妈妈可能改嫁,心里难受,常觉得自己多余,没人要……成长路线图如图4-3。

　　个案4:小铃(化名),女,14岁,留守10年,七年级,担任班级班长,成绩优异,父母在希腊工作,不定期回国,爷爷去世,现随奶奶一起生活,脾气暴躁、性格强势、自我。成长路线为:2002年出生于意大利,4岁回国,开始留守,期间出国探望父母两次,弟弟回国一起生活。5岁爷爷去世,便觉得没有人关爱自己了,8岁因为姓氏风波,不肯认父母。其后在学校里当班长,但性格强势,也因此被老师冷落,与很多同学关系不和。9岁成绩下滑,12岁父亲回国与自己生活了一年,但成绩不佳,父亲因此让她以后成绩不好就出国打工吧……成长路线图如图4-4。

　　个案5:小彪(化名),男,14岁,留守8年,八年级,成绩中下,父母在意大利工作,随外公外婆生活,个性沉闷,人际交往能力差,性格执拗,爱玩游戏。成长路线为:2002年出生于意大利,1岁回国开始留守,后出国与父母生活5年,6岁因经济问题回国留守,期间妹妹出生回国。8岁父母离婚风波让小彪很不开心,9岁考试成绩好,被老师表扬,母亲给他买了礼物,但此后沉迷手机游戏,不与同学、老师交往。12岁与老师发生矛盾风波,情绪波动大,母亲说要带他出国,成绩一路下滑……成长路线图如图4-5。

　　从以上案例可以看出侨乡留守儿童的成长历程及性格特点是受多变的环境塑造的结果,每个留守儿童个体生命都沿着自己的成长轨迹发展,但孩子的生长事件及应对方式上有诸多共同因素:

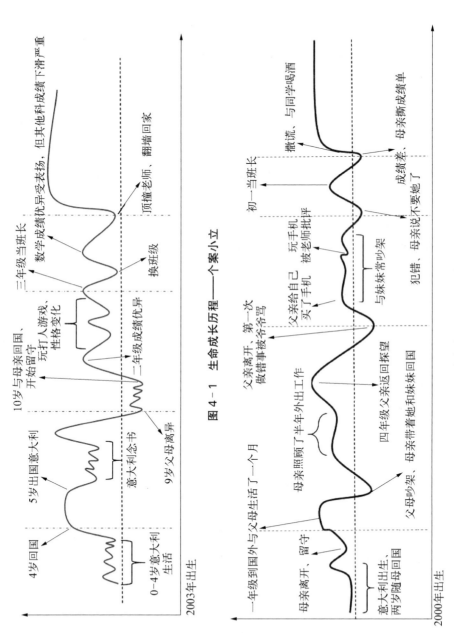

图 4-1 生命成长历程——个案小立

图 4-2 生命成长历程——个案小娅

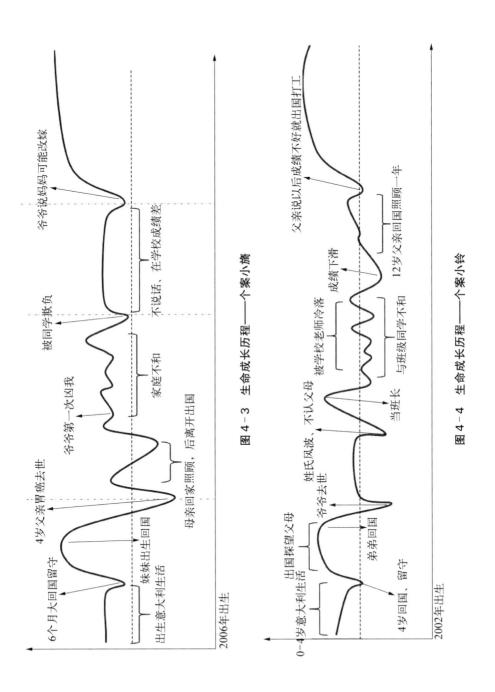

图 4 - 3　生命成长历程——个案小旖

图 4 - 4　生命成长历程——个案小铃

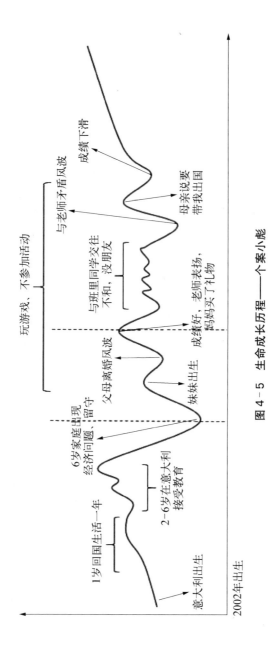

图 4 - 5 生命成长历程——个案小彪

表4-1 侨乡父母出国儿童成长轨迹表

时　间	事　件	对　象	影　响	应　对
出生-回国	父母感情变化	个案1、2、3、4、5	信任、适应	亲子沟通
	国内外教养方式			
学前	回国留守	个案1、2、3、4	家庭结构及成长轨迹变化	自我消化
小学	丧亲	个案3、4	无助、焦虑	自我消化同伴交往网络转移……
	与兄妹感情不和	个案2、3、4	委屈	
	家庭不和	个案1、2、3、4、5	逃避	
	与老师关系不佳	个案1、4、5	怕老师、怯懦、叛逆	
	与同学冲突	个案3、4、5	孤独感	
	网络平台使用	个案1、2、3、4、5	沉迷网络	
初中	照顾老人	个案2、4、5	无奈、迷茫、独立	

美国心理学家爱利克·埃里克森(Erik H. Erikson)重视社会和文化因素对人类发展的重要性,他基于心理社会发展理论将儿童人格发展分为八个阶段,每个阶段都有一个发展危机,而每个危机都存在一个积极与消极选择的冲突,如果个体能够成果解决每个阶段的危机或冲突讲有助于个体积极人格特征及健全人格的发展,反之会导致个体人格发展缺失甚至形成消极人格特质。结合表4-1侨乡父母出国儿童成长轨迹表发现:部分侨乡父母出国留守儿童的人格发展呈心理社会发展负向趋势。如下表:

表4-2 侨乡父母出国留守儿童的人格发展阶段

年龄阶段	心理社会危机	理想危机应对载体	实际情况	主要表现
乳儿(0—1)	信任-不信任	父母	—	信任
婴儿(1—3)	自主-羞愧、质疑	父母	开始留守	羞愧、质疑
学前期(3—6)	主动-内疚	家庭、学校	监护人管理方式不当、学校管养滞后及环境不断变化	孤僻
学龄期(6—12)	勤奋-自卑	家庭、学校		悲观

续表

年 龄 阶 段	心理社会危机	理想危机应对载体	实际情况	主要表现
青少年(12—18)	角色认同-自卑	同伴群体	交往群体单一、同质性强	冷漠

侨乡留守儿童的性格特征及生存状态是生命历程轨迹变化的结果,它既有历史社会力量的推动也由个体自身发展特点决定。每一个侨乡留守儿童都有各自的生命成长轨迹,但我们能从留守孩子的生活轨迹线中探索出他们应对不利处境的共同策略。如图 4-6 所示:

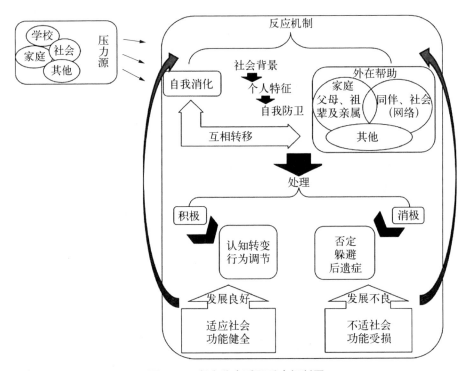

图 4-6 留守儿童受压反应机制图

下面试运用生命历程理论对个案的生命历程进行解读。

1. 一定时空中的生活原理

出生在哪一个年代,属于哪一个同龄群体,把人与某种历史力量联系起来。分析侨乡父母出国留守儿童教育问题必须结合其生命事件序列发生的具体时间和地点。首先,时间上侨乡留守儿童出生于本世纪初,一方面全球化背景下的"出国潮"改变了其成长环境,一部分孩子最初在国外出生,甚至接受了一定西方教育,但与父母长期共同生活条件不足,随着孩子留守侨乡,家庭结构发生巨变,父-母-子的三角家庭关系链受到破坏。其次,侨乡留守儿童角色身份、国外移民政策、户籍管理制度及侨乡发展等特点也一定程度上助推了儿童的留守事实,父母希望孩子留在中国学习中文,但国外居留移民政策变化迫使孩子不得不反复变换成长环境。再次,空间上,随着经济发展,外来资本推动了消费主义与享乐主义,形成了侨乡地区"重利轻教"文化特点,这对侨乡留守儿童带来的直接影响是孩子学习动力不足,价值观发展受限。

2. 个体能动性原理

生命历程理论认为,人总是在一定社会建制之中有计划、有选择地推进自己的生命历程,人在社会中所做出的选择除了受到情境的影响之外,还要受到个人的经历和个人性格特征的影响。个体差异和环境之间的互动产生出个体的行为表现,所以人的能动作用和自我选择过程对于理解生命历程具有重要的意义。在个案群访谈及问卷调查中发现,侨乡留守儿童的负面压力主要源于社会、学校及家庭三个方面,而不同孩子受到的影响程度不同,表征也各有差异。另外,虽然各个孩子的成长轨迹不同,但其成长中负面压力源的作用机制却大致相同。负面压力的作用机制是一个内循环回路过程,儿童根据成长的社会背景,个人特征,及自我保护机制将刺激控制在个体自身及外在帮助中消化,控制结果各有不同。父母是儿童情绪学习天然的引导者,但监护人成为孩子的主要依恋对象时,监护人自身的情绪模式会对幼儿的情绪发展与调节造成影响。侨乡留守儿童长期被动地接受环境变化,不断适应不同的事物,父母和代监护人往往倾向于将孩子的教育责任完全交给学校,仅能关注到孩子吃饱穿暖的浅层次生存需要,缺乏父母及其他亲属的情感支撑,一些孩子性格中出现孤僻、内向、冷漠,人际交往能力差、缺乏安全感、敏感暴力等特质,而这些负面特质都是生命个体的自我保护策略的衍生品。总之,侨乡留守儿童在家庭内社会化缺失的情况下接受家庭外社会化,处境堪忧。

3. 相互联系的生活原理

事物的发展是相互联系的,作为个体的人总是生活在由亲戚和朋友所形成的社会关系网络中,每一代人注定要受到在别人的生命历程中所发生的生命事件的干扰。儿童主要关系脉络是由父母、亲人、学校老师及同学构成的亲子关系，亲属关系，师生关系及同伴关系，家庭教育方式在这一时期对孩子产生较大影响。美国社会学家布劳和邓肯认为，人们获得的教育水平与其父辈的社会阶层特征和教育水平有着极为显著的正相关性。孩子留守侨乡后亲子家庭教育转变为代际家庭教育、寄养家庭教育，家庭教育力量被削弱，孩子的主要关系脉络中增加了祖孙的代际关系及寄养关系，时空限制了亲子交流，亲子关系变得冷漠，同时祖辈、寄养隔距及多元文化冲击了侨乡留守儿童社会化进程，孩子在成长关键期没有得到恰当教育，情感上自我依赖，生活中过早独立。孩子也会在同伴中寻求情感支撑，但正向教育引导力不足导致情况恶化，部分侨乡留守儿童性格转变，出现一些问题倾向：

> 在学校的时候我觉得欺负同学太好玩了，平时在班级里同学们都很怕我，我就喜欢看他们怕我的感觉，同学有时候有些小游戏不让我玩，我就打他们，他们就会让我玩了，他们就像是我的手下一样，很听我的话。可能是因为我学习好，他们想抄我作业，然后他们自己打架又很没用，所以都自愿听我的话，不关我的事。我看了超开心，觉得他们都好傻。（访谈个案小亚）

4. 生活的时间性原理

生活的时间性原理认为，个体生命事件的发生必定存在一个社会性标准时间，可以理解为事件发生的恰当时间，即在什么时候该干什么事，是一个最佳时间的概念。假如生命历程的发展偏离了恰当的社会性时间，就有可能带来麻烦、困惑甚至产生严重的社会后果，并受到社会的"惩罚和制裁"。"新移民潮"对留守儿童教育的"社会性标准时间"产生了严重的消极影响。调研数据分析发现侨乡留守儿童家庭独生子女结构仅占14.2%，而代际、寄养抚育无法有效调和留守儿童与直系同辈矛盾，儿童留守后普遍与直系同辈亲属关系不佳。另外，侨乡留守儿童遇到学习问题寻求同伴帮助的比例占83.5%，遇到心事寻求同伴疏导的比例占63.2%，这表明同伴关系已成为侨乡留守儿童的重要关系，而同伴间生命事件的发生很大程度上可能影响其他孩子的生命成长轨迹。同辈群体功能具有"双面性"，一方面，形成了合乎社会规范亚文化的同伴群体对留守儿童事实上具有正面功能,群体通过提供情感慰藉、道德示范、学业互助、角色表意平台等,在留守儿童社会化历程中发挥积极的"重要他人"作用;另一方面,不良同伴群体,特别是承载的"反社会、反学校"文化的社会化失败同伴群体,给留守儿童社会化带来风险,甚至导致严重后果。最后,虽然亲子时空受限,但亲子代际间及多元文化传递影响儿童发展,侨乡留守儿童受到的教育往往不符合标准时间表,不稳定的成长环境迫使孩子在应该接受恰当教育的年龄接受了滞后教育,造成侨乡留守儿童社会化进程滞后。

(四) 侨乡留守儿童生命历程同龄群组效应分析

上述个案出生年龄相仿,出生区域相同,都有着父母双方共同外出经历,他们的生命历程表现出典型的同龄群体效应。时间特别是年龄,在儿童的生命历程中具有重要意义。相近年龄的群体表现出同龄群体效应,因为他们受到了相同的社会历史变迁力量的影响。当社会变化对一代又一代的同龄群体产生了不同影响时,生命轨迹的历史效应就会以同龄群体效应表现出来;当社会变化对接连几代人的影响大致相同时,社会对生命轨迹的历史影响就会以时期效应(period effect)的形式表现出来[①]。

在艾尔德 1996 年所概括的生命历程理论研究范式的四个最核心的原理中,"一定时空中的生活"原理对留守儿童的教育生活做出有力解释。而出生的"同龄群体效应"和"地理效应"是反映"一定时空中的生活"原理的两条主要依据。

同龄组效应(或称出生组)对社会发展与生命历程之间的联系做出了解释。在生命历程理论发展方面,雷德尔(Norman Ryder)率先对此作出理论概括,1965 年他明确指出要使用同龄群体(cohort)这一概念来研究生命历程;之后,1972 年里雷伊(Matilda Riley)和他的助手们提出年龄分层理论,他们将同龄群体和社会结构联系在一起,然后再估价历史进程中的社会结构对不同同龄群体的影响,而个人总是归属于一定的同龄群体。为了反映社会变化,他还提出了年龄级生命模式(age graded life patterns)观点;再次,纽加尔顿

---

① Elder Jr G H. Time, human agency, and social change: Perspectives on the life course[J]. Social psychology quarterly, 1994: 4-15.

(Bernice Neugarten) 在 1976 年提出了标准时间表(Normative time table)^①。标准时间表指社会年龄和生理年龄的叠加,其中社会年龄即社会时间表,它依据社会对不同年龄的社会期待而制订,反映了主要生活事件应当发生的恰当社会时间。

在上述个案中,大部分的侨乡留守儿童都属于双亲外出类型。其中留守儿童父母外出均在意大利;个案 1 家长在意大利南部城市从事皮包贩卖行业,月收入 3 000 欧元,职业及其收入属于典型的出国务工代表;个案 2 父母在意大利家具厂工作,每月收入 4 000 欧元左右。两种职业外驱力来自更大的社会结构,当家庭生计资本的获得越来越嵌入于社会结构之中时,出国务工人员实际上不由自主地成为国外务工职业分工中的一分子,从这个意义上说,两种职业之间并不存在区别,都属于"外出务工"。

调研个案处于相同的年龄组,在监护方式上都属于隔代抚养。其祖辈监护人的共同特征是:出生于相同年代,年龄接近,溺爱被监护儿童,教育文化程度低,教育方式、观念陈旧,无力辅导留守儿童家庭作业。祖辈监护人的这些特征使案例在性格上出现内向、孤僻等特征,个别案例对祖辈缺乏尊敬。

学校教师往往在儿童的心目中更具有权威性,这意味着可以收到更好的教育效果,而且这种权威性与年级成反比,即年级越低的儿童对教师越崇拜。

从访谈中我们了解到,一些侨乡学校开展了对留守儿童的教育关爱活动。比如发书包,爱心早餐活动等,而这些活动是在之前第一、第二代留守儿童教育关爱的过程中所没有的。

基于侨乡留守儿童的性格特征及生存状态的生命历程轨迹变化结果,笔者得出以下结论:

第一,侨乡留守儿童接受教育的标准社会时间滞后。父母出国所致的时空分割和多元文化差异制约了他们按照社会标准时间完成成长阶段的任务。此外,许多侨乡留守儿童需要经常往返国内外,经过一段时间的出国生活换取国外居留权,教育生活环境的多变及侨乡场域文化(如重利轻教)制约了孩子发展,影响了孩子学业,使儿童对教育环境适应较难,落后于教育标准时间和

---

① 李强,邓建伟,晓筝. 社会变迁与个人发展:生命历程研究的范式与方法[J]. 社会学研究,1999 (06):1-18.

社会期望。

第二，侨乡留守儿童被动接受环境变化。父母在"出国务工潮中"出于户籍制度及经济考量将孩子留在国内侨乡，委托孩子的祖辈与亲人承担抚育责任。一方面在这一系列成长历程中侨乡留守儿童总是被动应对不同环境刺激，缺少应对环境变化的主动权，因此导致往往以消极行为发泄负面情绪。另一方面，儿童成长受到侨乡场域文化和代际文化传递影响，自身应对策略有限。

第三，侨乡留守儿童家庭内社会化不足。儿童家庭内社会化与家庭外社会化进程应有先后层级关系，时期不同应各有偏重。家庭内社会化是儿童的初始社会化，是儿童之后学校社会化的基础，应满足儿童情感需要与引导孩子正确价值观的形成，但父母长期出国破坏了儿童家庭社会化的基本条件，使孩子家庭内的成长出现了一定的失衡。

第四，侨乡留守儿童成长历程中应对负面刺激策略主要依靠社会关系脉络。每一个孩子在成长轨迹中都有不同社会关系网，这种社会资本有助于孩子抵消父母外出带来的负面影响。如孩子在亲子关系中满足不了的情感需要，儿童将在其他关系中寻求替代，有时候孩子可能获得较好的替代的"重要他人"的庇护。但更多时候，祖辈的替代关系并不能抵消父母外出带来的负面影响，反而导致儿童社会化出现问题。

第五，侨乡留守儿童的教育关爱应当针对其特殊生命历程的轨迹。针对侨乡留守儿童的语言学习等学业可能落后于教育标准时间的问题，侨乡教育部门和学校应当针对其实际情况在学籍管理与学业辅导上给予帮助；针对侨乡留守儿童被动接受环境变化的问题，学校教育应当加强对其独立自主能力的培养引导；针对其家庭内社会化不足的问题，学校可以通过引导家庭教育以及实行教师代理家长等做法，弥补其家庭社会化的不足；此外，侨乡有关部门等应当加强对少年儿童亚群体的文化引领，避免不良文化对侨乡留守儿童的影响。

三、社会键理论的视角

留守儿童教育关爱问题是社会问题。所谓社会问题，是"由于社会关系或社会环境的失调,使社会全体或部分成员的共同生活受到不良影响,社会进步发生障碍的社会现象"。米尔斯对社会问题简洁的解释是:社会问题不是个人的烦恼(privata troubles),而是社会中许多人遇到的公共麻烦(public issues)①。社会问题是具体的,其具体性来源于其历史阶段性与地域特殊性;社会问题又是复杂的,既有多因,又有多果,而且社会问题往往相互关联,表现出并存性与连锁性。证明其成为一个社会问题的,不仅仅是社会、学界的广泛关注,还有2004年教育部第一次农村留守儿童教育问题座谈会以来的各部门的一系列教育关爱保护留守儿童的政策文件,以及2016年之后在民政部设立的未成年人(留守儿童)保护处的机构。前文主要描述了侨乡留守儿童的弱势特征及其原因,而引起社会广泛关注的,除了该群体的弱势处境之外,更主要的是该群体的逆社会化中所表现出来的一系列的学校与社会偏差与越轨行为。侨乡留守儿童作为留守儿童的一个亚类,在很大程度上同样具有留守儿童所被讨论的系列越轨行为,除此之外,还具有一些独特的越轨行为。基于对这些问题的思考,本节引入社会键理论,试图从此角度对该问题进行分析。

社会键理论,又称为社会控制理论(Social Control Theory)、社会联系理论(Social Bond Theory),其最早由美国社会学家哈维斯·赫希(Travis Hirschi)在1969年的出版著作《少年犯罪原因》中提出。该理论受到了涂尔干(Emile Durkheim)、雷克利斯(Reckless)等社会学家影响,将分析视角由"人性本善"转为"人性本恶",假设人类为生性具备犯罪欲望的生命个体,由此在社会环境中讨论人为什么不犯罪,从而分析影响人类不犯罪的因子。由于该理论具备很强的操作性和稳定性,因此颇受社会研究学者重视。

赫希认为,既然生存在社会中的每一个独立个体都有触犯社会规则(法律)的可能性,但为什么更多的人选择是在遵守这套规则? 由此,研究的关注点应该聚焦这群人不违反法规的原因,从而反面探索导致个体产生逆社会行为的因素。② 基于此,赫希通过对5 545名在校中学生的学习记录及犯罪记录的调查和分析基础上,提出了"社会控制理论",并将其总结为依恋(attachment)、奉献(commitment)、参与(involvement)、信念(belief)四个方

---

① 〔美〕C. 赖特·米尔斯. 社会学的想象力[M]. 李钧鹏,闻翔,编. 李康,译. 北京:北京师范大学出版社,2017.
② 〔美〕特拉维斯·赫希. 少年犯罪原因探讨[M]. 吴宗宪,等译. 北京:中国国际广播出版社,1997:3.

面,即社会纽带(social bond)。赫希强调这种个人与社会具有重要关系的"社会纽带"可以解释人不犯罪的问题,因为"社会纽带"是个体社会化过程中的正常人格的重要组成体系,而这个体系是青少年形成强烈社会责任感的重心。总的来说,赫希将青年个体顺应社会规则发展(不犯罪)的原因解释为社会的约束及控制作用,即个体与家庭,学校、社会等关系稳定而强烈时,个体犯罪的成本高,从而避免逆社会行为的产生,反之,当个体与社会关系较弱时,青年个体会不计成本地实施逆社会行为。[①]

(一)"社会纽带"的四个要素

1. 依恋(Attachment)

依恋是青少年个体与他人(主要来自家庭与学校)的情感羁绊,个体如果通过情感链接尊重并认同某种规范,则会关注并产生期盼,反之,如果不认同这种关系则可能破坏规则。也就是说这种依恋越密切,青少年逆社会行为就越低,依恋越低,则会增加孩子犯罪的可能性。而这种依恋主要表现在:青少年对家庭(父母)的依恋、对学校的依恋及对同伴群体的依恋。以青少年个体成长发展来看,家庭及学校是其生活的主要场域,两者对青少年个体的社会化有着十分重要的影响。就家庭来看,孩子的初始社会化是在家庭中完成的,如初始价值观的形成、行为方式的养成及接受社会规范等,健康的家庭氛围是孩子形成健全人格与健康身心条件的重要基础;反之,则可能影响孩子的健康成长,导致孩子心理失衡、人格上的缺陷乃至行为偏差。学校是孩子成长的第二场所,也是控制理论中的重要机构,学生在学校中的活动与学习是深化社会规范及传统价值观念的传输过程,而学校的学习氛围、教师的教学态度及学生学习的自我效能感、与同学的关系及学习绩效等很大程度上影响了学生对学校的依恋。而研究表明学校的纪律、管理方式、师生关系愈佳,则学生的越轨行为发生可能就越小。就同伴群体而言,从青少年的心理发展历程看,孩子由于心智的发展及社会性发展需求,会开始转向同伴群体的交往中寻求发展平衡,而青少年的同伴群体很有可能影响并破坏父母与学校建立的一套规则体系,这就是同伴群体依恋的压抑效应,而这种同伴群体的依恋程度取决于个体对

---

① Hirschi T. Causes of delinquency[M]. Transaction publishers,2002.

同伴的情感认同与尊重。① 赫希通过对犯罪青少年的调查研究发现,犯罪青少年较正常青年而言有更多行为偏差的违法社群,这就表明对同伴群体的不当选择及依恋会很大程度上增加孩子逆社会行为的产生。

对于侨乡留守儿童而言,其家庭结构并不完整,家庭功能支持被削弱,学校也缺乏相应的替代性情感支撑,同伴群体成为其主要的社会关系和支撑。由于同伴群体的社会化缺乏监管,容易出现正确行为引导失当,孩子产生适应困难以及不良习惯及行为等情况,进而可能发展出逆社会行为。

2. 奉献(Commitment)

奉献是青少年在接受教育过程中对自我目标及未来的期盼。赫希指出当青少年致力于追求现有社会框架中的传统生活、财富、名誉等活动,就是顺从社会规范与法规的过程,也就是说,青少年将追求成功作为重要理想反映的是整体的社会价值观,因而青少年对未来的期盼越高,就越适应社会,从而不太可能实施反社会的行为。赫希将奉献归纳为：接受教育、向成年人身份的转变与从事更高地位职业。由此可见,奉献实质是青少年在成长过程中的纵向发展过程,揭示了个体成长中身份的转变、学习的过程及职业追求与个人目标中的投入程度,投入越多,接纳社会规范的程度越高,受到的约束就越强。从这一角度分析侨乡留守儿童问题的关注点在于,孩子在成长中接受身份、环境的迁移变化的影响,在学习与未来期许上缺乏目标及自我激励机制等可能会导致自制力缺乏及行为上的偏差。

3. 参与(Involvement)

参与是指参加传统而正当社会活动,赫希认为,青少年对社会活动参与程度的不同会直接影响其行为模式。一方面深入参与社会活动的孩子缺少实施越轨行为的空间(时间和精力)；另一方面,社会活动也是社会规范及价值的传输渠道。在赫希的调查中发现,多数逆社会青年空余时间多,他们酗酒,吸毒等概率更高。② 并且他还发现,青少年对传统活动的参与与犯罪活动关系最为显著。他将青少年参加的社会活动分为：传统的业余爱好及工作、娱乐等及

---

① 〔美〕特拉维斯·赫希.少年犯罪原因探讨[M]. 吴宗宪,等译.北京：中国国际广播出版社,1997：25.

② 吴宗宪.西方犯罪学[M].北京：法律出版社,1999：523 - 524.

学习相关活动,实质是代表了青少年自我趋向参与外在参与两类。这是预测青少年行为的指标之一,愿意并积极参与社会活动的孩子有利于接受积极的社会观念,这些社会活动也控制了孩子的行为及活动,而无所事事的孩子容易染上恶习及不良嗜好,产生恶性行为。对于父母出国留守儿童而言无疑具有很大启发,这个群体缺乏家庭、学校的有效监督,缺乏参与社会活动的同时,学业减负又会带来大量空余时间,孩子过早接触游戏、赌博等活动,恶性行为滋生的可能较高。

4. 信念(Belief)

信念指个体对传统价值观念与道德体制的态度与接受程度,是青少年接受社会约束,建构价值体系的过程。良好的信念是内化的健全道德体制与自我的价值尺度,这是个体自我控制的重要部分。赫希提出,处在同一空间维度的个体为何有人违反社会准则,而更多的人不会,这取决于个体的信念,具体体现为:不同个体的社会价值内化程度差异及自我对反社会行为的合理化。个体的社会化持续开展的过程,个体对社会的信念的内容接受度低,则就不太可能成为引导个体行为的准则,也不太可能成为青少年行为偏差的制动系统,这就是赫希提到的内化程度的影响。然而对一些已经具备内化社会法则程度较高的个体,"明知山有虎,偏向虎山行",个体已然合理化了部分违反自我与社会一致的价值体系。由此,赫希是在强调积极价值内化及对错位行为的认识水平上分析个体信念的控制作用。基于此,对侨乡留守儿童来看,其社会化程度低(年纪小),再加上家庭功能缺失,监护人养多于教,学校以智育为重心,孩子的价值观内化程度慢且容易受到误导;另外由于身心成长中可能受到的错误价值观影响,产生过激心态与观念,则会对一些偏差行为合理化,从而更可能产生违反公序良俗的社会法则的举措。

赫希认为,以上四个方面的关系即有距离又相互关联,综合影响着个体的行为方式,个体对以上某个要素联系密切,与其他要素的联系也是呈正相关关系,反之则关联越低。从赫希对"社会纽带"的四个方面的分析视角可以看出,他实质是强调社会对个体的约束与控制,即个体与社会的"社会纽带"越强,青少年就越不可能产生逆社会行为。这种将个体产生越轨行为中无法量化的超我与自控转变到衡量人际关系中,对社会学研究产生了重要影响。

（二）侨乡留守儿童的偏差与行为失范

社会控制理论根据研究分析和研究青少年犯罪问题提出,以关爱为基础的保护侨乡留守儿童的关联在于:"社会控制"对儿童群体具有控制与约束作用,而绝大多数儿童是遵守社会准则与法规的,仅有少部分产生偏差行为,这一群体与"社会控制纽带"出现了不同程度的分离,可能增加这一群体产生偏差行为的可能性,基于控制理论对这种可能性的分析有助于对侨乡留守儿童关爱策略的理解。

青少年违反社会准则的行为,如犯罪行为、行为偏差、逆社会行为,对社会造成的影响各有不同。三者从不同程度上都与正常社会个体的行为方式存在显著差异,在一定程度上具有内在关系,相较而言行为偏差(作弊,撒谎等)程度较轻,逆社会行为(校园欺凌等)稍重,而犯罪是已经对他人或社会造成影响,需法律的制裁,程度最重。如图 4-7 所示,对父母出国留守儿童而言,对犯罪行为产生的动态分析来看,犯罪是最终的负面结果,孩子由于自我约束及社会对其的控制减弱是其受负面影响的开始,而缺乏引导的孩子就容易由逆社会行为逐步发展为犯罪行为。如下图:

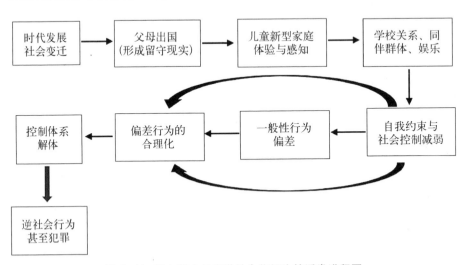

图4-7 侨乡留守儿童逆社会化行为的诱发进程图

然而,如果单单基于社会控制理论分析父母出国留守儿童容易形成对这一群体"问题化"倾向的先验视角。因此,运用这一理论的基础是探寻孩子行为偏差的原因,并且更多是基于此理论分析产生增加行为偏差可能性的因素。

从社会控制理论的诞生及发展来看,赫希是对已有的犯罪青少年为样本,为求研究的稳定与可测量,将不可量化的超我(良心)转移到可分析的个体与社会及他人的关系框架中。一方面,研究犯罪青少年样本与侨乡留守儿童的有差异,分析结果与青少年行为模式上是围绕犯罪行为作为基本参照,然而侨乡留守儿童更多是体现行为偏差与心理健康问题的凸显,两者并不完全一致;但他对青少年犯罪样本的分析对于侨乡留守儿童的行为问题的分析仍具有一定的价值,因而需要进行一定的修正。首先,对比家庭功能正常孩子的生活场域来看,侨乡留守儿童多生活在侨乡,孩子留守的原因多样,监护人在抚养方式上养多于教,侨乡及社区文化的差异对孩子的依恋等影响程度不一,所以在社会控制理论的"依恋"上应该有侨乡或社区、家庭、同伴关系的分析范畴;其次,赫希对于"奉献"的分析包含了个体教育与职业两个部分,而侨乡留守儿童主要属于 16 周岁以下的儿童群体,应更多关注儿童的教育状况与对未来职业期待情况;再次,赫希对"参与"的概念范围锁定在学校与传统社会活动及青少年的空余时间安排上,但侨乡留守儿童的学校交往尤其是同伴关系也是该群体的重要关系;此外,网络虚拟空间已经成为当前儿童安排空余时间的主要活动,部分出国家长已经为儿童购买了手机,而爷爷奶奶监管不力,孩子晚上使用手机玩游戏到 12 点才休息,对此需要引起关注。最后,在"信念"上,赫希强调的是个体对价值观的内化,对社会价值观的认同问题,但部分留守孩子出生在国外,生活了一定时间之后回国,孩子在文化认同及环境适应上有一定过程,在社会价值观认同面临跨国文化的冲突,更容易形成偏差。另外,主体在违反社会准则的程度上应该修正为对偏差行为的合理化与社会价值观的内化。无论什么社会个体,产生行为上的偏差乃至犯罪行为都是打破不同平衡的综合体现。综上,下面将运用社会控制理论框架对侨乡留守儿童的家庭、学校与社区(社会)等因素展开分析。

(三) 侨乡留守儿童社会纽带的弱化

1. "依恋"的弱化

从家庭因素看,家庭是孩子成长的第一场所,也是孩子价值观念初构的最主要场域。家庭环境的好坏直接影响孩子的身心发展,健康的家庭环境是孩子养成健全人格的基础;反之,则容易导致孩子人格缺陷及行为偏差。① 对孩子而言,家庭依恋的氛围是影响其成长的最早的和直接的因素,尤其父母(监护人)教养方式对孩子的影响最大,其他可以通过良好的教育方式来弥补落差。然而对于侨乡留守儿童而言,父母的外出与长时间的亲子隔离弱化了孩子对家庭的依恋。这种依恋氛围的形成,取决于家庭成员的构成、关系与教养方式。首先,由于父母出国,家庭成员减少,家庭成员的构成演变成缺损的扩大家庭,往往由祖辈(上辈、亲戚)或单亲父母及儿童组成。少数儿童甚至寄养在教师家。代监护人与孩子往往存在沟通的隔阂,大多仅能满足孩子吃饱穿暖的需求。由于代监护人重男轻女现象的存在,部分留守孩子心理不平衡,兄弟姐妹关系较差。从教养方式的分类看,祖辈监护家庭多处于溺爱型与放任型,亲戚或社会关系寄养家庭多是专制型。儿童在功能不全的家庭生活,容易出现安全感、归属感和情感上的问题,部分儿童出现逃避家庭,将情感需要转移到学校与社会中寻求平衡,产生离心家庭效应,降低了孩子对家庭的依恋。

(1) 学校层面。学校是孩子接受社会化最主要的场所之一,孩子在学校中不仅接受文化熏陶,更接受社会价值观的培养与引领。赫希在这点上认为孩子的学业成就决定了他对学校的依恋,但经过现有研究发现,如果从学业评价看学生文化水平与程度似乎合理,然而触及学生价值观念的维度则不足以解释二者关系。当前我国学校教育追求"智育"是不争的事实,行政管理部门要求升学率,老师更注重学生学习绩效(成绩),一定程度上挫伤了学生自信心与进取心,过于讲究"师道尊严"也一定程度上破坏了良好师生关系。调研发现,在侨乡生活的侨乡留守儿童在小学时期受影响不大,并且很多孩子还很愿意来到学校,主要是因为学校里同龄孩子较多;但随着年级提升进入初中后,许多孩子出现"学不懂、不想听、教师严、想出国、想花钱"的现象。最为关键的是,学校由于在这些层面没有关注到留守儿童的价值观及情感需要,随着学习欲求降低,孩子对学校的依恋随着同伴群体交往平台的转移而逐渐降低。

(2) 侨乡社区层面。个体生活是有一定稳定区域的,它一般是个体聚集

---

① 黄鹤,杨宁.家庭环境纷杂度对留守学前儿童社会退缩的影响:心理弹性的调节作用[J].中国特殊教育,2019(05):65-71.

在一定范围内,受一定社会规范及制度影响的生活时空,这个时空承担了个体接纳社会信息、理解社会价值、内化行为标准、形成道德规范的重要场所。社区的物质条件、文明程度、文化、社区参与度都会影响成员的价值规范。侨乡由于近代出国华侨的贡献与改造,其基础设施建设较完善,无论是文化广场、华侨之家等为社区成员提供了诸多娱乐、休闲、健身的场所,然而问题在于很多侨乡由于青壮年出国(或外出),老人与孩子留守,其建设更像是以老年人的需求为中心,群众性的社区活动很少能够吸引孩子的关注与兴趣。以浙江省文成县玉壶镇为例,这个镇有 90％的家庭存在侨守关系,留守儿童平时娱乐活动少,又受到侨乡文化的影响(如国际多样文化),对娱乐与城市有很强的期待,因而常常结伴到相邻的县城娱乐。然后就是侨乡重利轻教的文化氛围,很多家庭希望孩子快长大也出国工作挣钱,对孩子的教育不重视,陈旧的教育观念也放任了孩子。通过调查发现,八成以上的留守儿童将来都不打算生活在这里,这从侧面反映了孩子对侨乡的依恋度不高。

2.“奉献”的弱化

个体对传统目标的追求与对成功的渴望是个体能够接受社会规范与社会产生联系纽带的重要基础。赫希认为孩子接受社会化形成的志向程度越高,就越会形成与现有社会较为一致的价值观念,为了实现志向而投入时间及精力,不太可能实施逆社会行为。就侨乡留守儿童而言,由于父母出国,孩子在故乡,接触的不是健全功能的家庭,常常会产生认同困境,处于一种边缘化的自卑情感状态中。在调研中我们发现,一部分孩子对国外生活有着强烈的认同,会认为在国外生活更好,有出国预期,不论他们是否了解国外生活,都认为只要父母在哪里,哪里就好;另一部分孩子认为就在中国就很好,国外生活不惯。前者与父母关系较好(或者存在较高预期关系),对父母存在较大依恋,后者与父母已经产生距离,不愿尝试新环境。从这个分类来看,与父母关系较好的孩子对社会职业期望迷茫,或者往往理想的职业不太实际,因而存在出国预期的孩子往往学习动机相较弱;而与父母关系有距离的孩子对职业与传统目标追求的渴望往往也不高,因为其缺乏父母的支持,这往往形成孩子被动自我保护的心理形态,因此也迷茫(谨慎)。从这点来看,父母出国留守儿童的职业期待不高,对传统教育的激励与约束的认同也常常动摇,这也增加了他们发生行为偏差的可能性。

3. "参与"的弱化

青少年参与社会活动的程度很大可能会影响孩子的行为模式。从赫希的定义来分析,参与社会活动实质是青少年对自身空余时间的安排状况,从这点来看,留守儿童主要的安排是同伴群体与网络平台的使用。由于年龄、爱好及成长经历等的趋同性,留守儿童同伴群体将往是孩子重要的处理情感失衡的方式,而在遭受不同方面的压力(或刺激)时,孩子常常产生要与多数人一致的心理与行为倾向,并且为了寻求同伴的认同做出一些出乎意料的异质行为。以个案小立为例,为了融入班级部分崇尚"实力"的男同学朋友圈里,他常常欺凌一些弱小同学,为了表现自己甚至在办公室跟数学老师争吵,撕毁数学作业本后翻墙回家。可见,孩子如若参与某种负向同伴群体,会增加其心理及行为上产生偏向的可能性。同时,在同伴交往过程中,如若出现交往冲突甚至同伴欺凌与排斥现象,由于缺乏父母支持,父母出国留守儿童的负面情绪很难平衡,更容易产生敌对、愤怒或者怯懦、保守等情感,最后影响行为表现。当前网络文化也影响着孩子们的成长路径,然而问题在于网络监管相对不健全,不良文化(如色情与暴力)仍然在一定程度上存在,这种负面影响对于监管水平较弱,易受虚拟形象影响的留守儿童而言更甚。儿童除了家庭、学校及同伴,也利用虚拟网络满足平衡情感需求,然而网络中的暴力等负面价值及极具道德与法制相冲突的内容更有可能误导孩子,调查中就发现有部分孩子无心学习,成天打手游,还有些孩子在微信、QQ等聊天平台上认识了不良网友,如若不加以引导,必然会造成负面效果。对侨乡留守儿童来说,参与网络是一种满足个体情感需求的活动,然而在监管乏力的前提下,孩子参与越深,偏差行为产生的可能越高。

4. "信念"的弱化

信念实质上是指青少年对社会价值的内化。社会价值是社会稳定的基础,也是全社会形成的最大公约数,是个体生活在社会中所必须遵守的空间,孩子在成长中的社会化过程也是信念形成的过程。由于网络大数据时代的来临,孩子接受信息的方式与渠道飞速增加,容易将一些网络虚拟世界的内容与现实混淆。所以,对侨乡留守儿童开展信念教育,也是为其将来社会生活做准备。然而在针对有偏差行为孩子的调查中发现,多数孩子也认为此行为(偏差行为)是不对的,但自我情绪及行为控制力低,并且存在侥幸心理,认为以后也不经常犯，所以在行为认知上觉得没什么大不了，例如前文调研中提到的欺凌同学的案主小立，他也知道这种行为不对，但是他认为你打我，我打你没什么大不了，后果不会太严重，所以每次也克制不住自己。这反映了学校在对学生价值观教育方面存在缺失，孩子如若没有将社会价值内化为自己的心态与行为，就可能合理化某种偏向的行为，影响身心健康成长。更重要的是孩子可能质疑社会价值的合理性，由此心理上产生更为严重的违反社会规范的潜意识，甚至走向违法犯罪的严重后果。

综上，基于赫希的社会控制理论分析，侨乡留守儿童偏差行为可能性增长的原因主要在于儿童对于家庭、学校、生活区域（侨乡）等的依恋降低、儿童对于未来所达成的成就期待不高且迷茫、对同伴群体的识别能力及网络虚拟世界的鉴别与监督力弱化，再加上对社会价值内化程度不足，导致群体与"社会纽带"的关系弱化。因此，在制定关爱保护策略时需要考虑到"社会纽带"的力量，结合家庭、学校与社会（社区）采取有效的防护政策，对孩子成长发展做好引导作用，并将其纳入侨乡留守儿童教育关爱框架。

第五章　侨乡留守儿童教育关爱的结构与行动

> 解决留守儿童教育问题,政府是主导力量、学校是基本力量、社会各界是重要力量、家长是关键力量,这些力量亟待整合。
>
> ——杨东平

教育关爱父母出国留守儿童,需要家庭、学校、社会和政府在时间和空间上建立四位一体的、连续的教育网络,突出家庭教育,加强学校教育,净化社会教育,加大政府教育工作投入,为儿童成长和发展创造一个良好的教育环境。

我国对留守儿童的治理强调政府主导、部门联动、社会参与,留守儿童关爱政策法规代表了政府意志。从时间上看,留守儿童问题 2006 年才进入政府议程,时年国务院农民工工作联席会议办公室等 12 个机构组成农村留守儿童办公室,对留守儿童开展正式调查研究;2007 年《"共享蓝天"全国关爱农村留守流动儿童大行动方案》出台。2010 年《国家中长期教育改革和发展纲要(2010—2020)》中提出要"努力提高农村学前教育普及程度,保证留守儿童入园、加快寄宿制学校建设,优先满足留守儿童住宿需求和住宿条件,健全政府主导,社会参与的农村留守儿童关爱服务体现及动态监测机制"。2011 年留守儿童纳入民政部服务范畴,并在同年颁布的《中国儿童发展纲要 2011—2020》提出要提高留守儿童家长的监护意识和责任。国务院印发《农村义务教育学生营养改善计划》,着力提升农村儿童身体素质。妇联及国家发改委等部门推出《关于开展全国农村留守流动儿童关爱服务体系试点工作的通知》,在全国范围内开展留守流动儿童关爱服务试点工作。2013 年元月,教育部牵头妇联等5部委印发《关于加强义务教育阶段农村留守儿童关爱和教育工作的意见》;2015年,贵州毕节地区再次发生留守儿童死亡悲剧,李克强总理作出重要批示,国务院2016年2月下发《关于加强农村留守儿童关爱保护工作的意见》,留守儿童政策统筹层面上升到国务院;政策主动词从"关爱教育"转向"关爱保护";政策保障机制牵头部委从教育部转变为民政部门,农村留守儿童被纳入大民政儿童救助体制的框架体系。

　　由此可知,政府对留守儿童的政策上多集中在部门引导与社会关爱上,教育政策上主要重视加强及改善义务教育学校寄宿条件,优先满足留守儿童寄宿学校的需求;强调落实及加强对农村贫困地区教育的"两免一补"工作;对学生营养摄入的补助,增强孩子身体素质;设亲情电话,提高亲子沟通频次,强化亲情关怀。社会服务中要成立"四老家长学校",推进"代理家长制",基于社区及区域条件,成立关爱服务基地(如侨乡华侨之家、留守儿童关爱中心)等。分析这些留守儿童的教育关爱,必然涉及教育关爱的主体构成(结构),以及教育关爱的策略(行动),如何建构留守儿童教育关爱主体与行动策略的关系,是已有研究中很少探讨的一个重要问题。安东尼·吉登斯的结构化理论为此提供了一个分析的理论框架。

一、结 构 化 理 论

　　　　社会系统的结构性特征,既是其不断组织的实践的条件,又是这些实践的结果。结构并不是外在于个人的,……它既有制约性同时又赋予行动者以主动性。

　　　　　　　　　　　　　　　　　　　　　　　　——安东尼·吉登斯[①]

　　在社会学理论研究的漫长岁月中,个体与社会、主体与客体的关系讨论上一直处于研究的争议之中,社会学研究者们往往各有观点。总体而言,可以分成两种各有侧重的对立观点,即以孔德、涂尔干、斯宾塞为代表的结构-功能主

　　① 〔英〕安东尼·吉登斯.社会学方法的新规则[M].田佑中,等译.北京:社会科学文献出版社,2003,26.

义客体论和滕尼斯、韦伯为代表的解释社会学主体论，形成了社会学研究中个人与整体、微观与宏观、主观与客观之间的对立观点。英国著名社会学家安东尼·吉登斯认为，将社会学中个体主义与整体主义的二元对立本身就是错误命题，他尝试在一种新的社会学理论中超越二元对立，消弭两者矛盾，因此提出了结构化理论，它以结构的二重属性重新建构了行动与结构、个人与社会之间的关系。

20 世纪 80 年代初，社会学家安东尼·吉登斯完整提出了他最为著名的社会学理论——结构化理论。结构化理论是吉登斯对社会学研究的重要贡献，该理论也奠定了他在该领域的重要地位，鉴于结构化理论的核心是研究社会结构与行动之间的关系，由此，本节将该理论分为结构与行动分别阐释，并讨论两者之间的关系。

结构化理论是在批判、吸收和借鉴之前的社会学理论的基础上发展起来的。在结构化理论提出之前，对于结构和行动、客体与主体、社会与个人的关系问题，多数社会学理论家或是认为结构、客体、社会的地位高于行动、主体和个人，或是认为行动、主体、个人的重要性大于结构、客体和社会。还有的社会学理论家干脆就各取一半，采取简单机械的折衷之法，而在事实上，字里行间仍是有其偏向性。总的来说，这些社会学理论家持结构、行动二元论的观点。

在功能主义者眼中，结构不过是约定俗成的概念。相当于是某个框架，无需多加探讨，行动者就可以在这个框架划定的范围内直接进行一系列的社会实践活动。因此，它仅是把结构理解为社会关系或社会现象的某种"模式化"，强调结构要满足需求，对功能的注重要远远大于对结构的注重。而对于结构功能者来说，结构的重要性就要远大于功能的重要性了。他们认为"结构的特性在这里并不是在场的某种模式化，而是在场与不在场的相互交织；得从表面的现象中推断出潜在的符码。"①尽管两者在结构和功能的重要性上理解不一致，但是两者都赞成社会客体的地位要远高于个体组织，是典型的社会决定论者，表现为"强结构弱行动"，强调社会系统对于个体的外在制约作用，而忽视了个体行动者的能动性、反省性、创造性和改造能力。②解释社会学与功能主

---

① 〔英〕安东尼·吉登斯. 社会的构成[M]. 李康，李猛，译. 北京：中国人民大学出版社，2016. 79.
② 蒋莹，杨忠. 组织学习实践的结构二重性分析[J]. 科技管理研究，2008，28(12)：275 - 278.

义和结构主义的主张截然不同,它推崇的"人本主义",与方法论个人主义者观点一致,表现为"强行动弱结构"。就如吉登斯所说:"在各种解释社会学里,对于阐明人的行为来说,具有首要地位的是行动与意义,而有关结构的概念则不那么显要,对制约问题也谈得不多。相反,在功能主义者和结构主义者看来,结构(就此概念被赋予的多种不同意涵而言)凌驾于行动之上,它的制约性特征更是受到特别的强调。"①

在这些社会学理论或支持社会客体霸主地位,或支持社会主体霸主地位的背景下,安东尼·吉登斯意在打破这些霸主体制,建立起一种关于结构与行动两者健康正确的关系的社会学理论——结构化理论。

(一) 结构二重性原则

结构二重性是结构化理论的基础,也是理解结构化理论的关键和核心。所谓结构二重性指的是以社会行动的生产和再生产为根基的规则和资源同时也是系统再生产的媒介。②对关爱父母出国留守儿童的对策而言,是指关爱活动及关爱法规的规则与资源是以内循环不断改进的过程。在结构二重性观点看来,社会系统的结构性特征对于它们反复组织起来的实践来说,既是后者的中介,又是它的结果。这种二重性即是指行动者和结构两者的构成过程并不是彼此独立的两个既定现象系列,即某种二元论。也就是说,结构和行动者之间不是非此即彼的独立的两方,结构"内在于"人的活动,是行动者活动的前提条件,而人的实践活动又使得社会系统进行再生产,这个过程也就是"结构化"。因此,在结构二重性理论里,最主要的就是关于结构与行动两者关系的论点,即结构与行动两者的二重性。因此,分析结构对于理解结构二重性理论就显得非常必要和有意义。

从结构二重性的分析框架出发,侨乡留守儿童关爱教育有必要遵循以下原则:

1. 减量原则

按照全国妇联对第六次人口普查数据 1% 抽样的推断,我国留守儿童数量超过 6 000 万,规模庞大,民政部 2018 年对农村留守儿童的普查显示群体数量

---

① ② 〔英〕安东尼·吉登斯. 社会的构成[M]. 李康,李猛,译. 北京:中国人民大学出版社,2016.92.

已大大减少,但规模仍接近千万。① 由于家庭是"最有效的双系抚养方式",亲子关系难以替代,因此,通过实现亲子团聚减少留守儿童规模是对策之一。减量可以从两个方面入手:一是通过发展农村经济,吸引父母返乡育人;二是通过留守儿童外出到父母就业地就读,将留守儿童转变为流动儿童。这条路径本身就是我国城镇化的一部分。调查显示,与 2000 年第五次人口普查和 2005 年全国 1‰ 人口抽样调查时相比,流动儿童数量大规模增加,2000—2005 年五年增加了 551 万,增幅为 27.80%;2005—2010 年五年增加了 1 048 万人,增幅为 41.37%,反映出了留守儿童转为流动儿童的进程正在加速。

2. 公平原则

约翰·罗尔斯的正义原则为留守儿童教育关爱提供了社会服务的政治学理论基础,其第二正义原则指出:"所有的社会基本善——自由和机会、收入和财富及自尊的基础——都应被平等化地分配,除非对一些和所有社会基本善的一种不平等分配有利于最不利者。"②。

对这条"积极差别化"或"机会公平原则"原则的理解,应当包括两个方面:对弱势群体的公平;对弱势区域的公平。

对弱势群体的公平是一种纵向的、不均等的公平,指为了平等地对待所有的人,提供真正的同等的机会,社会必须更多地注意那些天赋较低和出生于较不利的社会地位的人们。罗尔斯主张,国家应保障人类的基本权利和义务(政治上的自由)得到平均分配,但国家可以依照差别原则对社会和经济利益进行调整,只要这种调整符合境况最差的人的最大利益。公平、正义、共享是现代社会保障制度的核心价值理念,这种"社会基本善"应当积极向社会弱势群体倾斜,留守儿童是"新弱势儿童",要按平等的方向补偿由偶然因素造成的倾斜,有区别地为处境不利的留守儿童提供机会或利益的"补偿性",这是该原则的核心。经验证明,在中国实行"总量——人均"的扩大资源总量的方式,对于弱势群体的补偿还远远不够,对于像留守儿童这样的社会弱势群体,还需要依靠政府加大对弱势地区和弱势人群的倾斜性政策,才能更好地体现公平。

---

① 民政部根据其对农村留守儿童概念的界定(父母双方外出,年龄 16 周岁以下)进行的调查显示,2018 年全国农村留守儿童为 972 万。

② 罗尔斯. 正义论[M]. 北京:京华出版社,2000:144.

3. 协同原则

从广义的角度,家庭、学校、社会、同辈群体、社会媒介等都对侨乡留守儿童产生教育影响。但这些教育主体之间的力量之间往往整合程度不高,有待根据侨乡留守儿童的年龄与社会化阶段,以该阶段的某种教育力量为核心,整合其他教育力量,开展协同教育。比如说,在当前民政主导留守儿童关爱保护,27 个部委组成留守儿童工作联席会议制度的格局下,教育部主要负责义务教育阶段留守儿童的教育关爱工作,那么在义务教育阶段,应当以教育部门为留守儿童关爱教育的核心,其他部门协同开展教育。而由于侨乡留守儿童的"侨"特色尤其鲜明,因此从政府层面,应当探讨以侨务部门为侨乡留守儿童教育关爱的核心,协同民政、教育等部门协同开展教育关爱;在更大的层面,探讨留守家庭、学校、社会三者的家校社协同育人机制。

(二) 结构

在安东尼·吉登斯之前的社会学理论家中,对结构进行细致分析的主要是结构主义者和后结构主义者。结构主义不是一个统一的哲学流派,而是具有不同倾向的学者形成的一种庞杂的思潮,他们在不同意义上将原来主要在语言学中运用的结构主义方法推广用于此研究。

无论是结构主义,还是后结构主义,都只注意到对结构的分析,而没有将结构和行动联系起来,仍旧坚持的是结构与行动的二元对立观点。并且,结构主义对结构的概念理解也是含糊的,正如吉登斯在《社会的构成》中写道:"结构究竟指的是在某一个固定系列范围内一系列可以允许转换的生成框架(matrix),还是指左右这一生成框架的转换规则,这个问题在结构主义思想传统中总是含糊不清。"吉登斯更多的是在对后结构主义进行批判和继承后,提出了结构的意涵,即结构指的是使社会形态中的时空"束集"(binding)在一起的那些结构化特性,正是这些特性,使得千差万别的时空跨度中存在着相当类似的社会实践,并赋予它们以"系统性"的形式。[①] 也就是说结构不是指某种固定的模式,而是具有跨越时空限制的一系列的结构化特性。因此,在吉登斯的结构化理论中,"结构"是作为"结构化的性质"来使用的。这样的"结构"包含

---

① 〔英〕安东尼·吉登斯. 社会的构成[M]. 李康,李猛,译. 北京:中国人民大学出版社,2016:79.

有这样的三层意思：第一,结构跨越时间和空间的限制,以"不在场"方式脱离行动者,但是又在各种社会实践中,作为记忆痕迹,"内化于"人的活动。这在上文已经阐明。第二,结构最基本的涵义是作为社会系统再生产过程中反复使用到的规则和资源。并且这些规则和资源不是固定不变的,而是可以转换和传递的。第三,结构总是同时具有制约性和使动性,制约形式在不同的方式上成为使动的形式。

1. 规则和资源

把结构看作是规则和资源,不是说规则或资源可以被看作是孤立的规则或能力的集合体。[①] 因为无论是规则还是资源,只有在社会总体历史发展的背景下,被行动者在实践的过程中反复使用才能得到理解。换句话说,规则和资源要有意义,必须与行动者和行动者的实践彼此关联。关于规则,吉登斯把与社会研究问题相关的规则表示为以下四对范畴：(1) 深层的与浅层的；(2) 默契的与话语的；(3) 非正式的与形式化的；(4) 约束力弱的与约束力强的。法律形式的规则具有最强的约束力,也就是说,制度是最深层的、在话语层次上得以形式化的、具有强制性的规则。当然,这样并不是说社会实践中的其他规则不重要,恰恰相反,社会生活中的大部分规则都是浅层次的、默契的、非正式的、约束力弱的。而这些日常生活中的琐碎的微小的规则对社会行为总体上却有着较为深刻的影响。吉登斯认为,结构化理论中的"规则"主要是由行动者在行动时所依赖的各种正式制度、非正式制度以及各种有意义的符号构成,正式制度是指行动者在行动过程中所遵守的政治、经济、法律制度等规范性制度；非正式制度则是对行动者的行动发生影响的各种心理、习俗以及文化等。[②] 因此,吉登斯也把规则分为构成性规则(也称"表意性规则")和管制性规则(也称"规范性规则")。

资源和规则是紧密交织在一起的,资源只有在合规则下才能得到合理的运用。吉登斯将资源分为配置性资源和权力性资源。所谓"配置性资源"指的是对物体、商品或物质现象产生控制的能力,或者更准确的说,指各种形式的转换能力。这样看来,资源也与行动者紧密联系在了一起。拿吉登斯举的例

① 〔英〕安东尼·吉登斯.社会理论的核心问题[M].郭忠华,徐法寅,译.上海：上海译文出版社,2015.

② 张云鹏.试论吉登斯结构化理论[J].社会科学战线,2005,(04)：274-277.

子来说,像原材料、土地这类配置性资源,表面上看起来它们"真实存在",但它们的这种"物质性"并不能帮其成为有意义的资源。换句话说,实体资源本身不具有意义,借助行动者具有的把它们转换成对社会实践有意义资源的能力才能成为配置性资源。这也体现了结构二重性。所谓权威性资源,则是指对人或者说行动者产生控制的各类转换能力。尽管与配置性资源一样,权威性资源中权力本身不是资源,并且也强调转换能力。但不同的是,权威性资源中权力施加的对象是人或者说行动者。也就是说,它是行动者一方对行动者另一方能力的控制和支配。① 在结构化理论中,权力却是非常核心的概念。关于"权力"和"支配",我们应该把他们看作是社会交往(或者我可以说人的行动本身)中的内在组成部分。吉登斯认为资源是权力得以实施的媒介,是社会再生产通过具体行为得以实现的常规要素。不过,所有的依附形式都提供了某些资源,臣属者可以借助它们来影响居于支配地位的人的活动。因此,我们应该将权力理解为是行动者实现自身意志的能力和集体的特性的结合,把它们看作是结构二重性的表现。②

　　2. 使动性和制约性

　　结构化理论将"结构"界定为规则和资源,结构总是包含在人的行动的生成过程中,这体现了结构的使动性。而对于结构的制约性在行动的生成过程中的表现就显得不太清楚了。吉登斯在《社会的构成》中也写到了这一点,卡尔坦斯对其结构的评论是:"吉登斯的范式有一个显著的缺陷,就是过于强调结构的使动性一面,而未能充分考虑制约性一面。"③吉登斯对其评论作出的回答是:结构化理论绝不是要贬低结构的制约性方面的重要性,他对制约的三种意涵做了详细的分析。首先,物质制约。这时的制约指的是源于物质世界特性及身体生理特性的制约。其次,(负面)约束。即源于某些行动者对他人惩罚性反应的制约。再次,结构性制约。这种制约源于行动的情境性,即相对于处于具体情境中的行动者来说,结构性特征的"既定"性。换句话说,结构性

---

　　① 金小红. 权力分析的特点与文化分析的缺失——对吉登斯结构化理论的一点思考[J]. 南京社会科学,2007(07):89-93.

　　② 乔丽英,赵兰香. 吉登斯结构化理论研究——对结构化理论中"结构"概念的深度审视[J]. 前沿,2007,11.

　　③ McPhee R D, Canary H E. Structuration theory[J]. The international encyclopedia of communication theory and philosophy,2016:1-15.

制约来自于个体行动者无法改变的结构性特征的"客观"存在。①

(三) 行动

吉登斯结构化理论中的"行动"是在批判结构—功能主义及解释社会学的"行动"概念基础上而建构。结构—功能主义客体论认为结构决定一切,将结构看作为一种对行动产生制约的外在框架,行动者只能被动的在结构规定内开展活动,强调结构对人的制约作用。以孔德、涂尔干、斯宾塞为代表的结构—功能主义学者过分强调结构对个体行动的制约作用,而忽视了能动个体的角色资格;滕尼斯、韦伯代表的主体论学者看到了个体的能动性,却放大了个体行动的主观和意义,忽视了结构对行动的制约作用。

吉登斯对行动的概念界定既不同于结构—功能主义"强结构而弱行动"的观点,也不同于解释社会学"强行动而弱结构"的定论,他将行动视为是一种生活体验(lived-through experience)的连续流,是行动者对实践事件进程施加影响的连续过程。行动是一种连续过程。这种连续过程被吉登斯称为连续流,意在强调行动不是互不联系的单个行为的总和,而是不间断的行动流。② 吉登斯认为,结构与行动的关系应该是结构即是行动的媒介,也是行动的结果。简单的说就是结构促进行动而又限制行动,两者通过模态发生作用。

二、结构二重性视角下侨乡留守儿童教育关爱的结构优化

基于政策的实施一贯性和广泛适用性考虑,国家制定的留守儿童教育关爱政策往往具有一致性,这样就容易忽视留守儿童内部的异质性,但侨乡留守儿童与父母国内务工留守儿童存在事实上的异质性。如部分侨乡留守儿童存在出国预期,导致心理变化,对学业不重视;在国外生活之后回国留守孩子的主要目的是为了学习中文,国外的学习程度、内容与国内完全不同,他们中文

① Mouzelis N. Restructuring structuration theory[J]. The Sociological Review, 1989, 37(4): 613 – 635.

② 金小红.吉登斯结构化理论的逻辑[M].武汉：华中师范大学出版社,2008,85 – 104.

能力薄弱,本来应该留到低年段先学好中文,但由于教育行政部门规定只能按年龄插班,导致学习困难;长途电话贵,大部分孩子只是被动接听出国父母的电话,亲子沟通更少;父母出国导致家校沟通困难;由于加入国外户籍,出国人员子女在国内学校的学号办不起来,甚至无法得到国家的公用生均经费补助,学校要额外承担教学费用;流动性大,出国人员留守子女日趋低龄化;沟通与交流对象缺失,心理孤独;等等。

　　从结构化理论中的结构视角来看,侨乡留守儿童教育关爱的相关角色大致为政府相关部门(如各级教育行政部门、侨务工作部门、民政部门等),学校,家庭及其他社会力量。需要强调的是,在侨乡留守儿童的关爱保护体系中,侨务工作部门(侨联、侨办等)扮演重要的角色,这是不同于父母国内务工留守儿童的一点。

　　如图5-1所示,首先,表现在配置性资源上,政府占有主导位置,也是规划联动各部委的领导者,政府主导教育关爱资源的分配,这是开展教育关爱侨乡留守儿童活动的基础及关键。其次,表现在权威性资源上。权威性资源表现为对行动者产生控制的各类转换能力。换句话说就是对基于对如人力资源等非配置型资源的支配能力。如政府对所属部门行政支配及相关部门及社会关爱力量的组织及领导力。对于内部各职权部门的统筹与规划,政府可进行直接支配,如对本地区侨乡留守儿童进行相关的调研,提出建设性的建议作为政府制定相关政策的依据等。政府可以通过制定、实施法律、法规,对学校进

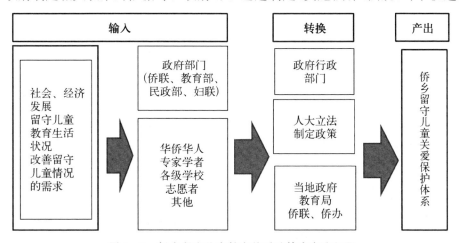

图5-1　侨乡留守儿童教育关爱政策产出流程图

行宏观管理；通过下拨经费，对学校的建设和教育、教学施加必要的影响；通过增加学校的教师编制，加强学校的师资力量；通过督导机构的督导和委托中介机构开展的评估，对学校进行督促检查，在一定程度上对学校施加影响。当然，在结构化理论中，任何资源的使用都与规则紧紧地交织在一起。这点可以引用吉登斯的结构化"模态"来分析。

如图 5-2 所示，在吉登斯的结构化"模态"图里，上层是"结构"，结构包含了规则和资源。下层是"互动"，也可以理解为行动。"模态"图表明在吉登斯的结构化理论中，利用权力对资源进行支配必须要在符合表意性规则（或构成性规则）和规范性规则（或管制性规则）的前提下。表意性规则通过"解释图示"（指被纳入行动者知识库存的类型化方式）来达到行动者沟通的目的。具体而言，"解释图示"可以理解为对侨乡留守儿童的心理状态、情感态度、留守家庭所在地的文化、习俗等的了解。规范性规则通过某些政治、经济、法律等的规范，来达到对行动者的行动约束。这种"规范"在本文指的是地方政府及地方侨办要遵从国务院和国务院侨办的法规政策，紧跟国家侨务战略，对侨乡留守儿童进行关爱支持。

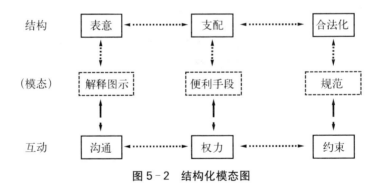

图 5-2 结构化模态图

信息技术时代，教师已经不能再像农业时代、工业时代那样，单纯靠着教龄增长带来的更丰富的经验来"战胜"学生了。学生拥有越多的知识，就可以增加与教师平等对话的"筹码"，真正意义上实现师生平等，这体现了结构制约性和使动性的转换原则。

总的来说，无论是政府、学校还是其他的社会组织，对父母出国留守子女的关爱支持策略都没有离开吉登斯结构化理论中结构的内涵。换句话说，都是在合规则下对资源的充分利用。这些策略有值得继续发展的,也存在一些缺陷,需要纠正和完善。组织或群体没能发挥出本身的优势;如学校没有充分发挥作用,对留守学生的教育的职能未能充分实现,对学生家庭提供引导与教育关爱不足。社区对侨乡留守儿童的关爱支持不足。作为一定的地域的一定群体依据共同的价值观念,以一定的组织形式和行为规范建立起来的管理机构,在满足生活于其中的侨乡留守儿童的物质和精神需求的方面存在不足,在联结学校与家庭的中观层面的作用也没有得到充分发挥。

(一) 政府

在教育与关爱留守儿童方面,政府有着义不容辞的责任。本文所指的是综合性政府,包括侨务部门、民政、教育行政等部门。政府在侨乡留守儿童教育关爱中应当组织各单位联系实际(规则和资源等),认真地制定相关策略。基于结构视角,政府部门在关爱体系中要充分认识到政策问题的动态,发挥关爱体系的联动主导地位,正确掌握政策相关内容的影响得失与范围,这也就是在规则与资源中强调主导效能。

1. 主导侨乡留守儿童教育关爱政策的制定,作出必要的制度安排

要使侨乡留守儿童的教育工作取得实效,最根本的是要制定相关的制度政策,才能形成有效的教育合力。没有制度作支点,很难撬动侨乡留守儿童教育工作[①]。需要政府部门组织力量或者依托高校与科研机构,深入开展对侨乡留守儿童教育关爱问题的调研,整合相关政府部门,作出相应的制度安排。比如对于农村留守儿童教育关爱问题,温铁军曾经指出,解决农村留守儿童问题有三个层次,第一个层次是要尽可能改变农业要素净流出的趋势。吸引农民在家乡参与新农村建设项目;二是采取临时性、应对性措施,包括加大农村留守儿童集中地区的寄宿制学校建设,对监护人培训、允许随迁儿童就近入学、各方积极关爱等。三是通过消除城乡二元体制,实现城乡统筹发展。[②] 宏观层面上,"逐步实现户籍制度改革,拆除就业、医疗、住房、教育等制度壁垒,彻底打破维系多年的城乡'二元经济体制',引导农村富余劳动力在城乡间的有序

---

①　周林,青永红.农村留守儿童教育问题研究[M].成都:四川教育出版社,2007.

②　温铁军.分三个层次解决农村留守儿童问题[J].河南教育,2006,5.

流动。"从体制上解决这个问题；段成荣也认为，流动儿童和留守儿童之间表面上存在多种转换关系，但真正的可能渠道是更多的留守儿童进入城市，转换为流动儿童，[1]等等。侨乡留守儿童的教育关爱中存在诸多不同于农村留守儿童的特征，比如面临学业动荡的就学政策安排，家乡认同淡化的相关教育对策等；需要相关部门针对侨乡留守儿童教育关爱制订全国性统一的政策，增加政策执行的刚性与细则，而不是应急性的、临时性的政策。[2]

2. 统筹解决侨乡留守儿童教育问题，将其全面纳入侨乡教育改革与发展的整体进程之中[3]

政府加强侨乡留守儿童教育关爱意识，引导建立侨乡留守儿童关爱体系，[4]加强对侨乡学校教育的投入，引导侨乡学校的发展，支持侨乡留守儿童教育。将教育关爱经费纳入政府部门专项经费预算，并有效利用配置型资源。

3. 推进地方立法，保障侨乡留守儿童有效监护、安全与团聚权益

针对侨乡留守儿童群体长期缺乏父母陪伴现状，推进地方政府专项立法，明确家庭对侨乡留守儿童的责任，注重代理监护人与监护人之间的交流沟通，增强家庭及监护人教育意识，改善儿童家教环境，支持建设家校沟通平台。支持了解侨乡留守儿童生活现状，创造亲子团聚机会，促进侨乡留守儿童与父母之间团聚的权益，保障父母责任的必要履行，确保监护监督职责的履行到位。注重侨乡留守儿童个人权益的保护，重视侨乡留守儿童的人身安全，把侨乡留守儿童的安全与健康放在首位，辅之以相应的立法保护。通过侨务部门和教育部门等多线并行的方式，各单位分类分阶段，明确责任清单，关注侨乡留守儿童日常生活和教育问题，建立专项帮扶机制，兼顾物质帮扶和精神帮扶，关心侨乡留守儿童心理健康发展，宣传教育重要性，树立主流价值观，完善整体教育大环境。加大宣传力度，通过自媒体、社交网络、学习强国以及当地官方新闻平台等现代信息传播平台，宣传正确教育观念，扩大宣传覆盖面。

---

① 段成荣，杨舸. 我国农村留守儿童状况研究[J]. 人口研究，2008，32(3)：15－25.

② 项继权.农民工子女教育：政策选择与制度保障—关于农民工子女教育问题的调查分析及政策建议[J].华中师范大学学报(人文社会科学版)，2005(03)：2－11.

③ 汪明.统筹解决农民工子女教育问题[J].教育发展研究，2009，29(06)：71－75.

④ 刘先华.乡村振兴背景下留守儿童教育与关爱体系的完善与创新[J].农业经济，2020(12)：105－107.

4. 建设与开发侨乡留守儿童信息系统平台,建立长期跟踪反馈机制

以政府部门为主导,侨乡民政、公安、教育等多部门联合,从长效使用信息的角度出发,展开全面细致的信息排查,开展对侨乡留守儿童的普查登记,实行"一人一档"。重点排查父母双方出国的留守儿童状况以及已经出国的侨乡留守儿童状况。着力建设信息系统平台,各部门充分发挥各领域职能,加强合作,形成合力。有效整合各部门信息,清晰有关父母出国情况、代理监护人情况、儿童学业状况等,建立侨乡留守儿童个人电子档案并进行动态管理,建立长期的跟踪反馈机制,从收集的信息出发,拓展对侨乡留守儿童全面的认识,分析问题现状,对存在困难的人群做好对应帮扶。逐步建立侨乡留守儿童信息平台。建立侨乡留守儿童联系人制度,及时关注留守儿童的学习、生活等各方面情况。并且在生活上给予一些困难家庭补助,节假日进行探望等。开展关爱政策创新,比如取消超龄 2 年不能办理学籍的地方性政策,经书面申请,已入外籍的侨乡留守儿童,可使用护照或居留证办理登记入学。

5. 引导、激励与资助社会力量,建立社会志愿者服务平台

建立高校学生社会实践平台,充分利用当地高校的大学生或研究生志愿者资源,解决师资问题并为高校学生提供实践平台。实现各社会志愿者资源的共享,比如建立和联通各组织各单位的志愿者服务库,建立总的侨乡留守儿童的资源服务库,各组织各单位依实际情况(需要和志愿者的匹配程度),选择本库志愿者和借用它库志愿者。而社会志愿者重点吸纳一些有文化、有爱心的机关干部、离退休干部、五老人员等。他们基本上都是本地区的常住人口,对侨乡留守儿童的实际情况更加了解,也熟悉本地方的文化习俗等,同时也有更多的时间可以关爱这群孩子。引入社会力量和慈善组织等非政府力量,扩大社会关注,建立留守儿童基金会。例如妇联已经筹建成立"侨界留守儿童关爱基金",这些基金来自社会各界,尤其华侨捐资占了很大部分。此外,要加大政府购买力度,激励相关研究及志愿服务的开展。加强政府对于侨乡留守儿童群体的关注,设立专项资金,选择实施性强,针对性强的项目进行政府购买,投入专人专员进行对应政府购买项目的管理监督以确保实施。并激励相关研究的开展,制定激励方案,吸引高校人才以及科研工作者展开针对性的研究,拓宽拓广针对留守幼儿教育问题研究,及早开发相关的研究量表工具,提取优秀研究成果并与实践相结合以改善侨乡留守儿童的弱势处境。号召并组织社

会各界力量开展志愿服务,以社会志愿人员为留守儿童教育支持着力点,整合优质志愿服务。有效利用大学生志愿者与实践队伍的热情与专业知识素养,给儿童带去先进的教育理念,在对侨乡留守儿童的学业辅导与心理疏导中发挥应有作用。

6. 发展侨乡经济,创新侨乡社会制度建设

政府与社区组织开展侨文化活动、侨爱活动等,丰富留守儿童生活,促进他们与社区其他人的交流。有条件的话可以建立留守儿童活动中心,破解"隔代教育""无学籍"等难题。政府政策鼓励地方经济发展,加强侨乡当地基础设施建设,优化区域产业结构升级,增强对创新产业的投入。加大创业扶持力度,提出针对性奖励政策,鼓励出国务工人员回乡进行创业,减少人才的对外流失,同时也从根本上减少侨乡留守儿童数量。以侨乡为特色,依托人文地理发展经济。此外,针对侨乡留守儿童这一群体,通过政府的宣传号召、资金支持、政策支持等推动建立侨乡集体活动开展制度,利用社会助长效应,联动家庭、学校、社区、政府,多方开展与地方特色活动,衔接乡村振兴战略发展侨乡经济。同时,更重要的是重建侨乡崇尚学习的文化,消除"读书无用论"的生长土壤。可以在侨乡社区开展学习走廊建设,在内容的选择上,汇集传统文化与新时代思想,宣传知名侨胞,在巩固家国认同的基础上展开跨国文化的交流。渲染学习氛围,营造起爱家爱乡的情感底蕴。学习走廊需兼具设计美感,融合知识性与观赏性,彰显地方文化风貌。

7. 加强侨乡文化建设,提升侨乡文化魅力,提高侨乡留守儿童家乡文化认同

建立地方"侨"文化创新机制,加大财政投入与政策支持,呼吁多方力量参与侨文化创新行动。一是丰富侨文化载体,开发书籍、绘本、动画片、线上课程等学生群体喜爱的侨文化载体,拓展侨文化传播途径,提升侨文化影响力;二是注重侨乡文化设施建设,建设文化墙、文化长廊、侨乡博物馆、侨乡史馆等文化设施。其次,推动开展侨乡集体娱乐活动,增加侨乡留守儿童参与家乡集体活动、与家乡发生社会互动的机会,感受家乡集体氛围与文化气息;三是开展"侨文化进校园"活动,在学校教育中推进意识形态建设,强化家乡概念。

以温州市侨务部门针对侨乡留守子女实施的关爱策略为例:

温州市的关爱保护重点工作围绕下面的部分开展:调查评估所属地区留

守儿童的规模及特点;建立留守儿童资料数据档案掌握基本情况;开展不同形式的关爱夏令营等活动;强化各级政府部门与教育局、侨办及社会力量(高校志愿者)等合作;感召社会各界热心人士、退休教师等与之一一结对的关爱活动体系。主要载体包括"留守儿童阳光之家"夏令营、"亲情中华"侨界留守儿童快乐营。夏令营一般由学校在本地高校招募大学生或研究生志愿者,进行为期半个月到一个月左右的暑期学习辅导、心理疏导、情感陪伴等活动。

　　2015 年来,玉壶镇试点开展"侨爱童心乐园"活动,利用课余时间为华人华侨子女提供学习辅导、心理抚慰、美术、象棋、手工、舞蹈、音乐等多项活动,帮助孩子学习,促进孩子健康快乐成长,收到了较好的社会效果。政府可以创造条件,引导部门机关和社会团体开展和推广类似的"侨爱"活动,让快乐学习走进华人华侨子女家庭。温州政府积极组织如侨爱协会、侨联、妇联等,加强对侨乡留守儿童的关爱。温州市政府已经实施"侨界留守儿童"关爱工程多年,旨在让侨乡留守儿童拥有健康的成长环境:活动有空间、困难有人帮、倾诉有人听、心声有人懂、情绪表达有通道,成为有上进心、有独立生存能力、懂感恩、知回报的健康快乐的孩子。温州市侨联制定了温州市"侨界留守儿童"结对帮扶责任书,进行了部分规定。如要求"帮扶者每学期至少与留守儿童谈心一次",等。

　　此外,温州市妇联依托市妇女关爱基金实施"春蕾女童"救助项目,联合市教育局等成立女童保护项目,联合市文明办等编印《守护女童》等儿童安全丛书,重点保护留守女童。用结构的视角来看,它体现了妇联对该组织内规则的践行。开展"小候鸟"等行动,积极构建留守儿童"四化一体"关爱服务模式。体现为对权威性资源的充分利用。依托社区资源优势,推进"留守儿童之家"与"春泥活动中心"、农家书屋等文体活动中心建设联动,通过向上争取、内部整合等形式。如文成县妇联建成了关爱父母出国留守儿童的"一办一厅一廊一基地"和"三室三中心",开辟亲情视频聊天室、心语小屋心理辅导室、开心农场实践基地以及学习中心、娱乐中心、体育中心等功能科室。侨联、侨爱协会除了协助侨办的活动外,主要就是充分利用该组织所拥有的资源,如在一些重要的节日,慰问侨乡留守儿童,并定期送去一些生活和学习必需品。

　　8. 建立社区侨乡留守儿童教育关爱活动中心

　　加强社区文化教育设施建设。以促进侨乡留守儿童的健康成长为目的,建立专门的教育关爱活动中心,在基层社区政府的指导下,整合社区留守儿童教育力量,专员专职,建设好,管理好,使用好社区教育文化设施,努力为青少年提供学业辅导,建设舒适的课外学习娱乐场所,创新社区留守儿童教育活动,开展心理健康,青春期,生命安全,法制教育等专题活动,丰富侨乡留守儿童生活的同时对侨乡留守儿童增加补偿教育,缓解留守儿童社区生活贫困化的困境,塑造温暖社区氛围。

9. 进一步加强对回国留守儿童的华文教育

完善华人华侨子女入学管理办法和加分照顾政策。涉侨、教育等部门也通过各种方式和途径,鼓励和引导华人华侨子女回乡接受教育。相当部分的华侨华人子女属于曾经有过留守经历的儿童,有必要针对他们的华文水平,结合海外新生代华人华侨的生活习性和学习特点,打造"侨特色"的高品质华人华侨子弟学校,招收华人华侨子女入学,并根据他们将来出国生活的特点进行课程设置和教育。如减少应试教育课程,增加中国历史、传统文化、家乡民俗民风以及爱国爱乡教育内容。可以针对国内的华人华侨子女设立全日制班,针对海外华人华侨新生代设立短期或假期华文学习班。此外,还可根据需要在现有的中、小学校设置华人华侨班,进行特色教育。政府应更加重视这项工作,将其作为"五心相通"中的"民心相通"的重要内容,作为联系海外侨胞、推进"一带一路"倡议的重要工程,纳入议事日程,明确选址、建设时序、考核评估等内容。在建设资金上,可以采用政府主导和社会参与共同建设的多元化方式,特别是要发挥侨资优势,鼓励华人华侨支持和参与学校建设。

放宽华人华侨子女参加夏令营华文教育的条件。可以将侨务部门组织的"亲情中华·汉语桥"夏令营活动营员招收年龄降低至 12—18 周岁。同时考虑到海外华人华侨子女学习中文的共同需求,取消夏令营营员必须是华裔青少年身份的限制,将夏令营覆盖面扩大到长期在国外居住的华人华侨子女,让暑期华文教育更加普及和深入。合理设置华文教育课程。刻板、枯燥、单调的课堂式中文教育模式,只会让海外新生代华人华侨对夏令营等华文教育活动感到生厌,从而失去学习中文的兴趣。夏令营活动安排的汉语课较多,孩子们难以接受,出现了厌学情绪。针对这种现象,建议今后的华文教育活动尽量减少汉语课程,多安排一些趣味性和民俗性的活动,寓教于乐,使孩子们在玩乐中体验和传承中华优秀传统文化。同时,政府与教育部门尽可能创造条件,组建一支相对稳定的华文教师队伍。

华文教育不仅仅是一种语言教育,更肩负着中华文明的传承,是一项有利于中华民族振兴,有利于华人华侨社会发展,有利于侨务可持续发展的重要事业。可以利用华文教育凝聚海内外各界有识之士和华社侨团的关爱,共同推动对侨民儿童的华文教育工作,激发海外中华儿女的爱国爱乡情怀。

总之,目前政府的支持力度仍旧需要进一步的加强,除了组织必要的社会志愿者服务和假期夏令营之外,政府还可以通过与教育部门、当地大学等合作的方式开展针对留守儿童的慈善活动等等来加强扶持力度,需要注意的是,在开展这些活动时政府不应当仅仅以某一阶段为主(如小学阶段),且针对不同阶段政府应该给出不同的政策,以确保他们得到最实际有效的扶持。此外,构建和谐的社会环境和正面积极的媒体环境同样需要政府部门的参与,良好的环境有利于留守儿童健康成长,而冷漠的社会环境很可能寒了人们的心,政府应致力于打击不良的社会风气。同时,针对侨乡独有的出国风气,政府应该增加出国对家庭负面影响的宣传,确保大部分父母能在了解出国的利弊后再做出选择。在更为具体的扶持上,鉴于不同的家庭面临着不同的困境,建议政府先对留守家庭展开详细调查,确认真实情况,根据不同家庭的情况建立一对一档案,再客观分析这些家庭的需求难处,并且引导和感召社会人士与之一对一结对,从而提供帮助。最后,父母出国留守儿童从根本上来说还是经济问题,大部分出国的父母都是因为经济利益选择出国,要想从根本上解决问题,最主要还是发展侨乡经济。政府可以通过鼓励私有企业的创办、增加帮助求职的部门和鼓励海外人士回国创业等等来发展经济,支持与帮助侨乡留守人员充分就业。

(二)家庭

家庭是儿童社会化的关键因素,"人们尝试了许多替代家庭的儿童社会化方式,但没有一项成功。"家庭是社会的一个天然的基础细胞,她是孩子第一个教育空间,孩子的生活习惯、语言、行为等首先是从家庭中习得,孩子一切美好的力量都是从这里萌芽和滋长。科尔曼在其 1966 年的著名调查结论中指出,家庭背景和社会环境对学生学业成绩的影响比学校的影响更大。[①] 马卡连柯说："现今的父母教育孩子，就是缔造我们未来的历史，因而也是缔造世界的历史。"家庭教育的成败不仅关系到子女的身心健康成长，学校教育和社会教育的实施，也是国民整体素质提高的根基。

但在侨乡留守家庭，跨国流动破坏了家庭内部抚养结构和家庭外部环境结构，导致孩子对学校与社会适应困难，这些困难包括：隔代抚养难适应、出国语言不通、教育不衔接、同伴交往动荡等问题。长期的社会适应问题容易造成心理问题与行为偏差，出国父母应合理安排孩子的出国短居计划，给孩子一定的缓冲时间，尤其在出国时要安抚好孩子的情绪，避免因长期分离造成心理创伤；同时要重视国内外的衔接情况，减少孩子出国、回国时的不适应。例如：出国前提早学习该国基本语言，减少沟通障碍；回国前提早预习功课，赶上国内学习进度等。

1. 父母努力学习与提高亲子分离后的家庭教育知识、方法与技能培训

首先，出国父母要注重家庭亲子关系的维护，维护"父—母—子"三角家庭关系链，提升家庭亲密度。重视加强亲子线上线下互动交流，关注子女的感情需求，拉近亲子之间的距离，对留守子女多关心，保证亲子面对面互动时间，确保亲子最低限度的面对面交流。关注孩子情绪、行为、学习状态等的变化，增进亲子信任，提升家的温情，提高"家庭"附带的家乡认同感。其次，关注孩子社会适应情况，提高侨乡留守儿童对家乡生活的满意度。及时并经常与代理监护人、学校教师等联系，了解孩子在家乡的状况，给予孩子足够的关心与爱。再次，合理安排子女出国短居计划，重视国内外的衔接，如出国定居时让孩子保持和国内好朋友的联系，减少同伴交往片段化的现象。

家长应提升主动教育意识，树立正确教育观念，积极关注儿童生活学习等情况，谨记第一教育者身份，注重树立责任意识，保持自身的主动性，不因距离阻隔否定远距离教育的可能。开阔教育视野，树立起正确的教育观念，重视孩子思想、身心健康等多方面协同发展。重视自身的引导作用，利用好日常沟通交流机会对儿童展开教育，助力儿童健康成长。此外，为了保持家庭密切亲子

[①] 马晓强."科尔曼报告"述评——兼论对我国解决"上学难、上学贵"问题的启示[J]. 教育研究，2006(06)：29-33.

沟通,和谐亲子关系养成与儿童沟通交流习惯,培养父母利用网络等平台丰富与儿童的沟通交流,在强化关注学业的积极作用的同时也关注儿童的心理健康、日常生活。耐心聆听儿童倾诉,以成人思维为他们答疑解惑,积极分享个人生活情况,增进亲子相互了解。利用寒暑假时间,创造亲子共聚时光,丰富儿童见闻并融洽亲子关系,弥补部分缺失的家庭教育。

2. 代理监护人改变溺爱、放任或简单粗暴的管教方式

代理监护人尤其是祖辈应积极参加学校组织的家庭教育活动,主动了解未成年儿童的心理动态,努力提高与抚养孙辈的沟通交流的技巧和能力,建立良好的祖孙辈关系。由于侨乡文化及其社会环境的影响,家长及代理监护人以出国务工为中心,"重利轻教"的出国思想严重,父母及监护人自身文化程度低,对子女学业的重视程度极其不乐观。因此,家长与代监护人应当转变思想观念,注重子女教育,跳出"出国"预期,关注孩子学习与技能培养;提升自身文化水平,学习教育方法,承担起家庭教育的责任;提升参与孩子教育的主动性,增加与学校的主动联系,了解孩子的学业状况等,共同探讨改善孩子的学习问题;进行课后辅导,帮助孩子及时解决课后疑难。

3. 家长与代理监护人转变抚养方式,关注留守儿童心理健康及价值观培育

首先,父母及代理监护人应注意个人的价值观与行为方式,打好榜样基础,传递与帮助孩子掌握社会规范,学会承担社会责任,树立正确的价值观;其次,父母及代理监护人应注重与孩子的亲子依恋关系,提升亲子情感体验;关注孩子的心理变化进行适当的心理教育;引导孩子与同龄伙伴交往,营造一个有助于孩子社会化的教育环境;增加与专业人员等(如教师)的沟通,学习心理教育及价值观培育技巧,帮助孩子塑造健康的心理、培育正确的价值观。再次,代理监护人应该担负起抚育儿童的责任,给孩子足够的时间学习、玩耍,支持儿童正常的同辈交往,教育孩子正确对待父母出国,让孩子适度参与家庭事务,培养儿童独立自主的自我管理能力。最后,家长应主动加强与监护人、教师的沟通,及时了解留守孩子的日常表现,增加亲子沟通交流频率、提升沟通有效性,避免与监护人和教师的冲突,避免溺爱、偏听、在不明真相的情况下做出教育判断,避免以金钱代替爱的行为。在家庭经济条件与工作职业允许的情况下,努力与留守子女的团聚,实现留守儿童的非留守化。

4. 明确家庭在侨乡留守儿童教育中的主体地位

2016年，浙江省人大常委会日前修改的地方性法规《浙江省未成年人保护条例》（以下简称《条例》）中，新增专门章节"留守儿童保护"，提出构建全社会的留守儿童关爱服务体系和救助保护机制。《条例》突出了父母在留守儿童监护中的责任，规定了外出父母与留守儿童的沟通频次，体现了法规对家庭监护的介入。出国父母同样应当确立责任意识，明确在子女抚育中的核心作用，避免简单的卸责行为。具体来说，家长出国最好能够留下一方在家监管子女[①]，出国之后应尽量加强与孩子的亲子互动频次，考虑子女的情感需求改进与留守儿童的沟通内容[②]，多关注留守孩子的情绪与心理变化，关注孩子的自主性与选择。尽量创造条件"团聚"，通过让留守孩子感受在外父母的工作艰辛，促进其心理成熟，加强亲子沟通交流，减少亲子"陌生感"。

5. 探索以类家庭代替侨乡留守儿童原生家庭

"类家庭"教育模式就是模拟家庭、联合自助家庭，在社会工作者组织、管理和参与下，由六七个年龄错落、可被赋予不同家庭角色（兄弟姐妹）的来自不同家庭的儿童组成，日常生活在一起的相对稳定的小团体。由于留守儿童和父母长时间分离，缺少家庭温暖，"类家庭"模式可以使其体验到父母情和手足情，给孩子一个温暖的家庭。此外，"类家庭"的父母必须是夫妻双方，感情和睦，具有养育和照顾小孩的经验，能够长期入住（一年以上）。"类家庭"父母还应当具备一定的文化素养，可以及时指导孩子的学业，进行正确地培养。政府对这些父母进行一定的培训，普及教育学和心理学等专业知识，培训完成并通过考试后方可构建"类家庭"模式。

（三）学校

学校有固定的教学场所、高素质的教师、系统的教育知识、稳定的教育周期等，是社会设置的专门教育机构，是最重要的儿童社会化机构。[③] 也应当成

---

① 郭三玲. 农村留守儿童教育存在的问题、成因及对策分析[J]. 湖北教育学院学报，2005（06）：86-88.

② 崔丽娟，郝振. 农村"留守儿童"教育困境的反思及对策研究[J]. 全球教育展望，2007（11）：81-85.

③ 王树涛. 学校氛围对留守与非留守儿童情绪智力影响的比较及启示[J]. 现代教育管理，2018（04）：100-105.

为侨乡留守儿童教育的主要场所。作为社会整体结构的组成部分,学校本身就具有结构性的特征,[①]它的结构性特征来自学校的组织结构:学校制订专门的规章制度,有校长室、教务处、德育处、教科研处等教育机构,教职员工依法进行教育教学。学校能够利用教育资源,为侨乡留守儿童提供帮助。在权威性资源的利用上,可以建立代理家长制(教师代理家长)或德育导师制。代理家长或德育导师的职责主要是侨乡学校教师与自己所负责的留守子女建立代理家长关系,不定期家访,进行心理情感疏导等。父母出国后,留守儿童大部分成长时光在学校中度过,学校在学龄期留守儿童教育中的作用凸显,因而十分有必要建立以学校为核心,社区、组、临时监护人为辅的教育管理网络;[②]发挥学校主渠道作用;[③]建立完善学校与"留守儿童"家长及临时管护人的联系制度,[④]如以寄宿制学校为中心,把各方力量汇聚到寄宿制学校,由学校主要承担教育监护留守儿童的直接责任与义务,[⑤]学校教育家庭化,[⑥]等等。在国家缺乏对留守儿童教育的整体安排,政策性资源不足,社会对留守儿童教育"慈善化",留守家庭教育功能退化的背景下,拥有制度化资源优势的学校不应仅仅把目光停留在对留守儿童的直接教育上,还应当积极拓展教育领域。

首先,组建团队开发侨文化特色课程,或寻求高校与侨务部门支持共同开发侨文化特色课程,包括出国父母的家庭教育课程、侨乡留守儿童学业支持课程、心理疏导课程、安全教育课程、同伴交往课程等,课程可以参照学校的社团课程或特色课程的形式来设计。只有形成了规范、合理与科学的侨文化课程,才能更好地发挥对侨乡留守儿童及其家庭的教育功能。

其次,有效开展对侨乡留守儿童的教育教学活动。除了承办夏令营,兴办少年宫外,关爱支持策略更多体现在日常的教学中。基于此,完善学校教育,就需要关注以下两点:一是展开针对侨乡留守儿童的针对性教育,如对侨乡

---

① 李慧敏,张洁. 走向教育的"二重性"——探求安东尼·吉登斯结构化理论的教育意义[J]. 河北大学学报(哲学社会科学版),2005(05):100-103.

② 冯建,罗海燕. "留守儿童"教育的再思考[J]. 广东教育学院学报,2005(02):39-41+60.

③ 于慎鸿. 农村"留守儿童"教育问题探析[J]. 中州学刊,2006(03):128-130.

④ 雷万鹏,杨帆. 对留守儿童问题的基本判断与政策选择[J]. 教育研究与实验,2009(02):24-29.

⑤ 任运昌. 空巢乡村的守望——西部留守儿童教育问题的社会学研究[M]. 北京:中国社会科学出版社,2008:177.

⑥ 张春玲. 农村留守儿童的学校关怀[J]. 教育评论,2005(02):37-40.

留守儿童开设的爱国主义教育、人生理想信念教育、行为习惯养成教育、心理健康教育及安全法制教育等。此外，针对父母出国留守儿童学习上面临的问题，学校可以通过开设"答疑"让存在问题的学生进行提问，也可以通过成立学习小组的方式，在老师的指导下，让学习态度良好的学生进行互补学习等，从而帮助学生更好地学习。由于侨乡学校师资力量是主要困难，如何保证这些关爱举措在实施过程中不会变成形式主义或应付行政任务，既需要开展侨乡学校教师的培训，还可以利用高校大学生志愿服务力量，利用师范生的专业技能，精准帮扶，提高授课质量，支持教育关爱活动的开展与提高活动的持续性与常态化。

最后，提高侨乡学校教师的"侨"素养，加强教师"侨素养与侨乡留守儿童教育知识"培训。由于家庭教育缺位，父母出国留守儿童的学习成绩可能存在一定问题，教师需要消除对该群体的偏见。此外，由于传统的应试教育观念作祟，教师对学生的个性化和人生理想都相对忽视，学生只是一味地追求成绩而忽视了自己以后的理想职业和人生目标，很容易产生迷茫，甚至还会因为错误的金钱至上和西方享乐主义观念选择未来出国，侨乡学校教师尤其应该注意帮助学生建立属于自己的人生目标，教会他们正确地看待东西方文化差异，形成正确的人生观和价值观。① 在沟通方面，提高教师与出国父母及其留守儿童沟通交流的技巧与能力，开展对代监护人家访，保证每学期展开至少两次的家访活动。

综上，侨乡学校对父母出国留守儿童的直接教育和拓展教育的路径有以下方面：

1. 开展对出国父母及其代理监护人的家庭教育指导，为出国父母了解留守儿童在校学习情况提供便利

首先，建立有效的家校联系与信息反馈制度。通过网络信息平台、电话等，与侨乡留守儿童出国父母建立密切联系，向海外侨乡留守儿童父母及时传递学生在校生活学习情况；探索定期召开出国父母线上家长会，成立线上家长学校，也可以在家长会上邀请侨乡留守儿童及其父母中的典型人选，进行现身说法，进行有效家庭教育经验的介绍；其次加强与学生代理监护人定期联系与

---

① 朱培埮. 关爱留守儿童，教师怎么做[J]. 人民教育，2018(11)：8.

教育培训,开展对代理监护人的家访与隔代教育的指导,提高代监护人的抚育能力,针对不同家庭情况提出相应建议,让侨乡留守儿童通过家教补习班等外力补充家庭教育资源的不足。第三,建立出国父母留守子女的电子档案,除了记录孩子的基本信息外,还要记录孩子的性格、爱好、特长等具体信息,更多地了解他们的家庭情况、心理状态,关注他们的变化,及时更新记录,以便对孩子有一个客观与深入的认识。第四,通过线上线下双向渠道,任课教师实时反馈学生情况,增加家校沟通,提升家长对孩子学业情况、在校行为状况、心理健康状况等的了解,引起家长对孩子教育生活问题的关注。最后,创新家访方式,包括与出国父母的线上家访,对代监护人的线下家访等。侨乡留守儿童大多处于隔代抚养状态,教师应让出国家长及监护人了解孩子的真实情况,并提出针对性的建议,指导家长及监护人解决问题,充分发挥家庭教育作用,并在学校中给予孩子关爱与帮扶。联合家庭与学校两大教育主体,形成合力,实现家校共育。

2. 提高侨乡学校教师队伍的"侨"素养,推动实施教师担任侨乡留守儿童"第二家长"

提高教师队伍的侨乡留守儿童教育关爱知识素养,进行相关培训。一方面培训侨乡教师了解相关的"侨"知识,把握"侨"特色,通过专业培训,提高教师队伍对侨乡留守儿童这一特殊群体的认识和了解,并传授相关教育知识技能,帮助教师更好改善侨乡留守儿童的教育生活状况。[1] 另一方面可以探索实施教师担任侨乡留守儿童"第二家长"制度。侨乡家长角色缺失对孩子的影响巨大,而代理监护人又难以落实好监护职责,推行教师担任"第二家长"制度有助于弥补其"家庭教育"资源不足的状况。通过教师及社会专业人士担任侨乡留守儿童的"代理家长""德育导师"等,一起帮助留守儿童健康成长。

3. 开展对侨乡留守儿童的价值观教育引导

学校成立与建设好家长学校,引导出国父母与代理监护人改变对涉侨留守儿童的疏于管教与简单粗暴管理的方式。学校可依托本地区的地方资源,在学校中开展侨乡乡贤教育、爱国主义教育、生涯规划教育,让孩子接受学习、

---

① 雷万鹏,李贞义.教师支持对农村留守儿童非认知能力的影响——基于 CEPS 数据的实证分析[J].华中师范大学学报(人文社会科学版),2020,59(06):160-168.

接受教育,形成正确的个人发展规划。

4. 在班级里引导侨乡留守儿童正确交友,营造温暖有爱的大集体

让侨乡留守儿童尽可能地融入班级,多关注留守儿童,发现他们身上的闪光点,让他们发现自身的价值。同时,教师要引导留守儿童与同学和谐相处,学会处理同学之间的矛盾,关注到学生的心理存在某些情况时,要及时地加以疏导。

5. 开发侨乡留守儿童教育关爱课程

学校应注重开设多元课程,从思想教育、文化渗透等多方面塑造学生思想,重视中国优秀传统文化教学,提升侨乡留守儿童对传统文化的认同度,增强学习兴趣,助力儿童树立积极的理想和目标,改变读书无用论等不良的风气影响。针对留守儿童学习兴趣较为低落的现状,要积极吸纳优秀教师,壮大师资队伍,提高教育质量。侨乡学校可以引入高校大学生志愿者与专业社工力量,融合高校师资力量,着力开发设计侨乡留守儿童教育关爱课程,包括:亲子信任教育、安全教育、行为矫正教育、消费教育、心理教育、交往教育、家国认同教育等,使课程更加专业化、体系化。以亲子信任为目标,开发实施针对儿童与家长的课程或活动,增进亲子沟通与家庭团聚重塑亲子信任,满足孩子的情感需求,提高孩子的心理安全感。

　　侨乡留守儿童课程是教育关爱活动的主导因素。为梳理与完善课程,温州市侨联与温州大学合作进行课程梳理,进行分类整合,努力建构温州侨乡留守儿童活动课程。现初步建构了情感课程,习惯培养课程、兴趣课程、能力课程、素质课程、家长课程等六大类课程,为提升留守儿童快乐营活动质量提供课程保障。并开设专门的心理课程、配备专门的心理教师对学生进行心理教育、生存教育、安全教育。(侨乡留守儿童教育关爱实践队)

6. 弥补家庭教育的短板,开展针对性的辅导与结对活动,改善侨乡留守儿童学业状况

针对留守儿童日常学习生活无人辅导,自制力较弱的现状。一方面,实行以"一对多"模式进行师生结对,提高教育的针对性,并对所结对儿童进行档案

记录,记录儿童的学业成绩、学习习惯、家庭教育状况等,分析出其弱势学科及问题所在,制定针对性计划进行督促,以改善侨乡留守儿童个体学业状况。推动实施"生-生"结对互助,营造良好的互助学习氛围。在提高孩子的学习兴趣与学业成绩的同时,促进侨乡留守儿童与其他孩子之间的友谊发展,帮助孩子们树立助人为乐、团结互助的价值观。学校可以推出专时段自习室,打造儿童专属学习空间,提升侨乡留守自主学习能力,培养良好的学习习惯。部分回国儿童学习基础跟不上教学进程,可以借助课外时段赠课形式或适时调整学习年级,保证大部分儿童学习进度一致。并且,可以实施侨乡留守儿童跟班制,对于部分侨乡留守儿童因在上学期间出国而导致学业衔接困难的孩子,学校应予以评定并允许其跟班学习,跟上学业进度。

7. 加强对侨乡留守儿童的青春期教育

过早进行男女朋友的交往,会分散孩子的学习注意力,减少学习时间,对他们的学习成绩带来不利影响,导致成绩下滑。在家庭教育缺席的情况下,学校对侨乡留守儿童的青春期教育十分重要。引导青春期儿童寻找并且建立一种恰当的自我认同感,学会正确评价自己,帮助儿童更好地度过青春期。

8. 引入高校"侨"资源及大学生志愿者服务力量

本研究依托温州大学教育关爱侨乡留守儿童实践队开展调研。温州大学"因侨而生",是一所与"侨"有着密切渊源的高校,学校将创建"侨为特色"省部共建高校作为发展目标之一。该校创办初期许多楼宇都是海外侨胞捐赠建立,拥有着强大的侨基因。温州大学华文教育历史悠久,校内建有"欧洲华文教育研究所",成功举办温州大学"中国寻根之旅"夏令营活动20余年,开创"高校侨联＋地方侨联＋校友会"三驾马车模式,对温州侨乡留守儿童等开展了系统的调查和服务。2020年,经中国侨联办公厅批复,温州大学"浙江侨乡文化研究中心"升格为"中国华侨华人研究(温州大学)基地",由中国华侨华人研究所负责联系指导。这是该校继成立华侨学院和华侨华人研究院、浙江华侨网络学院之后的又一华侨华人研究重要平台。高校拥有丰富的侨资源与专业师资,应当积极参与侨乡留守儿童的教育关爱。尤其是温州大学、福建师范大学等高校本身从事师范生教育,师范生作为的侨乡学校教师,可以利用社会实践的机会参与侨乡留守儿童教育关爱。

温州市侨联侨乡留守儿童关爱工程与温州大学合作已经长达 8 年,已发展到与教育学院、法政学院等多个学院的合作。实践中，温州大学大学生实践队在长期的经验积累下建立了"建立档案、扩大营地、完善课程、合作共赢"的举措。关爱行动从零散地开展课程到科学、系统、有序地组织课程；从志愿者进出随意的状况到规范、高效、系统地进行管理和运营。活动机制日益完善，共同推进侨乡父母出国留守儿童教育关爱。

> 为丰富留守儿童暑期生活，关心留守儿童的健康成长，2015年"亲情中华·侨界留守儿童快乐营"文成分营在玉壶镇小学、玉壶镇东溪小学、大峃镇周壤小学和大峃镇周南小学4个营点举行。除了290名可爱的孩子以外，最闪亮的就是那38名来自温州大学的志愿者。他们来自温州大学一年级各个专业，平时很少有交集，却因为同一份对孩子的关爱，而聚在了一起。青春赋予他们激情、勇气、活力和责任。在短短的21天时间里，他们作了详细策划，设计了各式各样的素质拓展课、音乐课、舞蹈课、绘画手工课、科学实验课、基本常识课、心理健康课和大型活动，让孩子们在"玩中学、学中玩"，从活动中去感受和理解父母们在外务工的艰辛。
>
> 志愿者们在这个炎热的夏天，给孩子们带来了一个快乐而又有价值的暑假。同时，他们也把这短短的21天时光当做人生中可贵的经历和宝贵的财富。他们在实践中奉献，在奉献中成长，用爱心的力量在孩子们的心里播撒下希望的种子，也激发出孩子们对于未来的梦想和憧憬，激励孩子们将不断自信、健康成长。（文成县侨联报道）

(四) 社区

社区贴近侨乡留守儿童教育生活，近年来，社区的教育功能在留守儿童的关爱上被寄予厚望。学者对留守儿童社区教育的重要性、必要性、参与力量展开了探讨，提出"村委会应建立农户邻里管护网，做到每个留守儿童均有人照看"，"由村委会牵头，联合妇联、工会、学校和派出所，共同构建一个促进留守儿童健康发展的教育和监护体系"，提出了社区"教育、监护、保护、呵护、管理、监管、关爱、关注、关心、关怀、服务、帮扶"留守儿童的十多种模式；此外，新农村建设被视为留守儿童教育的重要新增力量。如周林等认为，"新农村建设成果必然对改变学校教育状况产生重大影响。我们应该把新农村建设作为留守儿童教育问题解决的一种根本性措施[1]",谢妮[2]等认为,应当把留守儿童教育纳入新农村建设规划之中,党的十九大以来的乡村振兴战略也为农村留守儿童教育带来了新增资源。

社区连接着学校和留守家庭,拥有满足本地家庭的物质和精神需求的各种生活服务设施和场地。社区成员包括村居干部、非留守儿童的监护人、小商店店主、村(社区)医生以及很多普通村居民,他们对留守人口的态度、认识和行为取向构成了留守儿童获得社会支持的社区空间[3]。社区一是要加强同学校的联系,积极贡献社区资源,比如提供一些活动的场地和设施;提供人力资源,如社区的五老人员、爱心家庭等;积极促进社校合作等;二是要加强同社会群体的联系,如妇联、侨联、关工委、团委等,合力关爱侨乡留守儿童;三是要深入了解出国留守家庭的状况,真正利用社区优势解决他们面临的困难。

1. 创建侨乡留守儿童社区关爱服务阵地与队伍,打造侨乡社区互动交往空间

社区应利用自身的空间、设施和人力资源,为侨乡的孩子建立良好的活动场地,并提供关爱服务,例如学业辅导、心理辅导、公益兴趣班等,营造侨乡温情氛围。尤其是侨乡社区具有丰富的"侨资源",是开展侨乡留守儿童价值观教育的良好载体。社区可与侨乡学校合作,开展校外生生"互动—学习"活动,由社区提供学习活动场所,由学校辅助组建学习小组,让侨乡留守儿童与同伴们能在周末或假期里互助学习,增加与同龄人间的交流,满足侨乡留守儿童的社交需求,减弱孤独感与无助感。通过打造社区关爱服务阵地和队伍,构建社区管护关爱联动机制,改善社区(村)文化环境,提高居民的道德意识、责任意识和社会责任感。社区还可以引进校外互助力量,在侨乡学校、社区、青少年宫等等场所开展长期的公益活动,丰富侨乡留守儿童的课余生活。

2. 织密相互守望的社区人际关系网络

社区网络是儿童通过社区交往实现意义建构、文化分类、社会关系再生产

---

[1]　周林,青永红.农村留守儿童教育问题研究[M].成都:四川教育出版社,2007:19.

[2]　谢妮,等.农村留守儿童教育现状研究[M].北京:经济科学出版社,2010.

[3]　叶敬忠,潘璐.别样童年:中国农村留守儿童[M].北京:社会科学文献出版社,2008:226.

的人际结构,是儿童饰演社会角色,实现社会化与进入成人社会的重要途径。它不仅对于留守儿童内化社区价值规范,增强对社区的归属感与成人后参与社区建设的意识具有重要意义,而且"支持者与接受者之间社会关系的重要性要远远高于支持本身"。① 良性社区关系网络本身是留守儿童社区支持有效开展的基础,"在那些内部关系紧密,村民互助精神完好的村庄,即使父母不在身边,留守儿童也能生活得健康快乐。②"社区和谐的关系网络能够在父母出国的留守儿童教育中发挥巨大作用。

侨胞出国经商赚到钱后,较多乐于投资家乡民生与教育,比如道路、庙宇、学校等,在一定程度上起到了凝聚社区共同价值观的作用,加强了社区间的互助意识。侨乡外出与留守人群之间的对立并不明显,主要原因是出国人群以经商为主,商人对于人际关系往往特别重视,而留守人群也往往从当地社会建设中获得了一定的收益,家境也并不太差,等等。总体上看,相比西部农村社区,侨乡社区对父母出国留守儿童支持的社区文化氛围较好,人际关系较为融洽。侨乡社区应当加强对侨乡留守儿童的系统化支持,发挥其汇集社会各界支持的功能,尤其是政府、学校、家庭(监护人和父母)三方面构成的系统化支持,都会在社区层面上得到体现,从而发挥社区的功能编织系统化支持的社区网络。

3. 建设侨乡社区留守儿童之家

建设留守儿童之家等社区关爱组织,为侨乡留守儿童提供了一个获得社会资本的平台。布尔迪厄认为社会资本在所有资本中尤为重要,因为它决定着其他资源能否得到有效的利用。作为一种通过对"体制化的关系网络"的占有而获取的实际的或潜在的资源的集合体,社会资本是"那些资源是同对某种持久的网络的占有密不可分,这一网络是大家共同熟悉的、得到公认的,而且是一种体制化关系的网络,或换句话说,这一网络是同某个团体的会员制相联系的,它从集体性拥有的资本的角度为每个会员提供支持"③,它反映了社会网

① Coyne J C, DeLongis A. Going beyond social support: The role of social relationships in adaptation[J]. Journal of consulting and clinical psychology,1986,54(4):454.
② 谭深. 中国农村留守儿童研究述评[J]. 中国社会科学,2011(01):138-150.
③ 〔法〕布尔迪厄. 文化资本与社会炼金术:布尔迪厄访谈录[M]. 包亚明,译. 上海:上海人民出版社,1997:59-61.

络中的个人的社会关系能够为个人带来资源。

儿童的社会资本指一种从人际网络中获得儿童个人生存、发展和被保护的社会资源。[①] 这些社会资源可以通过儿童可以接触的或参与的不固定的网络或正式的组织得到发展,包括:连接家庭成员、邻居、亲密朋友的联系;连接具有不同职业背景或社会背景的人的联系;将穷人或弱势群体和在正式机构中有权力的人联系起来的纵向联系等。因而社会交往在儿童获得自身的社会资本中具有重要的关键性作用。侨乡社区留守儿童之家应当是能够扩展与帮助儿童获得社会资本的一个平台,应当是侨乡留守儿童能够在其中满足情感交往与娱乐功能的平台,它能够使留守儿童与社区及家乡的关系更为密切,并增进儿童对社区与家乡的情感认同。

三、结构二重性视角下侨乡留守儿童 教育关爱的行动优化

> 留守儿童是一个应该被关注和关爱的群体,但关注不能误读,关爱更蕴藏着理解,正确地认知和感悟这些儿童是一切干预行动的基础。
>
> ——叶敬忠[②]

结构二重性是理解结构化理论的核心,而理解结构和行动的关系又是结构二重性的核心。吉登斯对结构和行动二者关系的理解正是以马克思、恩格斯对"理论与实践"关系哲学的理解为基础来发展的。结构与行动不是二元的关系,而是二重的关系,表现为结构对行动既有制约性作用,又有使动性作用;行动既以结构为实践基础,又生产出新的结构或对原有结构进行补充、修改。因此,无论是行动视角下的关爱支持策略分析,还是结构视角下的关爱支持策略分析,两者都是紧密联系的。鉴于此,笔者将结合前文对结构视角下的关爱支持策略来分析行动视角下的关爱支持策略。无论是政府、学校还是各类社会组织,他们对于侨乡留守儿童所采取的帮助措施,都首先来源于对经验的学

---

① 卜卫.关于农村留守儿童的研究和支持行动模式的分析报告[J].中国青年研究,2008(06):25-30.

② 叶敬忠,潘璐.别样童年:中国农村留守儿童[M].北京:社会科学文献出版社,2008:1.

习和借鉴，并且这种经验绝大部分来自于本土实践。如举办侨乡留守儿童夏令营、汉语桥、寻根之旅、建立侨乡学校少年宫、筹建侨乡留守儿童关爱基金等。

行动反思是对自己的实践行动进行反思性监控，反思性监控的作用就在于找到阻碍行动更好开展的原因，从而找到解决这些阻碍因素的方法。在吉登斯看来，行动者能对行动保持合理化理解正是基于行动者对社会规则的内化，它是行动者话语意识与实践意识的组合，是行动者行动的视角。行动者可以通过实践来证明该行动的合理性。如建立侨乡学校少年宫，它能够体现教育公平，为侨乡留守儿童提供活动场地，使更多的孩子共享教育资源，培养自己的兴趣爱好。

根据行动结果是否体现行动者的意图，行动结果分为意图结果和非意图结果；根据行动者能否预见到行动的结果，分为预见结果和非预见结果。意图结果是一种理想的状态，但是非意图结果往往是行动结果的常态。正是这种意图之外的结果对社会学有着巨大贡献，这也是理解吉登斯结构化理论的核心观点——结构二重性中结构与行动两者关系的基础。意图结果和非意图结果紧密联系，如妇联依托社区资源建立"春泥活动中心"，起到了很多非意图的效果：如帮助社区认识自身的优势，采取和制定相关的关爱行动；加强妇联和社区的联系，双方加强了在出国父母留守儿童关爱行动中的合作，这种合作的模式可以运用到其他的织团体中，实现资源互通有无、优势互补。

对行动意识、表现和结果的分析，都源于对吉登斯结构化理论的理解，对结构二重性中"结构与行动"关系的深刻把握。结构是行动的前提，反过来行动又作用于结构。行动的执行或是改进都基于对结构的认识。根据这些结构下的"策略完善"，试论述对出国父母留守儿童的关爱行动策略。

（一）完善侨乡留守儿童教育关爱法律规范

2013 年，党的十八届三中全会作出了"健全农村留守儿童、妇女、老年人关爱服务体系"的表述；2016 年我国《国民经济和社会发展"十三五"规划纲要》将农村留守儿童关爱保护列为基本公共服务内容；2016 年民政部主导农村留守儿童关爱保护工作以来，成立了中央 27 部委组成的农村留守儿童联席会议，在社会事务司下成立了未成年人（留守儿童）保护处，并从其工作实际出发，提出了将关爱农村留守儿童服务体系能力建设纳入国家"十三五"儿童福利服务保障体系规划的设想。党的十九大报告在"加强社会保障体系建设"部分,再次提出"保障妇女儿童合法权益,健全农村留守儿童和妇女、老年人关爱服务体系"。习近平总书记、李克强总理也多次对农村留守儿童教育作出重要指示批示,显示了党中央、国务院对农村留守儿童关爱保护教育的高度重视,意味着农村留守儿童教育问题,已经成为党和全社会广泛关注的首要民生问题之一。

但从法律规范的视角看,除了浙江省人大等地方立法机构所制定的留守儿童保护条例之外,国家层面尚缺乏对农村留守儿童关爱保护的专门法律法规。已有涉及留守儿童保护的法律法规散布在《民法典》《未成年人保护法》等中,仅是原则性规定,操作性差,政府职责不明确,在法律层面上无法为留守儿童提供有力的保护。[①] 而对于留守儿童中的亚类——侨乡留守儿童的教育关爱政策自然也无从提起。应以政府为主体,进一步制定和完善《未成年人保护法》《义务教育法》等的实施细则,在这些已经施行的法律中增加关于农村留守儿童的专门论述,尽快出台专门性的农村留守儿童法律规范,在专门性法律规范中明确对侨乡留守儿童类型作出表述,提出对侨乡留守儿童的法律救济,制定家长在留守儿童监护和教育方面的法律职责,并对不履行职责的外出父母的法律责任作出明确规定。[②] 同时,对侨乡留守儿童法律法规的制定情况,通过召开会议、引导媒体等方式加强舆论对留守儿童问题的关注和重视,引起社会更多的关注。

(二)加强政府教育关爱主导

1. 建立健全侨乡留守儿童教育关爱机构

2016 年,在留守儿童工作的体制建设中,我国国家层面成立了民政部门牵头 27 个部委参与的留守儿童联席会议作为部际协同组织,统筹留守儿童关爱保护;民政部在社会事务司下设立未成年人(留守儿童)保护处,这是

---

① 叶仁荪,曾国华. 国外亲属抚养与我国农村留守儿童问题[J]. 农业经济问题,2006(11): 73 - 78.

② 杨青,魏凯. 国外儿童权益保护经验之于解决留守儿童的启示[J]. 农村工作通讯,2013(13): 62 - 63.

第一个真正意义上的农村留守儿童关爱保护的常设性政府职能机构。但由于侨乡留守儿童涉侨，侨务部门应当在侨乡留守儿童教育关爱中负起的职责。

因此，可以成立由地方侨务部门牵头的政府职能部门部际联席会议，并纳入教育、妇联、关工委、共青团、文明办、民政、公安等部门，在侨务部门中专门成立侨乡留守儿童办公室，统筹资源，协调对侨乡留守儿童的关爱保护。重构侨务部门主导下的侨乡留守儿童问题的整体性治理框架，优化部际联席会议的制度设计，重塑政府（非政府）间与各职能部门间的关系，对侨乡留守儿童教育关爱机构予以充分赋权与提高统筹能力，完善基层社区侨乡留守儿童关爱服务体系。其次开展侨乡留守儿童基数普查。结合民政部 2016 年底开始的对全国农村留守儿童的基数普查，依托地方侨务、教育等部门，开展对侨乡留守儿童的专项基数普查，提高专项行动如乡镇街道主导下的侨乡留守儿童入户调查信息的规范性，建立服务质量的评估与考核方法，掌握侨乡留守儿童的基本情况、问题和困难。

2. 扩大政府购买服务

在侨乡或侨乡众多的县市区，将侨乡留守儿童关爱保护列为基本公共服务内容，保障侨乡留守儿童社会权的均等化，实现侨乡留守儿童关爱保护理念从"物质救助"向"社会服务"的转变。当前，民政部门利用负责社会组织、专业社工、志愿服务工作的职能优势，开展培育孵化社会组织、政府购买社会组织服务、支持专业社会工作介入、志愿服务力量和慈善组织参与相关工作等，试图吸纳社会组织参与留守儿童关爱保护。侨务部门应当针对侨乡留守儿童，吸引社会非政府组织参与，扩大对侨乡留守儿童关爱的购买服务，有以下三种形式：

（1）吸引社会纯公益项目参与。包括各类大学生暑期社会关爱留守儿童的实践活动，企业与个人对留守儿童援助的捐赠、结对帮扶，其他满足侨乡留守儿童微心愿的公益活动等。随着社会公益热情的上升，这部分项目日益增加。可在条件许可的情况下，探讨成立大学生志愿者参与的社区志愿者组织与民间自助组织等。大学生志愿者走进侨乡留守儿童的生活，和留守儿童一起吃住、谈心、交朋友、开主题班会、辅导功课、教儿童唱歌画画以及进行一些有益健康成长的活动。为侨乡留守儿童捐献学习和生活用品，勉励侨乡留守儿童学习。① 对这部分社会服务,侨务部门应当通过宣传与表彰等形式予以激励。

(2) 扩大对侨乡留守儿童关爱项目的政府购买。政府购买服务指随着政府的功能定位转移,完成某一项职能面临力量不足困难,因而通过出资的形式购买社会协同参与完成其职能的形式。政府购买服务项目必须列入财政购买清单,通过招标、竞标,也可以采取单一性或竞争性谈判,与社会组织签订协议,委托其开展对留守儿童的关爱服务。政府购买服务的责任主体仍然是政府,社会组织实质上是代为履行政府的职责。如侨乡留守儿童基数调查,针对侨乡留守儿童的家庭教育,关爱项目等,重点可以包含以下内容:对区域侨乡留守儿童开展核查,对其家庭组成、监护照料、入学就学、身心健康等情况进行调查评估,并建立个人档案;根据掌握的底数,对侨乡留守儿童分类开展针对性与连续性的关爱服务,包括教育、心理咨询、行为矫治、指导、讲座、培训等;开展一批侨乡留守儿童的个案研究,进行专业服务与跟踪关注。②

(3) 资助教育关爱侨乡留守儿童的公益创投项目。创投项目的主体是社会组织,社会组织自行设计针对社会热点、难点或民生问题的项目,向政府申报资助,政府通过部分资助、为社会公益组织和社会资金创设合作平台、孵化公益创新平台等,引导与扶持社会组织的发展。如开展“侨乡留守儿童圆梦活动”、关爱侨乡留守儿童计划、侨乡留守儿童公益服务项目③等。资助公益创投属也可以称为“部分购买社会服务”。

通过购买服务引进社会力量参与留守儿童关爱服务,是在当前我国社会建设推进,社会工作、心理等专业儿童保护专业人员力量不足的有效举措;同时,它体现了涂尔干所强调的社会关联、社会一致及社会内聚力的重要性,有助于弥补侨乡留守儿童问题本身所凸显的家庭分拆与社会二元结构所带来的社会对立。这种政府与社会合作的方式,反映了在一个链式联系的社会中,每一个人的福利都依赖于社会合作体系。

美国政府从20世纪60年代开始建立“流动教育计划”(以下简称MEP)对

---

① 叶敬忠,杨照. 关爱留守儿童:行动与对策[M].北京:社会科学文献出版社,2008.
② 浙江省丽水市民政局. 丽水市农村留守儿童“合力监护、相伴成长”关爱保护专项行动情况汇报,2017-09-19.
③ 对浙江省瑞安市玉环县民政局的调研,2017-08-12.

于侨乡留守儿童教育关爱具有启示意义，该计划取得了较大成功。该计划是由联邦提供财政支持，州负责实施，针对流动儿童实施的正规学校教育以外的非正规教育，其最终目的是确保所有流动儿童都能成功获得标准的高中文凭或高中学历鉴定。MEP的三个特点是：（1）教职工志愿者招募。（2）非正规教育的介入。针对流动儿童的特殊需求，提供学校正规教育之外的非正规服务，包括教育服务、卫生保健服务、交通服务、个别家访、团队咨询和私人家庭教师服务等。时间通常安排在学期之后或周末，以"一对一"的方式，特别是暑期为流动儿童安排的"补旧"和"授新"辅导活动，起到了良好效果。这有点类似于我国暑期的辅导级志愿者支教活动等。（3）流动儿童父母的参与。主要提供的经验是：进行补偿性教育，非政府组织的参与。对于侨乡留守儿童教育的启示是，可以在政府的主导下，招募退休后仍有余力的教职工志愿者参与教育关爱，鼓励与支持社会教育机构介入侨乡留守儿童的学业辅导，招收一批侨乡留守儿童的父母（不管在国内还是国内，主要以具有成功的家庭教育经验为依据）作为侨乡留守儿童教育的榜样宣讲成员。

（三）改进侨乡留守儿童家庭教育

家庭是人生的第一所学校，父母是孩子的第一任老师。在家庭日常生活中，家长的言传身教，对孩子具有深刻的影响。父母出国是侨乡留守儿童客观存在的弱势处境，在跨国亲子分离的情形下，更需要尽量加强侨乡留守儿童家庭教育。以行动理论为参考，可以通过以下途径展开：

1. 拓宽家庭教育内涵，改变家庭教育观念

侨乡留守儿童家庭相较结构健全家庭，孩子的成长和发展处在一定的弱势处境之中，当前无论是政府、家长还是监护人在家庭教育的内外部支持和关爱的策略上，大多采用"问题解决"式的补救思维，即"弱势处境—发生问题—解决问题"的单向线性逻辑。这种问题解决逻辑有助于解决留守生活中的具体问题，但对儿童健康成长的基本素质教育难以兼顾，没有从长远与根本目的出发，让孩子学会学习、学会合作和交往、学会生存，具备自我认识与独立思辨的批判能力，家庭教育者需要转变观念。

2. 加强亲子互动，弥补父母陪伴缺失导致的情感失落

父母在孩子心中是他人无法替代的，无论留守的时间长短，或者是否已经

终止了留守状态,留守经历总会影响和改变家庭亲密度,进而影响到儿童的社会性发展。[①] 从孩子出生开始,任何一个父母都已在无形中被给予了教养孩子的责任,每个父母都应当承担起这一份责任,离开孩子出国务工或许有很多的无奈,但应当努力采取策略,弥补家庭教育的失位。父母的多一点用心就会换得孩子留守生活的多一分色彩。

首先,侨乡出国父母应该保障沟通的频率和时间,定期通过网络等平台丰富与儿童的沟通交流,在强化学业的积极作用的同时也关注儿童的心理健康、日常生活,聆听儿童倾诉,以成人思维为他们答疑解惑,积极分享个人生活情况,增进双方相互了解。利用寒暑假时间,创造亲子共聚时光,丰富儿童见闻并融洽亲子关系,弥补部分缺失的家庭教育。

其次,改进亲子沟通的内容,丢掉"学习怎么样? 最近听话了吗?"这样机械式的疑问句。在关注孩子学习情况的同时,还要密切注意孩子情感和心理上的变化。努力实现亲子之间关于情感、学业等问题的诉求的一致。积极关注儿童生活学习等情况,谨记第一教育者身份,注重树立责任意识,保持自身的主动性,不因距离阻隔否定远距离教育的可能。注意开阔教育视野,树立起正确的教育观念,重视孩子思想、身心健康等多方面协同发展。重视自身的引导作用,利用好日常沟通交流机会对儿童展开教育,助力儿童健康成长。

再次,丰富亲子沟通的途径。可以利用信件、礼物等作为表达情感的良好载体。重视返乡探望,珍惜能够和孩子相处的时间,尽可能多的加深与孩子的沟通和交流。同时,要掌握正确的沟通方式,摒弃"不是我感兴趣的事情我没耐心"的态度。在聊天过程中聆听孩子,如他今天发生什么事情,老师对他说了什么等。真正和谐的亲子关系并不是靠发布"禁止"命令来维持的,"禁止"只是能维持表面的和谐,一味地禁止只能使得亲子关系表面上看起来风平浪静。鼓励儿童表达自己的主张和见解,并开放地表达思想和感情。以商讨的方式来交换意见最终达到意见的统一;遇到孩子无法解决的问题时候要帮助孩子去澄清。

观察案例：(母亲每天给 Q 同学发微信的留守家庭)访谈者问道,"和

---

① 王春超,林俊杰. 父母陪伴与儿童的人力资本发展[J]. 教育研究,2021,42(01)：104－128.

父母多长时间联系一次"？Q 幸福地说，"爸爸妈妈每天早上都会给我发微信"。相比起一般的留守儿童，个案 Q 是幸运的，也是幸福的。如果每一位在国外的父母都能像这对父母一样，对孩子多一点关心就好了。

3. 合理安排侨乡留守儿童出国计划，改善其学业状况

频繁的跨国流动不利于侨乡留守儿童的学校、社会适应。父母应依据孩子现有的学业状况，合理安排其出国短居计划，给予一定的缓冲时间。父母强烈的出国预期使得部分侨乡留守儿童消极对待国内学业，不利于其学业的进展。因此，首先，父母应调节孩子的学习心态，减小出国预期的消极影响，鼓励孩子认真完成暂居地的学业；其次，父母应妥善决定出国规划，合理安排短期居留计划，避免学业动荡长期出现。最后，父母也应帮助侨乡留守儿童适应新的学习和生活环境，缓解环境改变对其性格、社会适应性以及学习状况的影响。

（四）丰富学校侨乡留守儿童教育关爱的手段方式

优质教育资源短缺的问题实际上普遍存在，这并非仅仅针对侨乡留守儿童，而是整体上区域教育城镇化推进的产物。侨乡留守儿童的时间大部分在学校度过，学校是这一群体的主要教育生活的重要空间，学校是教育关爱留守儿童的主阵地。需要进一步拓展学校教育关爱手段方式，发挥学校教育在留守儿童社会化过程中的重要作用。

调研中我们发现，部分侨乡学校也开展了针对侨乡留守儿童的教育活动，进行了价值引导性的关爱活动和措施。如浙江省侨乡学校开展了"彩虹计划"，针对家庭困难的、学习优秀的侨乡学生，并吸引社会上的好心人士开展一对一的资助和对接。从 2002 年暑期开始，温州侨乡学校在地方侨务部门的支持下开展为期 21 天的侨乡留守儿童"快乐营"和"亲情中华·汉语桥"的夏令营，至今，已经举办 4 届；瑞安市侨联携手爱瑞社会工作服务中心，成立"侨联童声"侨界留守儿童心理援助基地，引入专业的心理辅导机制，聘请心理导师、社工师，充分利用学校、社区的心理设备，为侨童比较集中的学校和社区，开展心理服务、游学、文化交流等形式多样、积极健康向上的活动，促进侨童们身心健康成长；文成县侨联在学校中通过建立亲情视频

聊天室、举办侨界留守儿童快乐营等形式开展对侨界留守儿童的关爱帮扶活动。

在学校层面,文成玉壶镇中心小学对侨乡守儿童开展了一系列针对性的特色教育活动,如积极开发校本课程,编写了侨情读本《我爱侨乡》,对留守儿童开展区域侨文化教育;评选"侨乡四好少年",使用"星卡"激励留守儿童,分为绿星卡、红星卡、黄星卡,红星卡是最高的奖励,十张绿卡可换一张红卡,而黄星卡是某种行为做的不好,算是对学生的一种警示。临近期末,学校将卡片汇总起来,然后给予红卡、绿卡获得多的同学一定的奖励,开展表彰大会,并组织侨乡留守儿童去温州市动物园、科技馆和博物馆参观等。

上述案例中的侨乡学校对侨乡留守儿童的教育关爱活动,得到了侨乡家庭与社区的支持。然而整体上看,侨乡学校对侨乡留守儿童的教育关爱活动还是处于自发状态,系统性与制度化不够,多呈现出集中化的运动式关爱工作模式,即是以短时间(如暑假)实施财政、人力和物力资源的支持,呈现出"重物质轻心理"教育政策实践倾向。虽然在一定意义上缓和了侨乡留守儿童家庭所面临的问题,但是远不能满足侨乡留守儿童成长发展的需求,需要进一步发挥学校侨乡留守儿童教育主阵地的作用,扩展学校的关爱手段,建构专业化、规范化、长效化的教育关爱机制。

比如学校利用现有教育手段,通过家访了解侨乡留守儿童面临的问题,并在接下来的教育中有针对性地改善教育和关爱方式,让学生感受到老师的爱和关心;通过信息技术手段到"国外进行家访、开家长会"等,建构侨乡独有的家校共育环境;对与家庭功能缺失的侨乡留守儿童家庭,可以实施创新"校中建家"的工作机制,把留守儿童家庭教育纳入学校中;规划寄宿制学校,由学校设立在职的管理人员负责对住校生进行思想、情感教育和日常生活的集中管理,能保证学校管理与教师指导及时到位,保障留守学生身心安全,培养其良好生活习惯,并在同学相处中形成良好性格;利用并挖掘现有的、潜在的物力、财力资源,改建、扩建、新建校舍,完善住宿设施,改善住宿条件,在保证收支平衡的前提下,提供科学的有偿的寄宿管理服务等。张春玲曾经提出留守儿童学校关怀的观点,把学校对留守儿童的关怀分为学校对家庭教育的指导、学校教育家庭化、实施特别关爱工程。她指出寄宿制学校、代理家长、学校托管中心就是在学校教育家庭化中的三种形式,认为在留守儿童家庭教育缺失的情况下，可以把留守儿童的一些家庭教育职能暂时移置到学校之中，[①]这对于扩展学校在侨乡留守儿童教育关爱中的功能具有启示。

（五）建设侨乡留守儿童教育关爱社区

社区是"留守儿童社会支持最能发挥针对性作用的场所"[②]。在基层一级建制的大社区中，隶属于不同部门的单位或多或少都能对留守儿童提供一定的支持，但由于部门藩篱等原因，留守儿童社区工作机构迟迟难以建立，制约了侨乡留守儿童社区支持的协同行动。此外，出国务工对于社会与侨乡人员本身是一种理性的选择，"务工文化"也包含着现代文明的因子等，但具有向利性的"务工文化"不可避免地在一定程度上消解了"守望相助"的社区文化，给其打上了"资本交换"的烙印，以致对淳朴的社区人际关系造成了冲击，减少了社会资本对留守儿童的支持。关爱和保护留守儿童是一项长期工程，更是一项良心工程。为了让每一位留守儿童在关爱中成长，不能忽视社区的补偿关爱和补偿教育功能，建设侨乡留守儿童教育关爱社区，是在"行动"视角下汇集各方力量，实现留守儿童教育关爱全覆盖的有效举措。

建设侨乡留守儿童教育关爱社区需要把握"教育"和"关爱"两个核心。"教育"指向社区的补偿教育功能，随着留守儿童家庭结构的变化，家庭教育的功能弱化，还可以利用社区教育来化解留守儿童可能出现的教育危机。从这个方面来看，侨乡留守儿童"教育"关爱社区应该以家庭的"知识和能力"建设为核心，而在工作推进中，一方面国家需要健全社区教育的政策体系，将其纳入乡村振兴战略；另一方面需要设定一定的管理机制，如独立的社区教育管理结构，来确保每个留守儿童都能享受到社区教育，此外还要构建社区教育工作者协会，确保稳定的留守儿童教育者团队，搭建丰富的社区教育平台，将社区建设成孩子的第二课堂，建设成为留守儿童学校与家庭的重要桥梁。

"关爱"指向社区的关爱补偿功能，亲子联结的弱化带来的亲情缺失可以利用社区的工作来填补，社区不仅可以分担家庭的抚育压力，同伴群体的正向作用也有利于留守儿童的身心健康。而教育关爱社区不仅是从儿童需要的角

---

① 张春玲.农村留守儿童的学校关怀[J].教育评论,2005,2(1)：15-23.
② 张克云,叶敬忠.社会支持理论视角下的留守儿童干预措施评价[J].青年探索,2010,(2).

度来考虑,对社区环境的改善也发挥着不可替代的作用,社区居民可以同心协力,提供育儿知识和方法,提升社区幼儿保育、儿童心理干预、文化发展等方面的能力,营造有利于侨乡留守儿童发展的乡土成长空间。

以温州市的侨乡留守儿童教育关爱社区建设为例:

温州市妇联针对父母出国留守女童,开展"春蕾女童"救助项目,青田县妇联充分发挥农村文化礼堂的阵地作用,开展"春泥活动"关爱留守儿童,让留在家里的孩子过好暑假。在暑期到来之前,各地文化礼堂就未雨绸缪,开始整理农家书屋,添置图书、画册,修缮文化体育设施等,为迎接留守儿童做好准备。全县已建成的 57 家农村文化礼堂成了父母出国留守儿童的暑期乐园。此外,温州市妇联还联合市教育局等成立女童保护项目温州站,联合市文明办等编印《守护女童》等儿童安全丛书,联合市卫计委、温州日报开展女童保护教育进村居、进社区、进企业专题活动,突出"女童保护"重点。针对侨乡留守儿童的心理安全感、孤独感、心理弹性品质等问题,联合心理健康教育团队等开展一对一的疏导救助;针对侨乡留守儿童的华文教育,联合人文、教育等大学生依托汉语桥寻根之旅等侨务品牌项目,开展定期的教育辅导等,推进对侨乡留守儿童关爱服务的精准化。

温州市要求挑选用"合适"的人作为留守儿童督导员,充实父母儿童关爱保护力量。优先吸纳村社妇女主任等作为留守儿童督导员的主体,开展专业性培训,给予相应的福利待遇和身份的保障,避免队伍过度流动;与教育部门建立更为紧密的合作关系,在学校中选用一批留守儿童督导员,使民政进一步介入与协同学校教育。

(六) 加强侨乡留守儿童家校社共育

家庭、学校、社会在侨乡留守儿童的教育中应当相互联系和相互推动,为侨乡留守儿童构建家庭、学校、社会共育的支持网络,进一步形成对该群体的合力精准教育关爱合力。

首先,家庭是一切教育的基础,父母或者其他监护人应当树立家庭是第一个课堂、家长是第一任老师的责任意识。2021 年 10 月 23 日公布的《中华人民共和国家庭教育促进法》指出,家庭要承担对未成年人实施家庭教育的主体责任,要用正确思想、方法和行为教育未成年人养成良好思想、品行和习惯。承担对未成年人实施家庭教育的主体责任,用正确思想、方法和行为教育未成年人养成良好思想、品行和习惯。侨乡留守儿童的父母或者其他监护人实施家庭教育,应当关注其生理、心理、智力发展状况,尽量亲自养育,加强亲子陪伴;父母双方要共同参与,发挥父母双方的教育作用;家庭应当与学校配合,积极参加其提供的公益性家庭教育指导和实践活动;父母或者其他监护人依法委托他人代为照护侨乡留守儿童的,应当与委托监护人和儿童保持联系,定期了解儿童学习、生活情况和心理状况,与被委托人共同履行家庭教育责任。

其次,学校是专门为儿童的成长与社会化所设立的场所,要做家庭教育的同行者,与家庭教育结成同盟,共同呵护侨乡留守儿童的成长。在家校社共育的各方中,学校是侨乡留守儿童集聚的场所,教育设施设备相对完善,教师具有专业教育学、心理学知识,熟悉儿童身心发展规律,应当成为家校社共育的主导方。侨乡学校应当进一步深入家访和调研侨乡留守儿童家庭,切实了解侨乡留守儿童家校社共育中存在的问题,建立动态档案。可以通过建立侨乡留守儿童家长学校、吸收高校志愿者和家庭教育讲师团等开发具有针对性的侨乡留守儿童家庭教育课程,定期组织公益性侨乡家庭教育指导服务和实践活动,开展家访与家长开放日等活动形式,针对不同年龄段侨乡留守儿童的特点,传授家庭教育理念、知识和方法,引导侨乡家庭积极有效进行亲子沟通。

再次,社会既是家庭教育和学校教育开展的支持者,也可以发挥有益补充作用,为学校和家庭提供更多更丰富的教育资源。比如政府要畅通学校家庭沟通渠道,推进学校教育和家庭教育相互配合;为侨乡留守儿童的父母或者其他监护人实施家庭教育创造条件。2017年民政部等五部门联合印发《在农村留守儿童关爱保护中发挥社会工作专业人才作用的指导意见》,指出社工人才是开展农村留守儿童关爱保护的新兴力量,在回应农村留守儿童心理社会服务需求、促进农村留守儿童全面健康成长中具有积极作用。应当加强社区基层工作队伍建设,鼓励和引导社会力量广泛参与,积极培育建立专业化的侨乡留守儿童管理和服务队伍,发挥村社儿童主任的作用,发展儿童福利社工队伍,加大政府购买相关社会组织服务力度。

最后,应当家校社合作,开展对侨乡留守儿童的精准教育关爱。基于对侨乡留守儿童的精准识别和精准评估,了解侨乡留守儿童的基本诉求,引导各方关爱力量有的放矢。如前文调查发现的一部分父母出国所带来的孩子户籍问题、入学问题等,成为影响部分侨乡留守儿童就读的一大障碍,应予以妥善解决。对此,部分地方政府作出了积极的尝试,如浙江文成县的政策规定:有户籍的华人华侨子女,就学时享受当地居民同等待遇;没有户籍的,按照监护人户籍所在地就近安排入学。避免由于县城教育资源紧缺,没有户籍随监护人居住在县城的华人华侨子女因学校"人满为患",无法被接纳,成为制约和影响华人华侨子女回乡学习的一大瓶颈的问题。[①]

政府部门应当引导家校社协同,组成跨部门协同工作机制,侨务、民政、教育、财政、发改、公安局等有关部门都需要联合起来,以联合发文的形式落实侨乡留守儿童的教育生活保障,从教育入学、教育救助和教育辅导等渠道加强侨乡留守儿童的教育。同时,通过督促落实监护责任、强化安全保护机制、增进日常关爱服务等,进一步加强侨乡对留守儿童的关爱服务。在完善教育资助和救助上,对侨乡留守儿童基本生活保障对象要区分在学前教育、义务教育、普通高中和中等职业学校等阶段,参照国家标准享受教育资助,做好教育安置,并根据家庭情况开展结对帮扶和心理疏导。对有能力履行抚养义务而拒不抚养的父母,民政部门可依法追索抚养费;对于不能履行监护职责或履行中存在重大隐患的可以依法转移监护人。在强化安全保护机制上,进一步健全完善相关操作规程,开通热线受理平台。未来还需要依托网络技术力量,进一步聚焦侨乡留守儿童群体的需要和关切,合力加强对侨乡留守儿童的精准关爱。

四、结　语

党的十九大报告指出,农业农村农民问题是关系国计民生的根本性问题,必须始终把解决好"三农"问题作为全党工作的重中之重,实施乡村振兴战略。中共中央国务院《乡村振兴战略规划(2018—2022年)》提出,推动各地通过政府购买服务、设置基层公共管理和社会服务岗位、引入社会工作专业人才和志愿者等方式,为农村留守儿童和妇女、老年人以及困境儿童提供关爱服务。乡

---

① 文成县侨联.关于做好文成县新生代华人华侨华文教育的建议[EB/OL].(2016-10-09)[2020-03-23].http://www.wzsql.com/system/2016/10/09/012522431.shtml.

村振兴战略直指"三农"问题的根本解决,农村留守儿童是三农问题的衍生品,是三农问题的集中表现之一,因此也是乡村振兴所要着力解决的关键问题。

2019 年,中共中央、国务院印发《中国教育现代化 2035》,中共中央办公厅、国务院办公厅印发《加快推进教育现代化实施方案(2018—2022 年)》(以下简称《实施方案》)。《实施方案》提出,将进城务工人员随迁子女义务教育纳入城镇发展规划,加强对留守儿童的关爱保护。两大指出今后相当一段时间国家发展总方向的重磅文件,都提及"农村留守儿童"关爱,显示了党和国家对农村留守儿童教育问题的充分重视。

侨乡留守儿童是留守儿童的一个重要类型,是主要分布于东南沿海侨乡的特殊留守儿童群体。对于他们的教育关爱,也是乡村振兴战略与教育现代化的应有之义,不应在对农村留守儿童的关爱服务中被忽视。

教育现代化实现的核心,是人的发展,而儿童的发展是关键,帕森斯对吸取和内化的重新解释表明,儿童的成长不仅对自我建构而且对社会的形成都是至关重要的[①]。侨乡留守儿童的健康成长,不仅关系其自身积极社会化的完成,而且关涉海外华侨华人的家庭稳定与发展,对于侨乡社区的未来建设至关重要,因而具有重要的教育关爱意义。

当前,侨乡留守儿童教育正面临着全新的格局,从海外父母回归祖国的视角看:

(1) 全球化正面临新冠疫情的冲击,在新冠肺炎疫情肆虐的 2020 年、2021 年,众多的海外侨胞纷纷选择回国;

(2) 国外民粹主义蠢蠢欲动,部分国家出现仇华反华现象,引起国外侨胞的警惕,也导致部分侨胞回国;

(3) 近年来我国社会经济发展迅速,国力日益增强,国内就业机会与劳动收益也不断提高,进一步吸引了部分国外侨胞的回国;

(4) 近年来我国对华侨华人子女回国就读在中高考政策上予以优待。2021 年我国高考考生中,"三侨生"(指归侨青年、归侨子女和华侨在中国生活的子女)比例呈较大幅度上升趋势。以温州为例,2021 年温州市获得"三侨生"

---

① 〔美〕塔尔科特·帕森斯. 社会行动的结构[M]. 张明德,夏翼南,彭刚,译. 南京:译林出版社2003:277.

优待加分政策的高考生数量达 677 人,同比增加 22.2%;中考生 769 人,同比增加 19.8%;参加"港澳台联考"考生约为 132 人,同比增加 15.6%。该群体在中国参加高考时得到一定的考学加分优惠政策①。

　　侨胞的回国,带来侨乡留守儿童的家庭团聚与家庭教育的重构,是解决侨乡留守儿童教育关爱问题的治本之策。但现实中,侨乡留守儿童的教育问题还将长期存在。

　　对于侨乡留守儿童来说,他们的教育问题在父母跨国流动的背景下,被放大和凸显,尤其是语文学科成绩的弱化与家国认同的淡化,对于侨乡留守儿童自身的发展与未来侨乡的建设带来不利的影响。因此,政府(包括侨务部门)作为具备行政资源的主体,应当进一步加强对侨乡留守儿童的教育关爱,集合侨乡高校、大学生志愿者、国外父母等群体,针对侨乡留守儿童的特有问题与突出问题,采取一系列的教育应对举措,突出祖国价值观引领,建设家校社协同育人的良好机制,为侨乡留守儿童的健康成长保驾护航。

---

① 浙江侨联.越来越多的侨胞子女回国参加高考[EB/OL]. https://m. thepaper. cn/baijiahao_13173226,2021－06－16.

参 考 文 献

中文文献

[1] 〔德〕斐迪南·滕尼斯.共同体与社会：纯粹社会学的基本概念[M].林荣远,译.北京：商务印书馆,1999.

[2] 〔法〕埃德加·莫兰.复杂性理论与教育问题,[M].陈一壮,译.北京：北京大学出版社,2004.

[3] 〔法〕布尔迪厄.文化资本与社会炼金术：布尔迪厄访谈录[M].包亚明,译.上海：上海人民出版社,1997.

[4] 〔美〕戴维·波普诺.社会学(第十版)[M].李强,译.北京：中国人民大学出版社,1999.

[5] 林南.社会资本——关于社会结构与行动的理论[M].上海：上海人民出版社,2005.

[6] 〔美〕诺曼·K.邓金.解释性交往行动主义——个人经历的叙事、倾听与理解[M].周勇,译.重庆：重庆大学出版社,2004.

[7] 〔英〕安东尼·吉登斯.社会学(第5版)[M].李康,译.北京：北京大学出版社,2009.

[8] 边玉芳.儿童心理学[M].杭州：浙江教育出版社,2009.

[9] 范方.留守儿童家庭教育策略[M].长沙：中南大学出版社,2008.

[10] 费梅苹.次生社会化——偏差青少年边缘化的社会互动过程研究[M].上海：上海人民出版社,2010.

[11] 费孝通.生育制度[M].天津：天津人民出版社,1981.

[12] 黄文荣,钱祖辉.转型时期的中国农民工——长江三角洲16城市农民

工市民化问题调查[M].北京：中国社会科学出版社,2007.

[13] 江立华,符平.转型期留守儿童问题研究[M].上海：上海三联书店,
2013.

[14] 李强.大国空村：农村留守儿童、妇女、老人[M].北京：中国经济出版
社,2015.

[15] 刘成斌,吴新慧.留守与流动-农民工子女的教育选择[M].上海：上海
交通大学出版社,2008.

[16] 全国妇联儿童工作部,编.农村留守流动儿童状况调查报告[R].北京：
社会科学文献出版社,2011.

[17] 任运昌.农村留守儿童政策研究[M].北京：中国社会科学出版社,
2013.

[18] 申继亮,等.处境不利儿童的心理发展现状与教育对策研究[M].北京：
经济科学出版社,2009.

[19] 佘凌.留守经历与农村儿童发展：家庭与社会化的视角[M].上海：上
海社会科学出版社,2013.

[20] 谭细龙.探寻农村教育发展之路[M].合肥：安徽教育出版社,2009.

[21] 汪明.聚焦流动人口子女教育[M].北京：高等教育出版社,2007.

[22] 王秋香.农村"留守儿童"社会化的困境与对策[M].成都：西南交通大
学出版社,2008.

[23] 万国威.社会福利转型下的福利多元建构：西部农村留守儿童的实证
研究[M].北京：中国社会科学出版社,2016.

[24] 谢维和.教育活动的社会学分析：一种教育社会学的研究[M].北京：
教育科学出版社,2000.

[25] 熊易寒.城市化的孩子：农民工子女的身份生产与政治社会化[M].上
海：上海人民出版社,2010.

[26] 徐杰舜,许宪隆.人类学与乡土中国,人类学高级论坛 2005 卷[M].哈
尔滨：黑龙江人民出版社,2006.

[27] 杨东平.深入推进教育公平[M].北京：社科文献出版社,2008.

[28] 叶澜.二十世纪中国社会科学教育学卷[M].上海：上海人民出版社,
2005.

[29] 余秀兰.社会弱势群体的教育支持[M].北京：中国劳动社会保障出版社,2007.

[30] 中国农村家庭调查组.当代中国农村家庭：14省(市)农村家庭协作调查资料汇编[M].北京：社会科学文献出版社,1993.

[31] 赵巍.从留守儿童到三和青年——新生代农民工的社会化与自我认同[J].求索,2020,(2).

[32] 曹加平.农村留守儿童心理发展问题及策略思考[J].教育科学论坛,2005,(10).

[33] 曹述蓉.农村留守儿童学校适应的实证研究以湖北省6县304名留守儿童为例[J].青年探索,2006,(3).

[34] 陈冲,向飞.公共政策视野下的留守问题探究[J].中国集体经济,2011,(33).

[35] 陈厥祥.新农村建设进程中的浙江省农村留守儿童发展现状调研[J].浙江万里学院学报,2008,(1).

[36] 陈在余.中国农村留守儿童营养与健康状况分析[J].中国人口科学,2009,(5).

[37] 程志超,张涛.农村留守儿童权益保护政策研究[J].东岳论丛,2016,(1).

[38] 迟希新.留守儿童道德成长问题的心理社会分析[J].教师教育研究,2005,(6).

[39] 单艺斌,贾玮,鲁洪燕.人力资源视角下的留守儿童现象研究[J].经济研究导刊,2011,(11).

[40] 邓纯考,何晓雷.我国东西部农村留守儿童社会化差异研究——基于浙江与贵州两省四县的比较[J].新疆社会科学,2013,(1).

[41] 邓纯考.论广义与狭义的留守儿童[J].上海教育科研,2011,(10).

[42] 丁煌.利益分析：研究政策执行问题的基本方法论原则[J].广东行政学院学报,2004,(6).

[43] 同雪莉.失衡与重构：留守儿童抗逆力重组研究[J].中州学刊,2019,(07).

[44] 东波.农村"留守儿童"社会支持网络模式探微[J].学术交流,2009,(5).

[45] 杜屏,赵汝英,赵德成.西部五省区农村小学寄宿生的学业成绩与学校

适应性研究[J].教育学报,2010,(6).

[46] 段成荣.我国流动和留守儿童的几个基本问题[J].中国农业大学学报（社会科学版）,2015,(1).

[47] 段鑫星,等.小组工作对农村留守儿童交往不适的介入研究[J].中国矿业大学学报（社会科学版）,2010,(6).

[48] 范先佐,郭清扬.农村留守儿童教育问题的回顾与反思[J].中国农业大学学报（社会科学版）,2015,(1).

[49] 范兴华,等.流动儿童、留守儿童与一般儿童社会适应比较[J].北京师范大学学报社科版,2009,(5).

[50] 符平,等.反打工亲学校文化现象剖析农民工输出地儿童认知观问题研究[J].教育发展研究,2011,(5).

[51] 高文斌,等.农村留守学生的社会支持和校园人际关系[J].中国心理卫生杂志.2007.(11).

[52] 宫必京.班级和同辈群体的比较研究[J].南京师大学报社会科学版,1994,(3).

[53] 谷生华,等.代理家长、留守儿童之家与还原家庭教育重庆市南川区关爱留守儿童的理念与实践[J].重庆教育学院学报,2007,(4).

[54] 郭少榕.留守儿童问题性别差异调查分析——以福建省为例[J].青年研究,2006,(5).

[55] 郭文良."标签"观照下的留守儿童心理问题探析[J].思想理论教育,2009,(24).

[56] 侯东民.从民工荒到返乡潮中国的刘易斯拐点到来了吗[J].人口研究,2009,(2).

[57] 胡枫,等.父母外出务工对农村留守儿童教育的影响基于5城市农民工调查的实证分析[J].管理世界,2009,(2).

[58] 姜又春.打工经济背景下农村家庭关系的变迁与留守儿童养育模式研究——以湖南潭村为例[J].西北人口,2010,(6).

[59] 蒋平,等.农村留守少年儿童青春期性教育的缺失及对策[J].中国青年研究.2008,(3).

[60] 金灿灿,刘艳,陈丽.社会负性环境对流动和留守儿童问题行为的影响：

亲子和同伴关系的调节作用[J].心理科学,2012,(5).

[61] 李振堂.农村社区建设要重视留守儿童教育问题[J].天中学刊,
2011,(1).

[62] 刘成斌,吴新慧.流动好? 留守好? [J].中国青年研究,2007,(7).

[63] 刘明华,等.农村留守儿童教育问题研究报告(重庆)[J].西南大学学报
社科版,2008,(2).

[64] 刘允明.关爱农村留守儿童[J].中国农业大学学报人文社科版,
2005,(3).

[65] 卢利亚.农村留守儿童社会支持网络模式研究[J].湖南师范大学学报
社科版,2012,(6).

[66] 罗力群,马文.哈里斯的文化唯物主义[J].社会科学战线,1999,(4).

[67] 吕绍清.孩子在老家——农村留守儿童生活与心理的双重冲突：上、下
[J].中国发展观察,2008,(5).

[68] 吕炜.农村留守儿童代理家长之法律思考——兼评留守儿童关爱机制
陕西"石泉模式"[J].西北大学学报(哲学社会科学版),2011,(4).

[69] 吕利丹.从"留守儿童"到"新生代农民工"——高中学龄农村留守儿童
学业终止及影响研究[J].人口研究,2014,(1).

[70] 陆士桢.建构我国留守儿童生存发展保障体系[J].青少年研究与实践,
2015,(1).

[71] 马良.构建留守儿童的多元社会支持系统——对温州市义务教育阶段
留守儿童的实证研究[J].华东理工大学学报(社会科学版),2011,(3).

[72] 马明生.留守儿童教育问题及对策分析——以安徽省蚌埠市为例[J].
中国教育学刊,2009,(12).

[73] 莫丽娟,袁桂林.农村留守儿童教育问题的几个基本判断[J].上海教育
科研,2010,(1).

[74] 潘泽泉.社会分类与群体符号边界以农民工社会分类问题为例[J].社
会,2007,(4).

[75] 全国妇联.全国农村留守儿童状况研究报告节选[J].中国妇运,
2008,(6).

[76] 任运昌.高度警惕留守儿童的污名化——基于系列田野调查和文献研

究的呼吁[J]. 教育理论与实践,2008,(11).

[77] 佘凌,罗国芬. 农村留守儿童心理学研究述评[J]. 河南大学学报(社会科学版),2009,(2).

[78] 佘凌,罗国芬. 家庭自我认同意识理论:留守儿童问题研究的新视角[J]. 人大复印资料心理学,2008,(4).

[79] 申继亮. 留守儿童歧视知觉特点及与主观幸福感的关系[J]. 河南大学学报社科版,2008,(1).

[80] 宋淑娟,等. 班级人际环境对留守儿童自尊的影响[J]. 教育研究与实验,2009,(2).

[81] 孙华,等. 留守子女更需要爱[J]. 人民公安,1997,(11).

[82] 孙绵涛,邓纯考. 错位与复归——当代中国教育政策价值分析[J]. 教育理论与实践,2002,(10).

[83] 谭细龙. 论教育政策与农村基础教育的发展[J]. 湖北教育学院学报,2006,(1).

[84] 陶红,等. 宁夏留守流动儿童现状的实证研究[J]. 宁夏社会科学,2008,(11).

[85] 陶菁. 农村留守儿童教育出现的新问题及其对策对"两免一补"政策效应的调查与思考[J]. 江西社会科学,2007,(7).

[86] 陶然,周敏慧. 父母外出务工与农村留守儿童学习成绩——基于安徽、江西两省调查实证分析的新发现与政策含义[J]. 管理世界,2012,(8).

[87] 田录梅,等. 留守儿童与非留守儿童学习、生活及心理成长状况的比较研究[J]. 中国特殊教育,2008,(2).

[88] 汪明. "流动儿童"与"留守儿童"教育问题的新思考[J]. 人民教育,2007,(9).

[89] 王道春. 农村留守儿童犯罪原因及预防对策刍议[J]. 北京青年政治学院学报,2006,(3).

[90] 王东宇,王丽芬. 影响中学留守孩心理健康的家庭因素研究[J]. 心理科学,2005,(2).

[91] 王东宇. 小学"留守孩"个性特征及教育对策初探[J]. 健康心理学杂志,2002,(5).

[92] 王进鑫.青春期留守儿童性安全问题调查研究[J].青年研究, 2008,(9).

[93] 王秋香.论农村"留守儿童"群体的非政府组织救助[J].社会科学家, 2008,(3).

[94] 卫道治,沈煜峰.教育与社会变迁[J].武汉大学学报(社会科学版), 1988,(4).

[95] 邬志辉,李静美.农村留守儿童生存现状调查报告[J].中国农业大学学报(社会科学版),2015,(1).

[96] 肖云.农村留守儿童社会支持探析[J].重庆工商大学学报社会科学版, 2007,(10).

[97] 谢新华,等.农村留守儿童教育监护体系研究的回顾与展望[J].山东省团校学报,2009,(2).

[98] 熊亚.公共政策视野下的农村留守儿童教育问题探讨[J].江西教育科研,2007,(1)

[99] 许传新.学校适应情况：流动儿童与留守儿童的比较分析[J].中国农村观察,2010,(1).

[100] 许传新.留守儿童教育的社会支持因素分析[J].新疆社会科学, 2007,(3).

[101] 许传新,等.亲子关系——流动与留守子女的比较[J].中国青年研究, 2011,(7).

[102] 杨菊华,段成荣.农村地区流动儿童、留守儿童和其他儿童[J].人口研究,2008,(1).

[103] 杨汇泉.农村留守儿童关爱服务路径的社会学考察[J].华南农业大学学报(社会科学版),2016,(1).

[104] 殷世东,等.农村留守儿童教育社会支持体系的构建——基于皖北农村留守儿童教育问题的调查与思考[J].中国教育学刊,2006,(2).

[105] 姚嘉,张海峰,姚先国.父母照料缺失对留守儿童教育发展影响的实证分析[J].教育发展研究,2016,(8).

[106] 张宇辉.河南农村留守儿童教育状况的调查与思考[J].河南社会科学,2007,(12).

[107] 赵建.西部农村"留守儿童"厌学现状成因分析与对策探讨——以重庆市开县X村为例[J].青年探索,2009,(3).

[108] 周全德.对农村留守儿童问题的理性思考[J].中州学刊,2006,(1).

[109] 周宗奎,孙晓军,范翠英.农村留守儿童心理发展问题与对策[J].华南师范大学学报(社会科学版),2007,(6).

[110] 邹泓,等.流动儿童与留守儿童心理状况研究[J].教育科学研究,2008,(1).

[111] 郑甫弘.海外移民与近代沿海侨乡教育结构的变迁[J].华人华侨历史研究,2007,(01).

[112] 肖文燕,张宏卿.华侨与近代侨乡教育变迁——以广东梅州为例[J].福建师范大学学报(哲学社会科学版),2011,(01).

[113] 杜日辉.浙江省丽水市青田县侨乡留守儿童的现状调查[J].浙江万里学院学报,2008,(01).

[114] 安国琴.生命历程理论视角下的农村留守儿童教育问题[J].读与写杂志,2012,(02).

[115] 高梅书.生命历程理论视野下的农村青少年社会化问题[J].甘肃农业,2007,(03).

[116] 曾晓强.大学生父母依恋及其对学校适应的影响[J].心理科学进展,2009,(1).

[117] 黄月胜,郑希付,万晓红.初中留守儿童的安全感、行为问题及其关系的研究[J].中国特殊教育,2010,(3).

[118] 朱丹.初中阶段留守儿童安全感的特点及弹性发展研究[J].中国特殊教育,2009,(2).

[119] 张俊良,马晓磊.城市化背景下对农村留守儿童教育问题的探讨[J].农村经济,2010,(3).

[120] 王谊.农村留守儿童教育研究——基于陕西省的实地调研[D].西北农林科技大学,2011.

[121] 徐阳.农村留守儿童教育问题研究[D].华东师范大学,2006.

[122] 赵富才.农村留守儿童问题研究[D].中国海洋大学,2009.

[123] 时涛.农村隔代抚养留守儿童抗逆力生成与提升策略研究[D].山东大

学,2020.

[124] 赵磊磊.农村留守儿童学校适应及其社会支持研究[D].华东师范大学,2019.

[125] 王森.寄养儿童成长处境研究[D].华东师范大学,2016.

[126] 季彩君.留守儿童的教育支持研究[D].华东师范大学,2016.

[127] 廖传景.留守儿童安全感研究[D].西南大学,2015.

[128] 罗国芬.农村留守儿童问题的"问题化"机制研究[D].华东师范大学,2014.

[129] 俞晨蕾.浙江侨乡留守儿童自我教育的个案研究[D].浙江师范大学,2020.

[130] 陆庭悦.富裕型留守儿童社会自我发展问题及介入研究[D].杭州师范大学,2017.

英文文献

[1] Berry J M. *The new liberalism: The rising power of citizen groups.* Brookings Institution Press, 1999.

[2] Bretherton I. *From dialogue to inter nalwor king models : the co-construction of self in relationships. In C. A. Nelson (Ed.),* Minnesota Symposia on Child Psychology. Hillsdale, J：Erlbaum . 1993.

[3] Easton D. *The political system: an inquiry into the state of political science.* University of Chicago Press, 1981.

[4] Erikson E H. *Childhood and society.* WW Norton & Company, 1993：239 - 241.

[5] Geertz C. *Agricultural involution. Univ of California Press,* 1963.

[6] Gronlund, NE, & Linn, RL (1990). *Measurementand evaluation in teaching (6th ed.).* New York：Macmillan.

[7] In public services (1980), *pp. xi—xv, New York: Russell Sage Foundation,* 1980.

[8] Parke, R. D. , Killian, C. M. , Dennis, J. , et al. *Managing the*

externalenvironment: the parentan child as active agents in the system. In L. Kuczynski (Ed.), Handbook of dynamics in parent-child relations. Thousand Oaks, CA: Sage. 2003.

[9] Rhodes R A. *Understanding governance: policy networks, governance, reflexivity and accountability*[M]. Open University Press, 1997.

[10] Ritzer G. Sociological theory. *Tata McGraw-Hill Education*, 1996.

[11] Willis, P. Learning to Labor: *How Working Class Kids Get Working Class Work*. New York: Columbia University Press, 1977.

[12] Bryant, J. Children of international migrants in Indonesia, *Thailand and the Philippines: A review of evidence and policies*. Innocenti Working Paper, 2005.

[13] Coyne J. C, Delongis A. *Going beyond social support: the role of social relationships in adaptation* [J]. Journal of Consulting and Clinical Psychology, 1986. (54): 454 - 460.

[14] Elder Jr G H. *Time, human agency, and social change: Perspectives on the life course*. Social psychology quarterly, 1994, 4.

[15] M. Lipsky, *Street-Level Bureaucracy: The Dilemmas of the Individual in Public Service*, Russell Sage Foundation, 1983, 3(4) .

[16] Pottinger, A. M. *Children's experience of loss by parental migration in inner city Jamaica*. American Journal of Orthopsychiatry, 2005, 75 (4).

[17] John Wiley, Sons. Children left behind[J]. Acta Paediatrica, 2014, 103: 572 - 573.

[18] Yeoh B S A, Lam T. The costs of (im) mobility: Children left behind and children who migrate with a parent[J]. Perspectives on Gender & Migration, 2006.

[19] Batbaatar M. Children on the move: rural-urban migration and access to education in Mongolia[J]. Childhood Poverty Research & Policy Centre, 2006.

[20] Haan A D. Migrants, livelihoods, and rights: the relevance of

migration in development policies. [J]. Department for International Development UK，2000.

[21] Whitehead A，Hashim I. Children and Migration：Background Paper for DFID Migration Team[J]. 2005.

[22] Centre U I. Innocenti Social Monitor 2006：Understanding Child Poverty in South-Eastern Europe and the Commonwealth of Independent States (Russian Version)[J]. Innocenti Social Monitor，2006，79(3)：21.

[23] Fund U N C. The Impact of Migration and Remittances on Communities，Families and Children in Moldova[J]. 2008.

[24] Moldovan children struggle to cope with their parents' economic migration[J]. Unicef Cee/cis.

[25] Miller D. Jamaican hands across the Atlantic — By Elaine Bauer & Paul Thompson[J]. Journal of the Royal Anthropological Institute，2007，13(3)：744 – 745.

[26] Bryant J. Children of International Migrants in Indonesia，Thailand，and the Philippines：A review of evidence and policies[C]// UNICEF Innocenti Research Centre，2011.

[27] Camacho A Z. Children and Migration. Understanding the migration experiences of child domestic workers in the Philippines[J]. 2010：127 – 160.

[28] Pottinger A M. Children's Experience of Loss by Parental Migration in Inner-City Jamaica [J]. American Journal of Orthopsychiatry，2005，75(4)：485 – 496.

[29] MMBE Asis，GE Battistella. Unauthorized Migration in Southeast Asia[M]. Quezon City，Philippines：SMC Publication，2003.

[30] Cortés R. CHILDREN AND WOMEN LEFT BEHIND IN LABOR SENDING COUNTRIES：AN APPRAISAL OF SOCIAL RISKS[J]. United Nations Childrens Fund，2007.

[31] Edwards A C，Ureta M. International migration，remittances，and

schooling: evidence from El Salvador[J]. [Unpublished] 2003 May, 2003, 72(2): 429 - 461.

[32] Yang D. International Migration, Remittances and Household Investment: Evidence from Philippine Migrants' Exchange Rate Shocks[J]. Economic Journal, 2008, 118(528): 591 - 630.

[33] Hanson G H, Woodruff C. Emigration and Educational Attainment in Mexico[J]. History Reviews of New Books, 2003, 21(1): 167 - 180.

[34] Mckenzie D, Rapoport H. Can migration reduce educational attainment? Evidence from Mexico [J]. Policy Research Working Paper, 2011, 24(4): 1331 - 1358.

[35] Jampaklay A. Parental Absence and Children's School Enrollment: Evidence from a Longitudinal Study in Kanchanaburi, Thailand[J]. 2011.

[36] Batbaatar M. Children on the move: rural-urban migration and access to education in Mongolia[J]. Childhood Poverty Research & Policy Centre, 2006.

[37] Suârezorozco C, Todorova I L, Louie J. Making up for lost time: the experience of separation and reunification among immigrant families. [J]. Family Process, 2002, 41(4): 625 - 643.

[38] Cortés R. CHILDREN AND WOMEN LEFT BEHIND IN LABOR SENDING COUNTRIES: AN APPRAISAL OF SOCIAL RISKS[J]. United Nations Childrens Fund, 2007.

[39] Adams P L, Horovitz J H. Psychopathology and fatherlessness in Poor Boys[J]. Child Psychiatry & Human Development, 1980, 10 (3): 135.

[40] Fan F, Su L, Gill M K, et al. Emotional and behavioral problems of Chinese left-behind children: a preliminary study [J]. Social Psychiatry & Psychiatric Epidemiology, 2010, 45(6): 655 - 664.

[41] Kanaiaupuni S M, Donato K M. Migradollars and mortality: The effects of migration on infant survival in Mexico[J]. Demography,

1999，36(3)：339.

[42]　Yang D. International Migration, Remittances and Household Investment: Evidence from Philippine Migrants' Exchange Rate Shocks[J]. Economic Journal, 2008, 118(528): 591－630.

[43]　Mansuri, G. Migration, school attainment and child labor: Evidence from rural Pakistan[J]. Mimeo, World Bank, 2006.

[44]　Ben Rogaly, Daniel Coppard, Abdur Safique, et al. Seasonal Migration and Welfare in Eastern India: A Social Analysis [J]. Journal of Development Studies, 2002, 38(5): 89－114.

[45]　Waters T. Learning to love: From your mother's arms to your lover's arms. The Medium (Voice of the University of Toronto). 2004, 30

[46]　Dannison L, Smith, A. B. & Tammy, V. H. When grandma is mum: what today's teachers need to know: Childhood Education, 1998.

[47]　Bartholomew, K. , & Horowitz, L. (1991). Attachment styles among young adults: A test of a four-category model[J]. Journal of Personality and Social Psychology, 61, 226－224.

[48]　Yeoh B S A, Huang S, Lam T. Transnationalizing the 'Asian' family: imaginaries, intimacies and strategic intents [J]. Global networks, 2005, 5(4): 307－315.

[49]　Batbaatar M. Children on the move: rural-urban migration and access to education in Mongolia[M]. Childhood Poverty Research and Policy Centre (CHIP), 2005.

[50]　Haan A D. Migrants, livelihoods, and rights: the relevance of migration in development policies[J]. Department for International Development UK, 2000.

[51]　Whitehead A, Hashim I. Children and migration: Background paper for DFID migration team[J]. London: Department for International Development, 2005.

［52］ Centre U I. Understanding Child Poverty in South-Eastern Europe and the Commonwealth of Independent States (Russian Version)［J］. Innocenti Social Monitor, 2006, 79(3): 21.

［53］ UNICEF. The Impact of Migration and Remittances on Communities, Families and Children in Moldova［J］. United Nations Children's Fund, Policy, Advocacy and Knowledge Management (PAKM), Division of Policy and Practice, New York, 2008.

［54］ Sarbu A. Moldovan children struggle to cope with their parents' economic migration［J］. New York, UNICEF, 2007.

［55］ Miller D. Jamaican hands across the Atlantic［J］. Journal of the Royal Anthropological Institute, 2007, 13(3): 744 – 746.

［56］ Pottinger A M. Children's Experience of Loss by Parental Migration in Inner-City Jamaica［J］. American Journal of Orthopsychiatry, 2005, 75(4): 485 – 496.

［57］ Yang D. International Migration, Remittances and Household Investment: Evidence from Philippine Migrants' Exchange Rate Shocks［J］. Economic Journal, 2008, 118(528): 591 – 630.

附录一　侨乡留守儿童系列访谈提纲(半结构性)

一、侨乡留守儿童访谈提纲

1. 侨乡留守儿童基本状况:

   一般性描述:年龄(开始留守时间)、性别、班级、家庭成员、住址、父母出国类型、地点、职业、月收入等。

2. 侨乡留守儿童学习生活、成长中的大事:

   父母给予你的关心程度

   对家庭经济条件的认识

   父母外出带来的影响

   代监护人的照顾状况

3. 父母出国后亲子沟通的方式、频率与内容:

   方式:电话、书信、网络,父母回家探望子女等;

   频率:多久一次,一次多久;

   交流内容:学习、生活、健康、安全、情感等;

   返乡与探望:是否知道父母通信地址或住址,有没有去国外探望父母?

4. 监护方式:

   父母出国后监护人的状况,代监护人的变化状况?

   非父母监护对你的教育与生活产生了什么影响,正面或负面?

5. 儿童对留守的评价:对父母出国,对自己留守生活的评价。

6. 侨乡留守儿童社会支持:

政府、社会、学校等提供了什么支持;教师家访情况及内容。

7. 留守生活的影响和挑战:

　　总体变化:好处和坏处分别是什么?

　　生活:吃住穿等变化;

　　成绩:上升或下降,原因?

　　心理:性格、情绪等变化;原因?

　　行为:父母出国后,迟到、逃课的次数变化,打架等变化,原因?

8. 安全问题:多方面:性、生活、学习、校园欺凌、社会混混等。

9. 消费情况:平时零花钱的情况,主要花在哪些地方。

二、儿童出国父母访谈提纲

1. 侨乡留守儿童父母基本状况描述:

　　一般性描述:年龄、性别、教育程度、出国工作地点、职业,配偶在何处等?

　　子女情况:有几个孩子? 留在侨乡几个,带到国外上学的几个?

　　职业:加工制造业、建筑业、交通运输业、餐饮、环卫、家政等服务业、商贸流通业、其他。

2. 决定儿童留守的原因分析:出国为什么不把孩子带在身边?

　　家庭经济情况(每月总收入),每天(月)工作时间,国外生活条件;国外读书费用,可以上什么学校,学费多少;

　　其他考虑:如儿童在家可以照顾老人,看家;在家里读书成绩好些,会认识有用的同学等;带到国外无法照顾等。

3. 出国后和孩子沟通情况:

　　多久回国一次,在家呆多久? 跟孩子平时多久打一次电话,一次聊多久,主要聊些什么? ——学习、生活、健康、安全、情感等。

　　回国探望孩子时,较长时间分开后,孩子是否感到陌生,不和您们说话? 沟通上存在什么问题?

4. 监护方式:

　　您外出后委托谁监护孩子,为什么这么考虑? 您从实际情况来看,祖辈监护有什么好处和坏处?

5. 父母认为留守生活对儿童影响的评价

留守利弊谈；留守对儿童生活、学业、心理、品行等的影响；有利与不利。

您有没有听说过留守儿童？

您觉得留守的孩子和其他父母在家的孩子有没有什么不一样，如有，哪里不一样？

您认为留守儿童会变成问题儿童吗？存在厌学、逃课、打架斗殴、赌博、敲诈，和街头混混玩在一起等问题吗？对孩子未来的打算与期望？是出国，还是留在国内？为什么？

6. 您知道政府对留守儿童有什么支持政策？当地政府、村居、社会、学校等有没有采取什么措施支持留守儿童？应该采取哪些措施来支持？

7. 您本人有没有过父母出国的留守经历？如有，请回答：

您觉得留守经历给您带来了什么影响？

三、侨乡留守儿童代理监护人访谈提纲

1. 侨乡留守儿童监护人基本状况描述。

一般性描述（年龄、性别、教育程度、职业、身体状况、住址、与儿童关系、监护的儿童个数），自己是否有过出国的经历等？

2. 监护人监护情况分析。

孩子父母为什么出国？为什么选择您作为孩子的代理监护人？孩子的父母为什么让儿童留守国内？他们是怎么考虑的？

3. 孩子学习情况。

您了解孩子在学校的学习情况吗（成绩、品行、和老师同学关系等）；您与孩子班主任联系过吗？参加过几次家长会，家长会有什么内容？

4. 孩子在家里生活情况。

孩子在家的吃、穿等都是您照顾的吗？孩子自己会做些什么事情？有没有帮忙干活？干些什么？有多少时间？孩子今年生病过吗？孩子生病您怎么办？

5. 孩子平常听话吗？什么事情不听话？孩子不听话您怎么办？

6. 与被监护孩子沟通交流互动情况。

您平时与孩子的聊天多吗？都聊些什么？孩子跟您说心里话吗？您与孩子的关系好不好？孩子有几个好朋友？他最需要的是什么？有什么问题？

7. 您觉得孩子父母外出之后,孩子有没有发生变化,如有,是什么?

　您觉得父母长期出国的孩子和那些父母未外出的孩子有什么不同? 是什么? 为什么?

8. 监护孩子给您带来了什么困难?

　孩子父母每月给孩子多少生活费? 孩子的生活费是怎么使用的?

　有没有额外给您抚养孩子的费用?

9. 您对孩子外出的父母、村干部、老师、亲戚、社会上的其他人教育留守儿童有什么要求吗? 希望他们能提供什么帮助?

附录二　侨乡留守儿童教育
状况调查问卷

　　亲爱的同学：你好！请你如实填答问卷，你的意见很宝贵，调查结果仅提供科研需要，谢谢！

第一部分：请在你选的答案上打钩，例子：(1) 男✓

1. 你爸妈出国的情况是？
   (1) 爸爸外出，母亲在家　(2) 母亲外出，爸爸在家　(3) 爸爸妈妈都外出
   (4) 爸爸妈妈都在家

2. 你爸妈出国后有人辅导你做作业吗？
   (1) 父亲　(2) 母亲　(3) 哥(姐)　(4) 监护人(现在照顾你的人)
   (5) 其他人　(6) 没有人

3. 你父母出国后学习上面临的最大困难是什么？_____

4. 当你做错了事(或考试考差了)时，父母亲是怎么对你的？
   (1) 打骂　(2) 不当回事　(3) 聊天讲道理　(4) 其他，如：_____

5. 你爸爸妈妈平时怎么和你相处的？(可多选或单选)
   (1) 有很多时间陪你玩　(2) 只有很少时间陪你　(3) 辅导你的功课
   (4) 基本上不管你

6. 父母出国后你有被其他人欺负吗？　(1) 有　(2) 没有

7. 你被人欺负了以后，会怎么做？
   (1) 默默忍受　(2) 告诉家人师友　(3) 自己报复　(4) 没有被人欺负

(5) 其他,如:

8. 你父母亲打算将来让你干什么?

   (1) 外出打工 (2) 经商 (3) 考大学 (4) 读完高中 (5) 出国

   (6) 不知道

9. 你有几个好朋友?

   (1) 1—2 个 (2) 3—4 个 (3) 5—9 个 (4) 10 个以上

10. 你在国外有几个好朋友?

   (1) 1—2 个 (2) 3—4 个 (3) 5—9 个 (4) 10 个以上

11. 你父母出国后当你在学习上遇到困难的时候,会先找谁?(按先后顺序选三个)

   (1) 现在的监护人 (2) 打电话给父母 (3) 同学朋友 (4) 老师

   (5) 亲戚邻居

12. 你父母出国后当你有了心事或遇到情感问题,会先跟谁说?(按先后顺序选三个)

   (1) 监护人 (2) 同学朋友 (3) 亲戚邻居 (4) 老师 (5) 打电话给父母 (6) 写信写日记 (7) 没人可说

13. 你觉得生活中最缺什么?

   (1) 钱 (2) 有人辅导作业 (3) 有人谈心 (4) 有人照顾好穿衣吃饭

   (5) 自由 (6) 其他,如:_____

14. 请选择你的评价(在□上打钩):(父母出国后,你在中国时期)

项目\评价	很好	比较好	一般	比较差	很差
1) 老师的教学水平怎么样?	□	□	□	□	□
2) 学校的教学设备怎么样?	□	□	□	□	□
3) 学校的风气、纪律怎么样?	□	□	□	□	□
4) 你的学习成绩怎么样?	□	□	□	□	□
5) 你和父母亲的关系好吗?	□	□	□	□	□
6) 你和老师的关系好吗?	□	□	□	□	□
7) 你和监护人的关系好吗?	□	□	□	□	□

（续表）

项目\评价	很好	比较好	一般	比较差	很差
8) 你和同学的关系好吗？	☐	☐	☐	☐	☐
9) 你的家庭经济条件好吗？	☐	☐	☐	☐	☐
项目\评价	很大	比较大	一般	比较小	很小
10) 你觉得学习的压力大不大？	☐	☐	☐	☐	☐
项目\评价	很多	比较多	一般	比较少	很少
11) 在家有人监督、辅导你做家庭作业吗？	☐	☐	☐	☐	☐
12) 你想念你的父母亲多吗？	☐	☐	☐	☐	☐
13) 你平常有和父母谈心吗？	☐	☐	☐	☐	☐
14) 你上课迟到、逃课吗？	☐	☐	☐	☐	☐
15) 同学去网吧、游戏机室等娱乐场所多吗？	☐	☐	☐	☐	☐
16) 你的村或镇上，发生打架、赌博等事情多吗？	☐	☐	☐	☐	☐
项目\评价	非常容易	比较容易	不确定	比较不容易	非常不容易
17) 当你遇到不顺心的事情时，容易生气愤怒吗？	☐	☐	☐	☐	☐

15. 你有几个兄弟姐妹？

   （1）独生子女　（2）1个　（3）2个　（4）3个　（5）3个以上

16. 你父母出国后，照顾你生活的监护人是谁？

   （1）父亲单独照顾　（2）母亲单独照顾　（3）父亲和祖父母（外祖父母）一起照顾　（4）母亲和祖父母（外祖父母）一起照顾　（5）祖父母（外祖父母）照顾　（6）叔伯姑姨舅等孩子上辈亲戚照顾　（7）哥姐等较大同辈人照顾　（8）自己照顾自己　（9）其他人照顾，如：＿＿＿＿＿＿＿

17. 你父母在国外，从事什么职业？

   （1）加工制造业，做衣服等　（2）建筑业　（3）交通运输业　（4）餐饮

   （5）商贸流通业，其他：＿＿＿＿＿＿

18. 留守后,你是否觉得父母变陌生了,不想跟他们说心里话?

(1) 是的   (2) 没有

19. 你觉得父母出国赚钱,和在家照顾你,哪个重要?

(1) 外出赚钱重要   (2) 在家照顾你重要   (3) 两个都重要

20. 你更喜欢将来生活在中国还是国外?

(1) 中国   (2) 国外

21. 你的学习成绩在国外好还是在中国好?

(1) 中国好   (2) 外国好

22. 如果你和父母聊天,会聊哪些内容?(多选)

(1) 学习   (2) 身体   (3) 情感   (4) 其他_____

23. 在留守经历中,谁对你的积极影响最大?

(1) 父母   (2) 监护人   (3) 朋友   (4) 同学   (5) 其他_____

24. 你会因为成绩差而决定自己出国吗?

(1) 会   (2) 不会

25. 你有男(女)朋友吗?

(1) 有   (2) 没有

如果有,是什么时候开始谈恋爱的? _____

26. 你的父母是否离异(或其他家庭变故)?

(1) 是   (2) 否

如果是,这件事对你的影响大吗?

(1) 非常大   (2) 比较大   (3) 一般   (4) 很少   (5) 没有影响

27. 你在学校有专门结对帮助你的老师?

A 有   B 没有   C 不知道

附录三 侨乡留守儿童安全感调查问卷

【指导语】下面是对你的一些基本情况的描述,请在符合你情况的选项上画"○"或"√",或在(_____)内填空。再次申明:你的回答都会被严格保密!谢谢你的配合!

● 你的性别:(1) 男　　　　(2) 女

● 就读于(_____)年级

● 出生于(_____)年

● 民族:(1) 汉族　　　　(2) 少数民族(_____族)

● 是否独生子女:(1) 是　　　　(2) 不是(家里_____个孩子)

● 在班级里成绩:(1) 较好　　　(2) 一般　　　(3) 较差

● 是否贫困生:(1) 是　　　　(2) 不是

● 父母打工情况:(1) 父母都在国外　(2) 只有父亲在国外　(3) 只有母亲在国外

● 父亲的文化程度:(1) 小学及以下　(2) 初中　(3) 高中　(4) 大学及以上

● 母亲的文化程度:(1) 小学及以下　(2) 初中　(3) 高中　(4) 大学及以上

● 你的家庭:(1) 双亲家庭　(2) 父母离异的单亲家庭　(3) 父母离异的重组家庭　(4) 父母单亡的单亲家庭　(5) 父母单亡的重组家庭　(6) 父母双亡投靠亲友

● 你觉得你家的经济收入在当地属于:(1) 较好　(2) 一般(中等)　(3) 较差

● 在你(_____)岁的时候,你父母就出国了

- 每个月,他们会和你通(_____)次电话
- 他们每年回家(_____)次
- 父母出国期间,你跟(_____)住一起

附录四　留守儿童安全感量表

【指导语】亲爱的同学你好！非常感谢你参加本次问卷调查！这些题目是调查你的心情和感受的，不是测量智力和学习能力，与学习成绩无关，答案也没有好坏之分。每道题后都有"1—5"5种可供选择的答案，每道题都要回答，但只能选择一个答案，请选择最符合你实际情况的答案（画"√"或"○"）。回答时间没有限制，但不要过多考虑，请不要跳题或漏题。谢谢你的配合！

数字的含义：1＝非常符合你的实际情况，2＝比较符合你的实际情况，3＝不确定（介于符合不符合之间），4＝比较符合你的实际情况，5＝非常不符合你的实际情况

序号	题　　目	非常符合	比较符合	不确定	比较不符合	非常不符合
1	与陌生人交往让我感到担心和害怕	1	2	3	4	5
2	面对一些突发事件，常常不知道该怎么办	1	2	3	4	5
3	常常担心父母会被别人欺负（打骂或不给工钱）	1	2	3	4	5
4	总感觉不认识的人是坏人	1	2	3	4	5
5	常常感到别人讨厌我	1	2	3	4	5
6	常常为自己的长相感到烦恼	1	2	3	4	5
7	大人们一吵架我就感到十分害怕	1	2	3	4	5
8	总担心不认识的人会欺负我	1	2	3	4	5
9	总感觉家人会被坏人抓走	1	2	3	4	5

（续表）

序号	题　　目	非常符合	比较符合	不确定	比较不符合	非常不符合
10	和不认识的人说话让我感到心惊肉跳	1	2	3	4	5
11	常常担心家里会被别人偷盗	1	2	3	4	5
12	常常感觉别人吵架会伤害我	1	2	3	4	5
13	总觉得好朋友们并不是真心的喜欢我	1	2	3	4	5
14	我常常担心爸妈在外面打工会出意外（或事故）	1	2	3	4	5
15	总是担心别人会对我家人不好	1	2	3	4	5
16	担心别人会偷（或抢）我的东西	1	2	3	4	5
17	常常担心自己会被绑架	1	2	3	4	5
18	总觉得别人不在乎、不关心我	1	2	3	4	5
19	常常感到照顾我的人他们不要我了	1	2	3	4	5
20	常常觉得没有人保护我	1	2	3	4	5
21	别人不喜欢我,这常常使我感到烦恼	1	2	3	4	5
22	常常担心别人会对我不好	1	2	3	4	5
23	常常为我的人际关系感到担心	1	2	3	4	5
24	我长得不够好看,别人不喜欢我	1	2	3	4	5
25	总感觉别人比我更聪明、长得更好看	1	2	3	4	5
26	我的情感很容易受到伤害	1	2	3	4	5

后　　记

　　历经多年调研与梳理,经过数届学生的共同努力,本书终于在 2021 年春完成了初稿;在最为炎热的三伏天的末伏中,敲完了最后一个字。

　　2013 年我从浙江大学教育学院博士毕业后,到温州大学任教。在指导本科生和硕士研究生毕业论文时,发现温州中小学侨乡留守儿童常常成为学生关注的选题,从鹿城到瓯海,从瑞安到文成,这引起了我的思考。我的博士论文是《中国农村留守儿童教育变迁》,探讨了中西部农村留守儿童的教育问题,那么,东部沿海全国重点侨乡温州,这种父母出国的别样留守儿童,他们的教育生活与问题又将是怎样的呢?

　　2016 年起,我指导本科生与研究生成立侨乡留守儿童教育实践队,深入温州侨乡社区和学校,开展调研与支教,收集了大量的案例和数据,并一直开展对部分侨乡留守儿童的跟踪调查,当时调研访谈的部分侨乡留守儿童已经从中小学生成为大学生了。

　　感谢我的博士生导师周谷平教授,周老师 2016 年与 2020 年两次亲临温州,对本书的写作进行了指导。感谢厦门大学李明欢教授,作为华侨华人研究的泰斗,在我冒昧给她寄上书稿后,李老师认真审阅,明确地说:"对有志于从事涉侨研究的年轻人,一定支持!"并欣然作序。李老师严谨的学术态度、提携后学的学者风范让我由衷折服钦佩。

　　2018 年,温州大学基于温州全国重点侨乡在"侨资源"方面的优势,敏锐地确定了全力建设"侨为特色"省部共建高校的战略目标。学校成立华侨学院,与中国华侨华人历史研究所合作成立华侨华人研究基地,出台系列对涉侨研究的资助政策,包括对侨特色著作出版的资助等,这是本书能够迅速出版的重要原因,在此对学校和人文社科处胡瑜处长表示衷心的感谢。本书也是中国侨联 2019—2021 年度规划课题的研究成果,张春旺所长多次莅临温州大学指导,谨致以衷心的感谢。

感谢温州大学教育学院对本研究的持续关注,对学生开展侨乡留守儿童教育实践的支持,严晓秋主任、吴超智主任直接担任实践队的指导教师,参与了实践队组建与调研指导。

感谢我的合作者李子涵博士。李博士是几届实践队的灵魂人物,他带领实践队在文成县开展了数月的调研支教,为侨乡留守儿童调研支教投入大量的时间而从无怨言,在他攻读博士学位的期间,还抽出时间对本书内容进行认真补充、删节与分析,他是本书能够完成的一个关键人物。

感谢 2016 年以来侨乡留守儿童教育关爱实践队的成员,尤其是历任队长陈蔡璠、张怡静、孙漪、叶雪珍、肖琳莹等同学。温州乡村人才振兴研究创新团队的工作为本书提供了理论参考,在此一并致谢。

感谢温州大学华侨学院包含丽院长和徐辉博士,他们的工作给了本书重要启示。感谢人文学院郑春生教授,他审阅了本书并提出了有意义的修订意见。

感谢福建省教科院的郭少榕研究员,她为本书提供了福建省侨乡留守儿童的相关资料;感谢文成县玉壶镇中心小学孟文忠校长,瓯海区任岩松中学杨钧胜校长、政教处龙力主任、瓯海区华侨小学杜丽君校长、林若若老师等,他们为调研提供了重要的数据、访谈与经验;感谢温州市侨联、文成县侨联、瑞安市侨联等部门对于调研的支持。感谢我的硕士研究生李慧和章慧兰,她们通读了全书,对文字、参考文献与注释进行了认真的校对与改正。

感谢我的家人,你们的支持是本书得以完成的不竭力量。

邓纯考

2021 年 8 月 15 日

于瑞安市开泰大厦 1010 室

图书在版编目(CIP)数据

父母在海外：侨乡留守儿童教育关爱研究 / 邓纯考，
李子涵著 . — 上海：上海社会科学院出版社，2021
ISBN 978 - 7 - 5520 - 3758 - 6

Ⅰ.①父… Ⅱ.①邓… ②李… Ⅲ.①侨乡—儿童教
育—研究—温州 Ⅳ.①G61

中国版本图书馆 CIP 数据核字(2021)第 252309 号

父母在海外：侨乡留守儿童教育关爱研究

著　　者：邓纯考　李子涵
责任编辑：周　霈　杜颖颖
封面设计：黄婧昉
出版发行：上海社会科学院出版社
　　　　　上海顺昌路 622 号　邮编 200025
　　　　　电话总机 021 - 63315947　销售热线 021 - 53063735
　　　　　http://www.sassp.cn　E-mail:sassp@sassp.cn
排　　版：南京展望文化发展有限公司
印　　刷：上海光扬印务有限公司
开　　本：710 毫米×1010 毫米　1/16
印　　张：19
插　　页：4
字　　数：298 千
版　　次：2021 年 12 月第 1 版　2021 年 12 月第 1 次印刷

ISBN 978 - 7 - 5520 - 3758 - 6/G · 1145　　　　定价：98.00 元